Bergoglio, Jorge Mario/Franziskus: Erziehung mit Anspruch und Leidenschaft. Die Herausforderung christlicher Pädagogik. Mit einer Einleitung von Pater Michael Sievernich SJ, Freiburg 2014.

Bergoglio, Jorge Mario/Franziskus: Die wahre Macht ist der Dienst. Mit einer Einführung von Pater Michael Sievernich SJ, Freiburg 2014.

Franziskus: Predigten aus der Morgenmesse. Mit einer Einleitung von Stefan von Kempis, Freiburg 2015.

Franziskus: Laudato si. Die Umwelt-Enzyklika des Papstes. Vollständige Ausgabe mit einem Vorwort von Gerhard Kardinal Müller, Freiburg 2015.

Bergoglio, Jorge Mario/Franziskus: Über die Selbstanklage. Eine Meditation über das Gewissen. Mit einer Einführung von Pater Michael Sievernich, SJ, Freiburg 2015.

Franziskus: Die Familien-Katechesen. Mit einem Nachwort von Kurt Kardinal Koch. Herausgegeben von Pater Bernd Hagenkord, SJ, Freiburg 2015.

Franziskus: Die Interviews mit Papst Franziskus. Herausgegeben von Ludwig Ring-Eifel, mit einem Vorwort von Luigi Accattoli, Freiburg 2016.

Franziskus: Maria. Gedanken über die Mutter. Herausgegeben von Stefan Oster, Freiburg 2016.

Franziskus: Gott ist Barmherzig. Texte des Papstes zur Barmherzigkeit. Herausgegeben von Simon Biallowons, Freiburg 2016.

Päpste vor Parlamenten. In Verantwortung vor Gott und den Menschen. Mit einer Einführung von Annette Schavan, Freiburg 2016.

13. Es liegt in der Luft
Kabarett im Dritten Reich

Reinhard Hippen

Es liegt in der Luft

Kabarett im Dritten Reich

Kabarettgeschichte-n

pendo-Verlag

Kabarettgeschichte-n
Herausgeber und Gestaltung:
Reinhard Hippen

© Copyright by Reinhard Hippen
(Deutsches Kabarett Archiv)
© Copyright und Aufführungsrechte der
Texte bei den jeweiligen Autoren.
© Copyright für die vorliegende Ausgabe
pendo-Verlag, Zürich, 1988

Gesamtherstellung: Kösel, Kempten
ISBN 3-85842-204-5

Für Werner Finck
meinen Freund und Förderer
in Erinnerung.

Inhalt:

Vorbemerkung

Innerhalb dieser – auf 25 Bände angeleg-
ten – Buchreihe „Kabarettgeschichte-n"
sind Abgrenzungen notwendig und
Überschneidungen bei Personen, die in
verschiedenen Zeitabschnitten der Kabarettgeschichte seit 1901 tätig waren,
unvermeidlich. Deshalb beschränkt sich
dieser Band auf das Kabarett kurz vor
und nach 1933 bis 1945 in Deutschland.
Das Kabarett im Exil, sowie die antifaschistischen Kabaretts, die im gleichen
Zeitraum in Österreich und in der
Schweiz gegründet wurden, werden in
gesonderten Bänden dargestellt. Ebenso
wird ein Band dieser Reihe den hier kurz
angesprochenen literarischen Revuen ge-
widmet, und ein weiterer Band den Agitprop-Truppen, die auch vor 1933 und
dann im Exil gegen den Faschismus
kämpften. Die antifaschistische Satire in
den Zeitschriften und im Rundfunk wird
ebenfalls in gesonderten Bänden behandelt.
Eine Übersicht der veröffentlichten und
geplanten Bände der „Kabarettgeschichte-n" befindet sich im Anhang dieses Buches. Diese Buchreihe soll keineswegs
die bereits entstandenen historischen Ge-
samtdarstellungen des Kabaretts von
Klaus Budzinski, Heinz Greul, Rudolf
Hösch, von Walter Rösler und Rainer
Otto ergänzen, sondern hiermit soll erst-
malig das umfangreiche, seit über 25 Jahren im „Deutschen Kabarett Archiv" in
Mainz von mir gesammelte Material in
gedruckter Form der Öffentlichkeit zu-
gänglich gemacht werden. Wut, Mut und
Fantasie zu verstärken oder gar neu zu
entdecken, ist Absicht dieses Buches um
dabei zu erkennen, daß es keine „positive" Satire geben kann.

Mainz, Oktober 1988
Reinhard Hippen

Sich fügen – heißt lügen

Das Kabarett ist ein Produkt und Bestandteil der Epoche, die es hervor-
bringt, ein Ausdruck des herrschenden
Zeit- und Lebensgefühls, ein Seismo-
graph neuer Entwicklungen und Tendenzen. Oft geht es nur mit der Mode und
bleibt geistreich-unverbindlich. Oft be-
zieht es aber auch Position, kritisiert und
widerspricht der herrschenden Meinung.
Daß es in Krisenzeiten besser gedeiht als
in einem Klima der Saturiertheit, zeigte
sich in der Weimarer Republik. Äußerer
Druck regt seinen agressiven Witz mehr
an, als grenzenlose Liberalität. Aber Terror, der jede freie Meinung erstickt, ist
sein Tod.

Zwischen Amüsement und Agitation

Kabarett Ende der zwanziger Jahre

Vor der Schwelle zum braunen Jahrzwölft wurde in Berlin noch fröhlich getingelt und gebrettelt. Der Texter Marcellus Schiffer und der Komponist Mischa Spoliansky servierten im Mai 1928 das duftig-luftige Schaumgebäck „Es liegt in der Luft". Wußten Sie damals, in der Woche vor den entscheidenden Reichstagswahlen, wirklich was in der Luft lag? Oder Friedrich Hollaender, der im Juli 1928 im „Deutschen Künstler Theater" seine Interpretin Blandine Ebinger in der Revue „Es kommt jeder dran" bereits vor einem neuen Weltkrieg warnen ließ? Hollaender konnte dieses Chanson nach 1945 mit einer neugefaßten Schlußstrophe wieder auf die Bühne bringen. Die Nelson-Revue „Glück muß man haben" vereinte zur Weihnachtspremiere 1930 den proletarischen Sänger Ernst Busch und den eloquenten Schauspieler Gustaf Gründgens, die seit 1922 nicht mehr gemeinsam aufgetreten waren, zum letzten Mal auf einer Bühne. Im Jahre darauf inszenierte Gründgens am Kurfürstendamm-Theater die Schiffer-Spoliansky-Revue „Alles Schwindel" und spielte darin selbst an der Seite von Margo Lion mit. Im „Blauen Saal" des Eden-Hotels am Zoo wartete Rudolf Nelson mit seinen beiden letzten Revuen auf. Wenige hundert Meter weiter begleitete Friedrich Hollaender im eigenen Haus, dem „Tingel-Tangel"-Kabarett unter dem Theater des Westens, seine gleichfalls letzten Revuen. Wußten sie alle, was ihnen bevorstand? Hatten sie ihre Titel – Nelson: „Es hat geklingelt", Hollaender: „Höchste Eisenbahn" – bewußt

„Ein wirklich nationales Weihnachtsgeschenk – dies Zimmer im Adolf-Hitler-Stil"

gewählt? Wurden ihre Anspielungen verstanden, wenn etwa Hollaender in seinem Chanson vom „Falschen Zug" fragte, ob der Zug, den „wir vor Jahren 'Republik' getauft", nicht doch „verkehrt verkehrt": „Ich bin doch schließlich in den 'Pazifik' gestiegen; wie kommt's, daß der nach 'Nazedonien' fährt?" Noch deutlicher formulierten, abseits vom Lichterglanz der kabarettistischen Ausstattungsrevuen, die kleinen pazifistischen Kabaretts Ende der zwanziger Jahre ihre Faschismuskritik: In diesen Kabaretts wurden die warnenden Verse und Lieder von Karl Schnog, Erich Weinert, Julian Arendt, Werner Finck, Friedrich Hollaender und auch von Erich Mühsam, Roda Roda, Kurt Tucholsky, Walter Mehring und Erich Kästner vorgetragen. Diese und andere Autoren hatten es, teils leise, teils laut, ganz persönlich und agitatorisch versucht – alles umsonst. Unter dem 15. Dezember 1934 schrieb Kurt Tucholsky aus der Zurück-

„Verehrung"
Zeichnung: George Grosz, 1925

gezogenheit seines schwedischen Exils an Walter Hasenclever: „Die Welt, für die wir gearbeitet haben, und den wir angehörten, existiert nicht mehr...", und, auf den Tag ein Jahr später an Arnold Zweig: „Man muß von vorn anfangen... Es werden neue, nach uns, kommen... Ich bin ein aufgehörter Schriftsteller..." Am 21. Dezember 1935 schied Kurt Tucholsky durch Freitod aus dem Leben. Erich Weinert blieb nach einer Vortragstournee 1935 in der Sowjetunion und kehrte 1946 in die sowjetische Besatzungszone zurück. Karl Schnog war 1933 zuerst in die Schweiz, dann nach Luxemburg emigriert, wo er 1940 beim Einmarsch der Hitler-Wehrmacht verhaftet wurde. Danach begann sein Leidensweg durch die Konzentrationslager von Dachau, Sachsenhausen und Buchenwald. Nach 1945 war er als Chefredakteur der satirischen Zeitschrift „Ulenspiegel" und als Kabarett-Autor maßgeblich am kulturellen Aufbau in der DDR beteiligt. Robert Gilbert, der Sohn des Operettenkomponisten Jean Gilbert und Friedrich Hollaender, der Sohn des Operettenkomponisten Victor Hollaender, emigrierten in die USA und kehrten erst Anfang der fünfziger Jahre in die Bundesrepublik zurück. Zahlreiche Künstler, die dem Nazi-Terror noch rechtzeitig entkommen konnten, gründeten im Exil neue Kabaretts. (Im Band 14 dieser „Kabarettgeschichte-n" ausführlich beschrieben.) Werner Finck meldete sich nach Verfolgung und Berufsverbot freiwillig an die Front und überlebte dort mit kabarettistischen Abenden. Walter Mehring, der noch in der am Morgen nach dem Reichstagsbrand (27. 2. 1933) erschienenen vorletzten Nummer der „Weltbühne" seine eindrucksvolle „Sage vom großen Krebs" veröffentlicht hatte, gelang mit knapper Not die Flucht aus der Berliner Wohnung seiner Mutter nach Paris (wo er 1939, neuerlich als Deutscher vor den Deutschen fliehend, in ein französisches Lager interniert wurde, bis ihm über Marseille und Martinique die Flucht nach den USA gelang). Erich Kästner, der sich am Tage des Reichstagsbrands auf einer Ferienreise in Zürich befand, entschloß sich, nach Deutschland zurückzukehren, und erlebte am 10. Mai 1933 die öffentliche Verbrennung seiner Bücher vor der Berliner Universität. Während die Massen an den Lippen des „großen Diktators" hingen, hatten die kritischen Satiriker in Deutschland keinen Platz mehr. Doch bevor die Kabaretts verboten, die satirischen Zeitschriften beschlagnahmt, die Verlage eingestellt und die Bücher verbrannt wurden, waren die antifaschistischen Warnungen auf Deutschlands Kabarettbühnen nicht zu überhören. Schon 1926/27 begann eine Entwicklung, die viele Künstler an die Seite des kämpfenden Proletariats führte. Eine Entschließung des XI. Parteitages der Kom-

munistischen Partei (KPD), 1927 in Essen verabschiedet, rief die Hand- und Kopfarbeiter zur roten Kulturkampffront gegen die Kulturreaktion auf. Außerdem verstärkte die tiefe Unzufriedenheit vieler Bühnenkünstler über die mangelnde Lebensverbundenheit des Theaters die linken Tendenzen. Am entschiedensten verlieh Erwin Piscator diesem Streben nach einer neuen, zeitverbundenen Theaterkunst Ausdruck. Nicht zuletzt waren es aber die Auswirkungen der 1929 beginnenden Weltwirtschaftskrise, die eine Annäherung vieler Theaterschaffender an das Proletariat heranführte. Etatkürzungen, Gagenkürzungen, Entlassungen nahmen vielen Theaterschaffenden die Existenzgrundlage. Aus dieser Situation heraus entstand eine Reihe von Schauspielergemeinschaften – in Berlin vor allem die „Gruppe Junger Schauspieler" und das „Piscator-Kollektiv" – und auch zahllose Agitprop-Truppen, die wie lebende Zeitungen agitierten. (Band 23 der „Kabarettgeschichte-n" dokumentiert die Agitprop-Truppen). Viele Künstler wollten mit der Arbeit in diesen Kollektiven nicht nur ihre wirtschaftliche Lage verbessern, sondern gleichzeitig zur Auseinandersetzung mit der Zeit beitragen.

Es liegt in der Luft

Text: Marcellus Schiffer
Musik: Mischa Spoliansky
1928 vorgetragen von Marlene Dietrich, Käte Lenz,
Margo Lion, Ida Wüst, Oskar Karlweis, Hubert von
Meyerinck, Otto Wallburg
„Komödie", Berlin
Revue: „Es liegt in der Luft"

Früher, das war'n einmal Zeiten!
Der Satz ist nicht zu bestreiten.
Man bestand von früh bis spät
Nur noch aus Nervosität.
Starb das Vögelchen im Bauer,
Trug gleich die Familie Trauer.
Heut' ist eine andre Zeit!
Triffst zum Beispiel du Herrn Koch,
Fragst du voller Seligkeit:
„Was, Herr Koch? Sie leben noch?"

Es liegt in der Luft eine Sachlichkeit,
Es liegt in der Luft eine Stachlichkeit.
Es liegt in der Luft, und es liegt in der Luft,
In der Luft.
Es liegt in der Luft was Idiotisches,
Es liegt in der Luft was Hypnotisches.
Es liegt in der Luft, es liegt in der Luft
Und es geht nicht mehr 'raus aus der Luft.

„Es liegt in der Luft" v. l. Margo Lion, Oskar Karlweis, Marlene Dietrich

Was liegt heute in der Luft bloß?
Was ist heut' bloß mit der Luft los?
Durch die Lüfte sausen schon
Bilder, Radio, Telefon.
Durch die Luft geht alles drahtlos,
Und die Luft wird schon ganz ratlos.
Flugzeug, Luftschiff, alles schon!
Hört, wie's in den Lüften schwillt!
Ferngespräch und Wagnerton,
Und dazwischen saust ein Bild.

Fort mit Schnörkel, Stuck und Schaden!
Glatt baut man die Hausfassaden!
Nächstens baut man Häuser bloß
Ganz und gar fassadenlos.
Krempel sind wir überdrüssig.
Viel zu viel ist überflüssig.
Fort die Möbel aus der Wohnung!
Fort mit, was nicht hingehört!
Ich behaupte ohne Schonung:
Jeder Mensch, der da ist, stört!

(Refrain:)
Es liegt in der Luft eine Sachlichkeit...

(Refrain:)
Es liegt in der Luft eine Sachlichkeit...

Die Sage vom großen Krebs

Text: Walter Mehring
Veröffentlicht in: „Die Weltbühne", 29. Jg.,
28. 2. 1933, Nr. 9
Erschienen am Morgen nach dem Reichstagsbrand
(27. 2. 1933) in der vorletzten Nummer der
Weltbühne.

Es geht um – es geht um eine böse Mär
Vom Krebs im Mohriner See…
Ihn ketten zwei Jahrtausende schwer –
Und wär er frei,
    Ging alles rückwärts und verquer,
      rückwärts und verquer.
Läutet die Glocken bim bam bom
    Hosiannah!
      Gott geb's,
Daß nimmermehr loskomm
Der Große Krebs!

Dann kröche der Krebs aus dem Morast,
Marschierte ein ganzes Heer,
Das würgt und mordet, hetzt und haßt
Ihm hinterher.
    Im Krebsgang rückwärts und verquer,
      rückwärts und verquer…
Marschierte das ganze Rückwärtser-Heer.
    Hosiannah!
      Gott geb's,
Daß loskomm nimmermehr
Der Große Krebs!

Dann kreise zurück die Jahrhundertuhr
Zur ewigen Mitternacht…
Und wenn die berauschte Kreatur
Vom Traum erwacht,
    Geht alles rückwärts und verquer,
      rückwärts und verquer
Zu Hexenbränden und Judenprogrom…
    Hosiannah!
      Gott geb's,
Daß nimmermehr loskomm
Der Große Krebs!

„Deutschland ist erwacht"
Zeichnung: Richard Ziegler, 1933

Wohin er kröche, folgt seiner Spur
Die Pest vom Mohriner See,
Und es regierte die Krebs-Diktatur
Und kommandiert:
    Das Ganze rückwärts und verquer,
      rückwärts und verquer!
Nieder mit euch! Kadverfromm!
    Hosiannah!
      Gott geb's,
Daß nimmermehr loskomm
Der Große Krebs!

Ach, hör mich, Volk – welch du hier lebst
Und zwischen Berg und See
Um täglich Brot und Freiheit krebst:
Laß ihn nicht frei –
    Sonst geht es rückwärts und verquer,
      rückwärts und verquer…
Wir alle, alle hinterher –
Und euer Wille geb's,
Daß loskomm nimmermehr
    nimmermehr
Der Große Krebs
Der Große Krebs!

Künstler-Café: Küka

Der sogenannte „schwarze Freitag", der 24. Oktober 1929 mit seinem Börsenkrach in New York und die darauf einsetzende Weltwirtschaftskrise, veränderte auch die Situation der Kleinkunstbühnen. Viele kleinere Unternehmen mußten die Verschlechterung der finanziellen Lage ihrer Zuschauer mit dem Konkurs bezahlen, und auch im Parkett der publikumsverwöhnten großen Bühnen dieses Genres machte sich zunehmender Zuschauerschwund bemerkbar. Die aufkommende materielle Not lähmte die Vergnügungssucht der Großstadtbewohner, die vorher noch die opulenten Ausstattungsrevuen provoziert und ermöglicht hatte. Trotzdem gab es auch in dieser Krisenzeit zahlreiche Neugründungen. Allerdings entwickelte sich der Trend zurück zum literarischen Kabarett, das mit bescheideneren finanziellen Mitteln betrieben werden konnte. Aber es wurden auch wieder politische Töne angeschlagen, die in der Zeit des wirtschaftlichen Aufschwungs fast ausschließlich von den Agitprop-Truppen zu hören waren. Je deutlicher sich der Nationalsozialismus artikulierte, um so deutlicher wurden die kabarettistischen Gegenangriffe ins Spiel gebracht. Beispielhaft war in Berlin das Künstler-Café „Küka" in der Budapester Straße, in dem von 1920 bis 1930 noch nicht arrivierte Künstler, Schriftsteller und Schauspieler Gelegenheit hatten, bei billigem Verzehr eigene oder fremde zeitkritische Verse vorzutragen. Max Kolpe (Colpet), Erich Kästner, Erich Mühsam und Günther Franzke gehörten zu den Gästen die eigene Gedichte vortrugen. Günther Franzke, Jahrgang 1903, wurde als Schlagertexter unter dem Namen Günther Schwenn populär. Seinen ersten großen Erfolg hatte er auf die Musik von

„Küka", Berlin 1930,
Zeichnung: Rudolf Schlichter

Will Meisel mit der langen Zehn-Wörter-Zeile „Schön ist jeder Tag, den du mir schenkst, Marie Luise". Unter der Devise „Ope-rette sich, wer kann" wurde Franke als progressiver Autor des Gedichtbandes „Gesänge gegen bar" mit Zeichnungen von George Grosz und einer Widmung von Heinrich Mann, im Dritten Reich rasch vergessen. Im „Küka" conférierte er neben Resi Langer, Annemarie Hase travestierte die „Bums-Soubrette", Ernst Toller, Exmedizinstudent und Teilnehmer an der Münchner Räterepublik, rezitierte eigene Gedichte, der Schauspieler Hans Ströhm vom Deutschen Theater sprach Tucholskys „Rote Melodie", Kurt Katsch vom Lessing-Theater brachte den Prolog aus Wedekinds „Erdgeist" zu Gehör und Yvette Hyan sang Lieder und Moritaten. Über Werner Finck, der in Berlin zum erstenmal im „Küka" conférierte, schrieb Pem im „Organ der Varietéwelt": „Das ist einer von denen, die Freude an sich haben. Wenn er auf das Podium steigt, strahlt er übers ganze Gesicht; sogar die Brillengläser funkeln vor Vergnügen. Aber wenn er dann die Leute vor sich sieht, die da etwas von ihm erwarten, wird ihm die Schwierigkeit und der Ernst der Situation erst richtig klar und er ist aufs äußerste verlegen. Sein Gesicht verzieht

„Küka", Berlin
Annemarie Hase in dem Parodie-Chanson
„Die zersägte Dame" von Friedrich Hollaender

sich vor lauter Verlegenheit, und plötzlich ist der ganze Finck nur noch Bescheidenheit, eine einzige Entschuldi-
gung für seine kleine Existenz. Und nun
muß er was tun, etwas aufsagen, und das
tut er auch. Nun sind seine Verschen eigentlich für seine Begriffe halb so wichtig, wie er's wahrhaben möchte, und um
das auszugleichen, freut er sich wieder.
Hat er richtigen Erfolg, dann ist er wieder verlegen; so ernst hat er's wieder gar
nicht gemeint.
Werner Finck hat das komplette Rüst-
zeug zu einem neuen Conférencier. Seine
Art ist bestimmt ganz eigen. Er hat Geist
– und wenn er ihn vor Verlegenheit hat.
Schüchternheit: schon gehabt, Verlegenheit: schon gesehen, Bescheidenheit:
schon bewundert – aber diese spezielle
Fink'sche Mischung ist Eigengewächs.
Es muß ihn mal jemand entdecken."
Finck wurde entdeckt, zuerst vom Berliner Kunsthändler Karl Neumann-

Nierendorf der seine Verse verlegte.
Finck nannte das Büchlein nach seinem
Gedicht „Neue Herzlichkeit", weil ihm
die Strömung der „Neuen Sachlichkeit"
schon zu lange gedauert hatte. Neben
Finck trug auch Karl Schnog im „Küka"
seine ersten lyrischen Betrachtungen und
Zeitsatiren vor und er erhielt wie jeder
Mitwirkende am Abend drei Mark und
dazu eine Tasse Kaffee oder Kakao.
Schnog berichtete 1950 in einem unver-
öffentlichten Manuskript: „Die Besucher
des 'Küka', Stammkunden, die dies Kabarett als ihr Zuhause ansahen, waren es
bald gewohnt, daß ihnen die Satiriker die
Zeit kommentierten. Das enge Lokal
platzte bald vor Menschenfülle, denn die
Leute saßen nicht nur auf den Stühlen,
sie standen zwischen den Tischen und
hockten auf Eimern, die aus der Küche
herangeschleppt werden mußten." Waren erst brave Bürger, junge Pärchen und
amüsierte Spießer ins „Küka" gekommen, so wandelte sich das Publikum vor
allem, als ab 1923 Erich Weinert dort regelmäßig gastierte: „Fortschrittliche Studenten, Künstler, Politiker drängten sich
nun hier und jubelten Erich zu. Aus dem
bunten Vergnügungsbums war eine politische Tribüne geworden." (Schnog).
Erich Weinert hatte mit dem Besitzer des
Lokals Friedrich Schack mehrfach Auseinandersetzungen wegen seiner scharfen
antimilitaristischen Zeitsatiren wie dem
„Antisemeeting":
Nachts um zwölfe
versammelten sich die blonden Wölfe
Mit großem Gebelfe.
Und einer hielt ein Referat:
Es dürften im Blonde-Wölfe-Staat
Die proletarischen Hammelherden
Auch nur von blonden Wölfen gefressen
        werden.
Und deshalb könne nur eines helfen:
Nieder mit den schwarzen Wölfen!
Und als man zu Tätlichkeiten schritt,
Da machten sogar die Hammel mit.

Als Erich Weinert den von der Leitung des Hauses unerwünschten Text „Der Kriegsverein feiert Denkmalsweihe" trotzdem jeden Abend wieder vortrug, warf ihn der Lokalbesitzer hinaus. Nun trug Li Holms, Weinerts Frau, die er auch im „Küka" kennengelernt hatte, diese treffliche Satire auf die „alten Kommißknochen" vor. Als am 1. April 1930 das letzte Programm im „Küka" Premiere hatte, erinnerte Werner Finck in seiner Conférence noch einmal an Erich Weinert, der bereits 1925 im „Küka" bestätigt bekam, daß progressives, also politisches Kabarett notwendigerweise auf Veränderung der bestehenden Ordnung zielen mußte, wenn es eine Funktion haben wollte. „Ein politisches Kabarett" – so resümierte Weinert – könne genau wie Theater und Literatur nur in engem Kontakt mit Zeit und Umwelt existieren. Es habe sich nicht so sehr mit „Ewigkeitswerten der Kunst, als vielmehr mit den aktuellen Interessen, Sorgen, Nöten und Vergnügungen des Publikums und der Vortragenden" zu befassen. „Es ist also sozusagen eine gesprochene Zeitung und betrachtet wie diese alle Ereignisse von einem bestimmten sozialen und politischen Standpunkt aus, ist demnach ein Instrument der Gesellschaftskritik ... Im Augenblick also, in dem es gelänge, diesen Kontakt herzustellen, d. h. aus dem Geist einer bestimmten Klasse heraus zu schaffen, wäre ein politisches Kabarett möglich."

„Küka", Berlin
Li Holms, Erich Weinerts spätere Frau

Sozialdemokratisches Mailiedchen

Text: Erich Weinert
1928 vorgetragen von Erich Weinert
„Küka", Berlin

Stell auf den Tisch das Bild von Vater Bebel[1]
Den Vorwärts[2], Jahrgang 13, hol heraus,
Und klirre wieder mit dem Schutzmannssäbel
    Wie einst im Mai!

Lies mir noch mal die alten Manifeste,
Der ersten Jugend holde Schwärmerei,
Und reich mir wieder die gestrickte Weste
    Wie einst im Mai!

Noch einmal singt die Internationale,
Doch macht nicht wieder solchen Krach dabei.
Und nicht mit so pathetischem Finale
    Wie einst im Mai!

Noch einmal tragt die feierlichen Fackeln!
(Die Reichswehr mit Musik ist auch dabei.)
Wer weiß, ob uns nicht doch die Ärsche wackeln
    Wie einst im Mai!

Erich Weinert

[1] August Bebel (1840–1913), Mitbegründer und
Führer der Sozialdemokratischen Partei Deutschlands.
[2] Vorwärts, sozialdemokratische Wochenschrift.
Gegründet 1876 in Leipzig.

Neue Herzlichkeit

Text: Werner Finck
1930 vorgetragen von Werner Finck
„Küka", Berlin

Wir stehen vor einer neuen Periode.
Die Sachlichkeit verliert an Sympathie,
Die kalte Schnauze kommt schon aus der Mode;
Zurück zur Seele; Herz ist dernier cri!

Der Schmerz darf einen wieder übermannen;
Am Jüngling sucht die Jungfrau wieder Halt,
Das Unterleibchen wird sich nach und nach entspannen
Und nur des Kriegers Faust bleibt noch geballt.

Und da wir grade von den Kriegern reden,
Die Reichswehr macht uns wieder Lust,
Man gibt es auf, sie zu befehden:
Es wird wie einst im Mai – und dann wie im August.

Werner Finck

Die Unmöglichen und Anti

„Rolli, das ist ja unmöglich", sagte Dinah Nelken zu ihrem Bruder Rolli Gero: „Du kannst unmöglich in einem Ludenkeller…" Keller stimmte, denn es war wirklich ein Keller am Berliner Bülowbogen nahe des Nollendorfplatzes, Toppkeller genannt, mit Schmalztollen-Wirt, Eisenhofen, Biertresen unter der Vereinsfahne „Glaube, Liebe, Hoffnung", in dem am 13. Januar 1928 der Boulevard-Journalist Paul Markus (der sich Pem nannte) zusammen mit dem Werbegrafiker Rolli Gero und der Schriftstellerin Dinah Nelken, die sich ihr Geld mit Kurzgeschichten, Feuilletons und Schuhcreme-Reklame verdiente, ein Bohème-Kabarett eröffneten, das sie vorsichtshalber „Die Unmöglichen" nannten. Schlimmstenfalls, so spekulierte Pem, würde die Kritik schreiben: Sie sind wirklich unmöglich. Und dann wäre wenigstens nichts verloren. Weil die Gegend gleich hinter dem luxuriösen Kurfürstendamm nicht gerade attraktiv war, es war mehr das Revier der schweren Jungen und der leichten Mädchen, lockten die jungen „Unmöglichen" an der Gedächtniskirche eventuelle Besucher mit offenen Leiterwagen zu einer kostenlosen Fahrt in ihre Vorstellungen, die Axel Arheus originell inszenierte. „Ludenkeller aber stimmte nicht", so erzählte Dinah Nelken später ironisch: „Da verkehrte ein eingetragener Verein mit Beitrag zahlenden, tagsüber skatspielenden, nachtsüber einträglicheren Beschäftigungen nachgehenden Mitgliedern des ebenfalls eingetragenen Sparvereins 'Festes Geld'".

Neben den Gründern standen Mowgli Sussmann, Ernst Morgan, Georgia Lind und Werner Finck auf der Bühne im „Toppkeller" und nach polizeilicher Schließung – weil keine künstlerische

„Die Unmöglichen", Berlin
Nachtprobe

Lizenz vorlag – im Theatersaal in der Lutherstraße 31. Werner Finck sollte mit einem kleinen Sketch und einer Parodie in das Programm eingebaut werden. In seinen Memoiren „Alter Narr – was nun?" berichtet Finck, daß es schon bei der Generalprobe einen Skandal gab, den ersten seines Lebens: „Ich hatte ein jiddisch-russisches Theaterstück parodiert, von dessen Aufführung ich hingerissen war. Das vorwiegend jüdische Publikum hatte das wohl in den falschen Hals bekommen und protestierte wütend. Asta Nielsen und der jüdische Bühnenliebling Alexander Granach protestierten gegen die Proteste. Man möge die künstlerische Leistung bewerten und nicht die Zugehörigkeit zu einer Rasse oder Religion. Damit käme man zum jüdischen Faschismus." Die Parodie wurde aus dem Programm gestrichen. Das war 1928. 1935 im Konzentrationslager Esterwegen, von dem noch die Rede sein wird, wurde Werner Finck von der SS-Leitung, die von der Geschichte gehört haben mußten, nahegelegt, jene Habima-Parodie noch einmal vorzutragen. Finck berichtet: „Ich bedauerte, daß ich den Text völlig vergessen hätte und daß er mir wahrscheinlich erst wieder einfallen würde, wenn die Juden nicht mehr verfolgt und vernichtet würden."

Die „Unmöglichen" ersetzten Perfektion

„Die Unmöglichen", Berlin
Szene mit Mowgli Sussmann

durch unkonventionelle Haltung, bei der oft allerdings nur der Ulk und die Respektlosigkeit triumphierten, der Dinah Nelken in ihren Texten Ausdruck verlieh. Sie hatte sich, ähnlich wie „Fleur Lafontaine", die Protagonistin ihres gleichnamigen autobiografischen Romans, durch verschiedene Berufe hoch getingelt. Mit 17 hatte sie geheiratet, einen Mann doppelt so alt wie sie, jüdischer Bankierssohn und Spieler. Hochschwanger erlebt sie, wie die Novemberrevolution die Kleinstadt Eberswalde streift, ihr Mann wird dort kommissarischer Bürgermeister, sie selbst steht dem „Presse- und Postwesen" vor. Ihre Ehe bleibt ein kurzes Intermezzo. Ihr Mann verspielt sein letztes Vermögen. Dinah Nelken sieht sich, nicht einmal zwanzigjährig, gezwungen, für sich und ihr Kind Geld zu verdienen und dafür ihr Schreibtalent nutzbar zu machen. Vom Schreiben ihrer Kurzgeschichten, die in vielen

Berliner Zeitungen erscheinen, kommt sie zum Kabarett. Doch nun zeichnet sich schon der Faschismus als reale Bedrohung ab. „Ein tragischer Irrtum", meint Dinah Nelken 1987 in einem Interview, „war, daß die Nazis nicht ernst genommen wurden. Wir haben gesagt, Mensch, laß die doch ihren Quatsch machen, sollen die Idioten doch da rummarschieren und singen und braune Hemden tragen ... In den ersten Wochen haben sich die Nazis alles geholt, weil die linken Leute gar keine Mühe gemacht haben, sich zu verbergen."
Dinah Nelken ist nicht jüdisch wie ihr erster Mann, der im KZ ermordet wurde, sie gehörte nicht zur organisierten Linken wie ihr Bruder und ihr zweiter Mann, die beide im Widerstand arbeiteten, sie stand auf keiner Liste. Trotzdem geht sie 1936 als überzeugte Antifaschistin ins Exil, zunächst nach Prag, von dort nach Wien, zusammen mit ihrem Bruder und ihrem Mann. Die Flucht vor den Deutschen geht weiter nach Jugoslawien und dann nach Italien. 1950 kehrt sie nach West-Berlin zurück.
Dem kurzen Intermezzo der „Unmöglichen" folgte im November 1928 im gleichen Theatersaal das Kabarett **„Anti".**
Der Texter Max Kolpe (Colpet) und der Schauspieler Eric Ode brachten Inge Bartsch und Marianne Oswald in ihr Ensemble gleich mit und übernahmen von den „Unmöglichen" Rolli Gero, der die Ausstattung besorgte. Die Musik lieferte Teddy Staufer mit seiner Band. Doch länger als sein Vorläufer konnte sich auch das „Anti" nicht halten. Das Publikum fand an diesem Platz (gegenüber der „Scala") keinen Gefallen und wohl auch nicht an den aktivierenden Angriffen gegen den Polizeipräsidenten von Berlin, Zörgiebel, und seine Polizei, gegen Mißwirtschaft im Rathaus und gegen den deutschnationalen Politiker und mächtigen Zeitungsverleger Alfred Hugenberg.

Spießers Nachtgesang

Text: Dinah Nelken
1928 vorgetragen
„Unmöglichen", Berlin

Der schönste Platz, den ich auf Erden hab,
Das ist die Rasenbank am Elterngrab.
Da sitz ich gern – ob mit, ob ohne Braut –
Und höre Lieder, mir so lang vertraut
Aus der Jugendzeit, aus der Jugendzeit,
Ach wie liegt so weit, ach wie liegt so weit,
Wahas mein, was mein einst war:
Heil dir im Siegeskranz,
    du hohe Wonnegans!
Heil Kaiser dir!

Manchmal aber neuerdings
Ist's, als käm'n von unten links
Stimmen, die da flöteten:
Trägst du immer noch zum Tanz
Bratenrock und Schwalbenschwanz
Und die festgelöteten
Schlipse, Röllchen und mit Schmerzen
Kaisers Bild im Männerherzen?
Soll denn gar nichts anders werden,
Wächst aus Altem nicht das Neue?...
Und schon scheint's, der Nachtgesang
Rüttle an der Gartenbank,
Und mit Grundeis geht der Arsch
Abwärts mit dem Heldentum
Und der Nibelungentreue,
Ja, hinab hinab hinab
in des Spießers Grab
Grab
Grab.

„Die Unmöglichen", Berlin
Szene mit Mowgli Sussmann und Pem (Paul Markus)

Larifari

Eine weitere Station auf dem Weg zu jener Kabarett-Form, die Werner Finck prägte und die zum Sammelpunkt einer neuen Kabarettisten-Generation und am Ende zum Politikum werden sollte, war nach dem „Küka" und den „Unmöglichen" das „Larifari". Finck sollte hier zunächst in einer durchgehenden Rolle den Tagesablauf einer Berliner High-Society-Familie verulken und nach jeder Nummer mit einer Uhr in der Hand witzig die jeweilige Zeit ansagen. Die Generalprobe ergab jedoch, daß Finck seine Auftritte zu ausgedehnten Nummern gestaltete. Anders als bei den „Unmöglichen" waren hier Profis am Werk, allen voran Rosa Valetti, und so berichtete Finck: „Rigoros machte mir die Valetti einen Strich durch die Rechnung, die ich ohne die Wirtin gemacht hatte. Was mir blieb waren ein paar Gedichte mit ein bißchen Gestotter drumherum, die ich vor der Pause sprechen durfte". Rosa Valetti und der Texter und Komponist Erich Einegg hatten das „Larifari" 1928 ohne festes Haus in Berlin gegründet: als „satirischen Zeitspiegel", wie der Kritiker Herbert Ihering das Unternehmen charakterisierte, das listig in seinem Angriff und ernst in seinem Übermut sein wollte. „Die Einzigkeit dieses Kabaretts", so schrieb ein anderer Kritiker, „ist darin zu suchen, daß all diese Chansons und grotesken Szenen schärfste aggressive Kritik an sozialen und politischen Zu- und Mißständen darstellen". Die Valetti scharte ein paar junge Schauspieler um sich, die fast alle dem Kabarett der frühen dreißiger und späten vierziger Jahre neue Impulse geben sollten: Hubert von Meyerinck und Rudolf Platte, Aribert Wäscher und Gertrude Kohlmann, die zwanzig Jahre später als Trude Kolman in München die „Kleine Frei-

„Larifari", Berlin
Programmheft-Titel, 1928

heit" eröffnete und sie fünf Jahre lang als eines der brilliantesten deutschen Nachkriegskabaretts betrieb. Außerdem wirkten Valeska Gert, Kate Kühl, Marcella Salzer, Ilse Strobrawa, Ilse Vigdor, Else Ward und die junge Schauspielerin Roma Bahn mit, die in der Uraufführung von Brechts „Dreigroschenoper" die Polly gespielt hatte, sowie Leonhard Steckel, der dann nach dem Zweiten Weltkrieg Brechts „Puntila" verkörpern sollte. Beim „Larifari" spielte er schwachnervige Kleptomanen, überlebenswillige Bettler oder einen reich gewordenen Toilettenmann. Und schließlich trat hier ein Chansonnier auf, der, aus der Arbeiterklasse stammend, das Berliner Theater gleichwie das politische Chanson um einen neuen Schauspielertyp bereichert hatte: Ernst Busch. Der gelernte Schlosser hatte seine ersten Bühnenschritte in Kiel getan, war dann über etliche Zwischenstationen nach Berlin gekommen und 1927 von Erwin Piscator für die Inszenierung von Ernst Tollers Inflations-

PROGRAMM LARIFARI

| Nummer 2 | Lutherstr. 31, Tel.: Barbarossa 1203 | Februar 1929 |

ERNST BUSCH

a) Von hinten
b) Wir seifen ein. (Bei den Reichstagswahlen 1928 verteilte
die S. P. D. bei ihren Umzügen Seifenstücke)
Texte: Julian Aren, Musik: Otto Stransky

„Larifari", Berlin
Programmheftseite, 1929

satire „Hoppla – wir leben!" als Darsteller des Arbeiters Albert Kroll engagiert worden. Als engagierter Kommunist trat Busch auch in Arbeiterversammlungen auf, was ihn bei Berlins Proletariern so populär machte, wie es der Operettentenor Richard Tauber bei seinem bürgerlichen Publikum war, weshalb sie ihn auch den „Barrikaden-Tauber" nannten. Im „Larifari" und später auch in verschiedenen anderen Kabaretts, vor allem in der „Katakombe", sprach Ernst Busch Texte von Kurt Tucholsky, Julian Arendt und Karl Schnog und sang Brechts „Legende vom toten Soldaten" und das „Seifenlied" von Julian Arendt, komponiert von Otto Stransky, eine Satire auf einen

Wahlkampf-Gag der Berliner SPD, die zu den Reichstagswahlen 1928 Seifenstückchen mit der Aufschrift „Wählt SPD!" verteilte. Nach 1933 mußte Ernst Busch aufgrund dieser kabarettistischen Tätigkeit Deutschland verlassen. Mit dem Komponisten Hanns Eisler führten ihn seine Tourneen durch die Niederlande nach Belgien, London, Zürich, Paris, Wien und 1937 in die Sowjetunion, von wo aus er nach Spanien fuhr, um dort die gegen die Franco-Faschisten kämpfenden Internationalen Brigaden mit Kampfliedern anzufeuern. Auf allen Stationen seiner Emigration hat er die satirischen Chansons von Brecht, Mehring, Tucholsky weiter getragen. 1980 starb er hochgeehrt, als der wohl größte politische Chansonnier im deutschen Sprachraum, in Ostberlin.

Das Seifenlied

Text: Julian Arendt
Musik: Otto Stransky
1929 vorgetragen von Ernst Busch
„Larifari", Berlin

Wir haben unsre Brüder
Mit Wahlkampfseife bedacht
Das tun wir das nächste Mal wieder;
Es hat sich bezahlt gemacht.

Wir schlagen Schaum
Wir seifen ein.
Wir waschen unsre Hände
Wieder rein.

Wir haben ihn gebilligt
Den großen heiligen Krieg.
Wir haben Kredite bewilligt,
Weil unser Gewissen schwieg.

Wir schlagen Schaum.
Wir seifen ein.
Wir waschen unsre Hände
Wieder rein.

Dann fiel'n wir auf die Beine
Und wurden schwarz-rot-gold.
Die Revolution kam alleine;
Wir haben sie nicht gewollt.

Wir schlagen Schaum.
Wir seifen ein.
Wir waschen unsre Hände
Wieder rein.

Wir haben die Revolte zertreten
Und Ruhe war wieder im Land.
Das Blut von den roten Proleten,
Das klebt noch an unserer Hand.

Wir schlagen Schaum.
Wir seifen ein.
Wir waschen unsre Hände
Wieder rein.

„Larifari", Berlin
Anzeige, 1929

Wir haben unsre Brüder
Mit Wahlkampfseife bedacht.
Das tun wir das nächste Mal wieder;
Es hat sich bezahlt gemacht.

Wir schlagen Schaum.
Wir seifen ein.
Wir waschen unsre Hände
Wieder rein.

(Bei der Reichstagswahl 1928 hatten die Berliner
Sozialdemokraten eine saubere Idee. Sie verteilten
auf ihren Kundgebungen Toilettenseife mit dem
Aufdruck: „Wählt SPD!")

Format

Text, Musik: Erich Einegg
1929 vorgetragen von Rosa Valetti
„Larifari", Berlin

Ich sage alles, was ich denke, offen, schlicht und frei heraus,
Vielleicht red' ich grad' deshalb so viel Quatsch.
Das Mannequin sieht in dem neuen Chiffonkleid entzückend aus,
Frau Rätin wie ein alter Kladderadatsch.
Dabei ist's doch dasselbe Kleid.
Vielleicht liegt's an 'ner Kleinigkeit,
Sie hat vielleicht zwei linke Füß',
Die stören, lacht sie noch so süß:

Es sitzt bei ihr nicht richtig
Es sitzt bei ihr nicht richtig,
Man muß noch irgend etwas daran drehn.
Man sieht sich's aus der Höhe an,
Man sieht sich's aus der Tiefe an,
Man sieht sich's aus der unanständigen Vogelperspektive an:
Es sitzt bei ihr nicht richtig,
Es sitzt bei ihr nicht richtig,
Dem Dreck fehlt noch der richtige avec.

Adele war 'ne nette Nutte, Handtäschchen mit Lippenstift,
Patentkamm, etwas ausgekämmtes Haar.
Doch plötzlich hat sie Schwein gehabt, ein besserer Kommerzienrat
Sprang an auf Dauer, Marke: Traualtar.
Jetzt ist sie stets leicht „echauffiert",
Die Schnauze trägt sie hochfrisiert,
Sie plaudert mit der „Leichtigkeit",
Und doch, die ganze Vornehmheit:

Die sitzt bei ihr nicht richtig,
Die sitzt bei ihr nicht richtig,
Man muß noch irgend etwas daran drehn.
Man sieht sie aus der Höhe an,
Man sieht sie aus der Tiefe an,
Man sieht sie aus der unanständigen Vogelperspektive an:
Sie sitzt bei ihr nicht richtig,
Sie sitzt bei ihr nicht richtig,
Dem Schreck fehlt noch der richtige avec.

„Larifari", Berlin
Rosa Valetti, 1929
Zeichnung: Benedikt F. Dolbin

Es gibt die neue Republik dem Kaiser, was des Kaisers ist,
Mit objektivster Neese unentwegt.
Die Reichswehr zieht die Linden lang und Westarp[1] nickt am Fenster
Jenem zu, der die Revanchepauke schlägt.
Die Generäle kann man sehn
Die pensionierten Bäuche blähn,
Die Löhne gehn dafür zurück,
Kurzum: die ganze Republik:

Die sitzt bei uns nicht richtig,
Die sitzt bei uns nicht richtig,
Man muß noch irgend etwas daran drehn.
Wenn mit dem Geld für manchen Fürst
Du selbst erst abgefunden wirst,
Wenn alle ziehn an einem Strang und Deutschland feste mitten mang,
Dann sitzt sie bei uns richtig,
Dann sitzt sie bei uns richtig,
Dann hat der Dreck den richtigen avec.

[1]Kuno Graf von Westarp (1864–1945) war
1926–1928 Vorsitzender der „Deutschnationalen
Volkspartei" und Mitbegründer der „Volkskonserva-
tiven Partei", die das Kabinett Brüning unterstützte.

Kohlkopp

Neben Dinah Nelken und Rosa Valetti, war Valeska Gert die dritte Frau, die in Berlin ein originelles Kabarett eröffnete – in einem ehemaligen Autoladen: „Hinter den rosa angepinselten Fensterscheiben in der Budapester Straße, wo es noch unlängst nach Benzin, Pneumatiks und Autolack roch, ist ein improvisiertes Theaterchen zurechtgezimmert worden. Eine Bühne haben sie aufgebaut, besser gesagt ein Podium ohne Vorhang, nur mit einem schwarzen Hintergrund... Dahinter verbergen sich die Garderoben. Der Zuschauerraum ist mit schwarzem auswattiertem Stoff tapeziert, und man wird in Klappsesselreihen sitzen." (B. Z. am Mittag 25. 2. 1932). Die Eröffnung kündigte Valeska Gert persönlich an, indem sie tags zuvor einen riesigen Kohlkopf in einem Kinderwagen spazierenfuhr, denn das Unternehmen sollte Kabarett „Kohlkopp" heißen. Die Premiere am 27. 2. 1932 war zunächst ein Reinfall und artete in Chaos aus, als im unbeheizten Zuschauerraum das feine Publikum in Pelzmänteln auf der ersten Klappstuhlreihe zusammenbrach und entrüstet das Kabarett verließ. Aber die späteren Vorstellungen, besonders das zweite Programm (ab. 18. 4.), waren erfolgreich, obwohl die Ensemblemitglieder häufig wechselten. Insgesamt sind außer Aribert Wäscher und der Grotesktänzerin Valeska Gert, die bereits in anderen Kabaretts, z. B. „Larifari", Erfahrungen gesammelt hatte, zu nennen: Ruth Abramowitsch, Ruth Anselm, Elfriede Bötemann, Elfe Degün, Else Ehser, Inge Klein, Lilli Lohrer, Vera Spohr, Jürgen von Alten, Karl Hannemann, Karl Heinz Jaffé, Alexander Kardan, Albert Venohr, Helmut Weiss, Wolfgang Zilzer; für Text und Musik verantwortlich: Erich Einegg, Josef

„Kohlkopp'
Kabarett
Budapester Str. 9
tgl. 9.30, 1-4 RM.
Kein Konsum
Königstadt 3194.

„Kohlkopp", Berlin
Anzeige, 1932

Kosma, Günter Neumann, Günther Weisenborn und Claus Clauberg. Zu den Besonderheiten des Programms gehörte der wüstkomische Sketch „Die Hochzeitsnacht", in welchem Aribert Wäscher und Else Ehser „den schmerzlichen Lustschrei einer sächsischen Masochistin sprichwörtlich" werden lassen: „Gratz mich, schlaach mich, beiß mich – saach Iltis zu mir!" Dann zwischen routinierten Draufgängern und strebenden Anfängern: Valeska Gert: „Sie bringt, pechschwarz das wirre Haar, grell geschminkt das Gesicht, knallig bunt das Kostüm, die aufreizenden Frechheiten einiger Chansons zu enormer Wirkung." (Berliner Tageblatt 23. 4. 1932). In der Pause spielte ein verstimmtes Orchestrion „Die Kirschen in Nachbars Garten". Neben den bekannten Sprechnummern „Berliner Type" und der „Diseuse" gab Valeska Gert beispielsweise Klassikerparodien, etwa Shakespeares „Othello" oder Schillers „Maria Stuart": Lilli Lohrer als „Maria Stuart" und Valeska Gert als „Elisabeth von England" in schwarzen Trikots mit einem nackten Kriolinengestell darüber; Helmut Weiss als

Gruß aus dem Mumienkeller

Text: Valeska Gert
1932 vorgetragen von Valeska Gert
„Kohlkopp", Berlin

Was nicht geht,
Das geht nicht mehr.
Mir ist recht sonderbar zumut.
Wenn das wirklich alles war,
Ist das Leben
Nicht sehr gut.
Seht mein Fleisch verfaulet schon,
Viel zu vieler Liebe Lohn.
Früh zu Ende ist der Spaß,
Früh sind wir der Würmer Fraß.

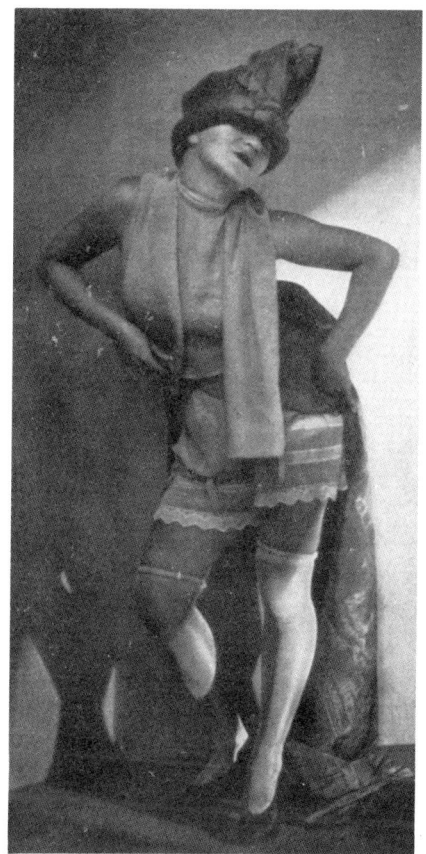

„Kohlkopp", Berlin 1932
Valeska Gert
tanzt „Gruß aus dem Mumienkeller"

Valeska Gert
Zeichnung: Benedikt F. Dolbin

29

„Kohlkopp", Berlin, 1932
v. L. Vera Spohr, Wolfgang Zilser, Else Ehser,
Aribert Wäscher, Valeska Gert

„Graf von Leicester" im grauen Straßen-
anzug und mit rosa Gazekrause um den
Hals: „Wir sprachen im Rhythmus von
Schiller, aber der Text war modern, ein
Streit um unsern Friseur", berichtete
später Valeska Gert. Und schließlich
neben dem absurden „Gruß aus dem
Mumienkeller", offenbar als eine der
wenigen Nummern des Programms, dem
Publikum auch aktuell verständlich, ihre
„Regimentskommandeuse" – überzeu-
gend als Vorgeschmack der Genüsse des
Dritten Reichs dargeboten. In einigen
Kritiken wurde das Wort Künstler de-
monstrativ in Anführungszeichen gesetzt
und Adolf Stein, der unter dem Pseudonym „Rumpelstilzchen" seine wöchentli-
chen Kulturbetrachtungen veröffentlichte, machte keinen Hehl um den eigenen
Ekel vor so viel „undeutscher Entar-
tung": „Es kann alles nicht toll genug
sein. Ein Autoladen, gegenüber dem
Eden-Hotel, ist leergeworden, und sofort nistet sich unter den Namen 'Der
Kohlkopp' das wüsteste Kabarett dort
ein, das wir je in Berlin gehabt haben.
Unter Leitung von Valeska Gert, der
vielleicht häßlichsten Frau, die irgend-
wann und irgendwo getanzt und gesungen und ihren galizischen Haß gegen alles Deutsche ausgesprüht hat. Sie kommt
als Straßendirne, als Frau Oberst vom
alten System, als Diseuse und zeigt unter

hocherhobenen Röcken eine nur so
winzige Andeutung von Schlüpfer, daß
man höchst Unerfreuliches zu sehen bekommt. Aber natürlich hat sie Talent.
Das haben sie ja alle, die in diesem Kabarett den fetten Kurfürstendammern
Lust und Betäubung bringen ... Das ist
wirklich schon gespieltes Leichenschau-
haus ... Vor 1918 gab es so etwas nicht.
Und nach 1932 wird es hoffentlich unmöglich sein. Als Frick in Thüringen Minister war, verbot er sogar Niggermusik.
Zerbricht die Novembermehrheit, dann
wird es wieder sauber sein bei uns."
Bevor die Nazis das erwähnte Leichen-
schauhaus makabre Realität werden ließen, löste sich der „Kohlkopp" auf, weil
der Vermieter der Räumlichkeiten den
dreimonatigen Vertrag nicht verlängerte.
Bevor auch Valeska Gert emigrierte und
in Amerika ihr Kabarett „Beggar Bar"
betrieb, spielte sie noch in Werner
Fincks Berliner „Katakombe". In ihren
Erinnerungen „Ich bin eine Hexe"
schrieb sie 1968: „Der ‚Kohlkopp'
schloß. Schade, es war das originellste
Kabarett, das es je gegeben hatte".

Die Wespen

„Die Wespen", Berlin
Programmheft-Titel

Im Herbst 1926 waren auf Initiative des Buchändlers Leon Hirsch, eines frühen Verlegers von Erich Weinert, die „Wespen" ins Leben gerufen worden. Von ihrem Stammsitz, dem Lokal „Zum Hacke-Bär" in der Großen Frankfurter Straße nahe dem Alexanderplatz, aus bespielten sie verschiedene Berliner Säle mit einem vorwiegend proletarischen Publikum. Kennzeichnend für die politische Grundhaltung dieses Kabaretts war es, daß Erich Weinert und Karl Schnog mit dem Vortrag eigener satirischer Gedichte wesentlich das Profil bestimmten. Erich Weinert hatte im Mai 1921 als junger Mann in dem Leipziger Kabarett „Retorte" debütiert, ging 1923 nach Berlin, trug dort im „Küka" eigene Gedichte vor und wirkte 1935 in den Kabarettabenden mit, die Harry Lamberts-Paulsen unter dem Titel „Die Pistole" in der „Rampe" gab. Karl Schnog war ebenfalls über die Mitwirkung in verschiedenen Berliner Kabaretts („Größenwahn", „Wilde Bühne", „Küka", „Kabarett der Komiker") zu den „Wespen" gestoßen. Als Conférencier, Plauderer und Versemacher war Karlchen, wie ihn die Freunde nannten, die Seele der Truppe, der immer wußte, wo's langging, wenn die Nummern mal durcheinander gerieten, zur Not mit Tünnes- und Schääl-Witzen, und der improvisieren konnte, wie nur noch seine großen Kollegen Fritz Grünbaum, Werner Finck, Willi Schaeffers und Paul Nikolaus. Nicht weit vom Alexanderplatz lag Clärchens Ballhaus, daher paßte auch Resi Langers „Witwenball" ins Milljöh. Sie brachte dieses, vom Hauskomponisten Claus Clauberg vertonte Chanson, so echt und ulkig, eben mit der Stimmung, wie sie jeden Mittwoch bei „Clärchen" auf dem Parkett zu erleben war. In ihrem Repertoire waren auch Verse von Christian Morgenstern, mit denen sie die Menschen konfrontierte, die nie in ihrem Leben etwas mit Literatur zu tun gehabt hatten. Man sah die Möwe Emma und das Perlhuhn unter Erlen, zählend seine schönsten Perlen, staunte, wie das Galgenkindchen mit „Jaguar, Zebra, Nerz" die Monatsnamen lernte, und applaudierte dem unerhört praktischen Korf, der zum Zeitunglesen eine Wunderbrille erfindet, deren Energien ihm den Text zusammenziehen. Als feste Ensemblemitglieder wirkten Annemarie Hase, Hugo Döblin (ein Bruder des Schriftsteller und Arztes Alfred Döblin) und Ernst Bringolf mit, als gelegentliche Gäste Ilse Trautschold, Frank Günther, Renée Strobrawa, Sonja Wronkow, Igor Pahlen und Ernst Busch, der hier mit Hanns Eisler am Klavier, seine proletarischen Lieder vortrug. Julia Marcus zeigte in ihren Grotesktänzen eine aufregende „Hitlerparodie". Neben den Klassikern des Kabaretts der zwanziger Jahre, wie Tucholsky, Hollaender, Kästner, erscheinen auf den Programmzetteln neue Namen von Textautoren und Komponisten, denen wir teilweise auch in anderen Kabaretts jener Jahre begegnen: So trug Igor Pahlen ein „Maschinenlied", Text: Robert Schittan, Musik: Werner Michel, und „Der Mann in Beton", Text: R. A. Stemmle, Musik: F. Marcus vor. Rita Marell brachte 1927 „Das Antlitz

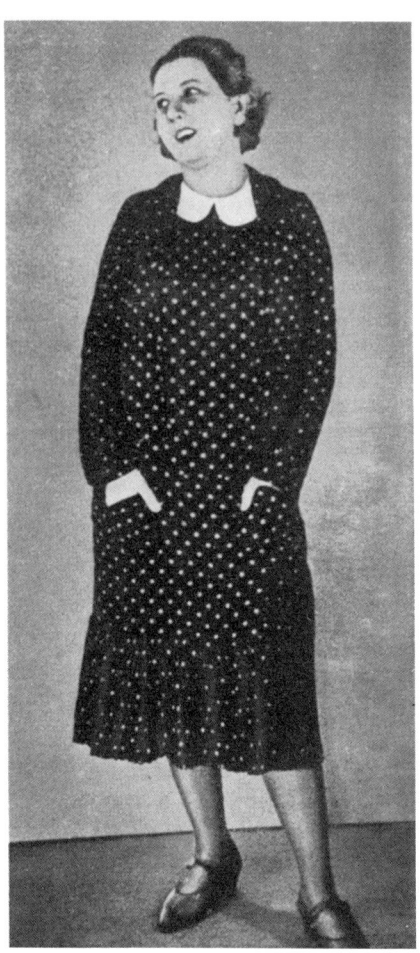

Resi Langer

der Zeit", Text: Kurt Reiss, Musik: Franz Buechler und – aus dem gleichnamigen Stück von Ernst Toller, das Erwin Piscator am 3. September 1927 herausgebracht hatte – Walter Mehrings Chanson „Hoppla, wir leben", Musik: Edmund Meisel. Der Text der an die Creme der Gesellschaft, an Militärs und Diplomaten adressierten letzten Strophe lautet:

Hoppla! Sie leben!
Wann rechnen wir mit ihnen ab?
Wenn den Bau wir demolieren,
Welche Tänze tanzt ihr morgen, hoppla!
Wenn statt ihnen hier regieren
Unsere Sorgen? Hoppla!
Sucht Schutz bei eurem Gotte,
Dem elektrischen Schafotte! Hoppla!
Kommt mit euren Generälen,
Wir befehlen! Hoppla!
Wir leben!

Bei den „Wespen" begegnen wir auch Texten von Norbert Schiller, Hans Reimann und Julian Arendt, einem der bemerkenswertesten Kabarettautoren in den Jahren vor 1933. Claire Solo sang in den Vertonungen von Otto Stransky die Chansons „Sehnsucht" und „Meck-Meck" und Else Ehser interpretierte mit der Musik von Costo Dorres „Ich geh gern bei meine Tante Emma". Die genannten Chansons wurden nicht verlegt, die Manuskripte sind verschollen, doch geblieben sind aus den zahlreichen Abenden bis zum April 1932 Erich Weinerts zeitsatirische Attacken, wie „Es geht vor! Es spukt am Brandenburger Tor!" oder „Der heimliche Aufmarsch" mit den aufrüttelnden Zeilen:

Arbeiter, horch, sie ziehen ins Feld!
Doch nicht für Nation und Rasse!
Das ist der Krieg der Herrscher der Welt
Gegen die Arbeiterklasse!

32

„Die Wespen", Berlin, 1926
v. l. Günther Franzke, Erich Weinert, Leon Hirsch,
Hugo Döblin, Claus Clauberg, Ernst Bringolf,
Annemarie Hase, Resi Langer, Edith Braun

Leon Hirsch, 1926
Selbstbildnis

Die vorausahnenden Visionen vom Kriegsausbruch in Berlin und die Schrekken der Bombennächte hatte Weinert bereits 1929 geschrieben und auch Karl Schnogs Gedichte benannten jene Kräfte der Weimarer Republik rechtzeitig, die das Rad der Geschichte rückwärts drehen wollten. Ein paarmal trat auch Erich Mühsam bei den „Wespen" auf und als Sympathisanten lasen 1932 im Schubert-Saal u. a. Erich Kästner, Else Lasker-Schüler, Alexander Roda Roda, Paul Nikolaus und Hellmuth Krüger „aus eigenen Werken".

Von einem kleinen Skandälchen berichtet Annemarie Hase, als sie einmal, aufgetakelt als Frau Courths-Mahler, sich darüber aufregte, warum die Tonfilmfabrikanten sich nicht direkt an sie wenden, denn die Stoffe der Trivialfilme könnten doch auch von ihr sein. Abschließend sang sie den Refrain: „Und das hat mit ihr'm Geschmiere die Thea von Harbou getan". Der Mann der Drehbuchautorin, der Regiepapst der UFA, Fritz Lang, machte der Hase eine Szene und drohte „die ganze Bude kurz und klein zu schlagen". Nun änderte man Thea von Harbou in „Gartenlaube" um. Der Vorfall war reif für die „Weltbühne", die schrieb: „Ein Unterschied zwischen beiden läßt sich zwar nicht feststellen, trotzdem hätte man es nicht tun sollen. Wie kommt Herr Lang dazu, uns seine Pressezensur aufzuzwingen? Herr Lang scheint bei Hugenberg in die Schule gegangen zu sein. Wenn das Ehepaar Lang – von Harbou in Paris lebte, würde es noch ganz anders vorgenommen werden." Programmatisch hatte Karl Schnog schon 1929 in der satirischen Zeitschrift „Stachelschwein" die Richtung der „Wespen" festgelegt: „Wir wollen das Brettl aus der Sphäre der Tanzdielen oder der österreich-ungarischen Restaurants mit bunten Einlagen herausführen. Weil ja schließlich Leute wie (alphabe-

D I E   W E S P E N

Conférenciere: . . Resi Langer
Leitung: . . . . . . Leon Hirsch

Programm

Freitag, den 28. November, abends 9 Uhr
im S c h u b e r t - S a a l, Bülowstraße 104

KABARETT-NACHWUCHS

5 Minuten Pause

Wespenmarsch . . . . . Musik von Claus Clauberg
CLAUS CLAUBERG

Gemischtes . . . . Ringelnatz
                                    Tucholski
                                    Holländer
ANNEMARIE HASE

Aus: Brave Soldat Schwejk . . . . Jaroslav Hasek
ELISABETH NEUMANN

5 Minutendramen . . . . Norbert Schiller
NORBERT SCHILLER

§ 218 . . . . Kurt Tucholski
Antikriegslied . . . . Erich Kästner
RENÉE STOBRAWA

„Die Wespen", Berlin
Programmzettel

tisch!) Mehring, Reimann, Ringelnatz, Schnog, Tiger und Weinert dafür schreiben. Wir wollen ,ins Volk gehn' ... weil es sich lohnt, vor Menschen zu sprechen, die zwar keinen Kragen, aber eine Idee mit sich tragen. Vor Leuten, die das auch mal von uns hören möchten, was sie sonst von uns lesen. Wir wollen zeigen, daß es auch ohne Zoten, Hausvogteiwitzchen und ohne Erörterung ,mongdäner' Probleme geht. Wir wollen den stärksten unter den tingelnden Schauspielern, dem Graetz, der Kühl, dem Vallentin, der Valetti in den von uns okkupierten Budiken Gelegenheit geben, einmal vor dem Publikum zu mimen, das sonst nicht zu ihnen kommen kann."
Der Gründer des Kabaretts Leon Hirsch sah die Zukunft klarsichtig voraus. Für ihn konnte nach der Machtergreifung der Nazis kein Platz mehr in Deutschland sein, denn bereits im Sommer 1932 wurden die „Wespen" aufgrund einer Notverordnung verboten. Leon Hirsch emigrierte „mit einem Köfferchen, ohne Mantel", wie es die Schweizer Sozialistin Emmy Moor an seinem Grabe sagte, im April 1933 in die Schweiz. Daß er damit den richtigen Schritt tat, zeigt ein Blick in das verleumderische Machwerk „14 Jahre Judenrepublik", in dem der Naziideologe auch über Leon Hirsch schreibt und zum Mord an den Juden aufruft.
In der Schweiz wollte Hirsch gern am „Cornichon" mitarbeiten, bekam aber keine Arbeitserlaubnis, versuchte auch – mit Else Lasker-Schüler – einen eigenen Kabarettabend zu organisieren, was verboten wurde. Seine einzige Arbeit blieb die verdienstvolle Herausgabe einer Mappe „Erich Mühsam – Handzeichnungen und Gedichte" (1936), die als Privatdruck in einer kleinen Auflage von 25 Exemplaren erscheinen konnte. Er lebte in Zürich, Ascona, Orselina und bis zu seinem Tod im Jahre 1954 in dem kleinen Dorf Brissago am Lago Maggio-

SCHUBERT-SAAL
Bülow-Str. 104 (Nollendorfplatz)

Sonntag, den 2. Oktober 1932, abends 8 Uhr

10 Autoren

Erich Kästner
Walter Kiaulehn
Hellmuth Krüger
Else Lasker-Schüler
Paul Nikolaus
Roda Roda
Norbert Schiller

Für
Die
Wespen!

Karl Schnog·
Margarete Voss
Erich Weinert

sprechen aus eigenen Werken

Karten 1 bis 3 Mk.

„Die Wespen", Berlin
Plakat, 1932

re. Peter Sachse, selbst erfolgreicher Kabarettleiter in den zwanziger Jahren, schrieb 1929 in der Zeitschrift „Tempo" über ein Gastspiel der „Wespen":
„Eine scharfe Sache das ... Vorstoß ... dieses Wanderkabaretts in unerforschte Publikumsregionen. Der Erfolg ist groß, kein Zweifel. Die ,Wespen' sind Trümpfe, sie stechen ... sie stechen alle Geschwüre überlebter Tradition auf."

Die Mäuler auf!

Text: Kurt Tucholsky
Musik: Hanns Eisler
„Die Wespen", Berlin
1930 vorgetragen von Ernst Busch

Heilgebrüll und völksche Heilung,
Schnittig, zackig, forsch und päng!
Staffelführer, Sturmabteilung,
Blechkapellen, schnädderädäng!
    Judenfresser, Straßenmeute...
    Kleine Leute. Kleine Leute.

Arme Luder brülln sich heiser,
Tausend Hände fuchtelnd wild.
Hitler als der selige Kaiser,
Wie ein schlechtes Abziehbild.
    Jedes dicken Schlagworts Beute:
    Kleine Leute. Kleine Leute!

Tun sich mit dem teutschen Land dick,
Grunzen wie das liebe Vieh.
Allerbilligste Romantik –
hinten zahlt die Industrie.
    Hinten zahlt die Landwirtschaft.
    Toben sie auch fieberhaft:
    Sind doch schlechte deutsche Barden,
    Bunte Unternehmergarden!
    Bleiben gestern, morgen, heute
    Kleine Leute! Kleine Leute!

Kurt Tucholsky
Zeichnung: Benedikt F. Dolbin, 1928

„Die Wespen", Berlin, 1927
Julia Marcus
tanzt ihre Hitlerparodie

Maul halten – Mitsingen!

Text: Erich Mühsam
Musik: (frei nach dem Horst-Wessel-Lied)
1930 vorgetragen von Erich Mühsam
„Die Wespen", Berlin

Die Fahne hoch! Nur: welche soll man hissen?
SA erhielt aus München einen Tritt.
Kam'raden nur, die schon von Hitler rausgeschmissen,
Laut singen das Horst-Wessel[1]-Lied sie mit.

Die Meuterer, sie singen es und blasen,
Wenn auch der „Angriff" Zetermordio schreit.
Bald flattern Stennes-Fahnen über allen Straßen.
Die Knechtschaft dauert nur noch kurze Zeit.

Die Straße frei! Drosch sonst man stets die Roten, –
Die Straße frei! – jetzt drischt man Goebbels Brut,
Denn ihr hat Mutter Wessel selbst das Lied verboten,
Weil sie dem Stennes mehr vertrauen tut.

Das Hakenkreuz, es wackelt dem SA-Mann
Auf seinem braunen Hemde hin und her,
Und das Horst-Wessel-Lied, es hört sich ziemlich
        lahm an.
Paul Schulz zahlt immerhin beträchtlich mehr.

Wo man nicht nachschürt, wird rasch kalt der Kessel.
Gesang allein wärmt wenig, Kamerad!
Bleibt Ihr Verbot in Kraft, verehrte Mutter Wessel,
Verstummt des Sohnes Lied wohl ganz, – wie schad!

Die Fahne hoch denn! Welche – wird sich finden.
Das Lied erklingt, Verbote gelten nischt!
Man soll ja auch dem Ochsen nicht das Maul verbinden
– so lehrt bereits die Bibel –, welcher drischt!

Erich Mühsam
Zeichnung: Edmund Edel

[1]Horst Wessel (1907–1930) Student, seit 1926 Mitglied der NSDAP. Starb an den Folgen eines Überfalls. Sein Lied „Die Fahne hoch..." (Horst-Wessel-Lied) wurde durch die nationalsozialistische Reichsregierung neben dem Deutschlandlied zur Nationalhymne.

Man fühlt sich wieder

Text: Erich Weinert
1931 vorgetragen von Erich Weinert
„Die Wespen", Berlin

Als neunzehnachtzehn die Soldaten
Das Reich zum alten Eisen taten,
Wo war'n sie denn,
Die Gentlemen,
Die Herrn mit Adelsprädikaten?
Sie rissen aus wie altes Fell
vor den Proletenflinten,
Bezogen Keller im Hotel
Und stöhnten vorn und hinten.

Bald war die Zeit nicht mehr so gräßlich,
Da kamen sie dann klein und häßlich
Aus ihrem Loch
Sie wußten doch:
Die guten Deutschen sind vergeßlich!
Das walte Gott! Sie wurden bald
Die alten Blutabzapfer.
Wenn's auf der Straße nicht mehr knallt,
Ist auch der Apfel tapfer.

Den Adel gründlich zu erneuen,
Hat Hitler sämtlich Lakaien
Von deutscher Art
Um sich geschart,
Die nach dem Tritt von oben schreien.
Nun brodelt wieder Sturmgebraus
Durch die verkalkten Schläuche.
Das fühlt sich wieder Herr im Haus
Im zweieinhalben Reiche.

Im Schutz von Hitlers Füsilieren
Kann man doch wieder was riskieren
Fürs Kapital.
Na allemal!
Nur könnte wieder was passieren!
Dann nutzt auch Adolfs Schutz nichts mehr
Und keine Heilsparolen!
Es ist vom Jahre Achtzehn her
Noch etwas nachzuholen!

Erich Weinert, 1930

Rosen auf den Weg gestreut

Text: Kurt Tucholsky
Musik: Hanns Eisler
1932 vorgetragen von Ernst Busch
„Die Wespen", Berlin

Ihr müßt sie lieb und nett behandeln,
Erschreckt sie nicht – sie sind so zart!
Ihr müßt mit Palmen sie umwandeln,
Getreulich ihrer Eigenart!
Pfeift eurem Hunde, wenn er kläfft –:
Küßt die Faschisten, wo ihr sie trefft!

Wenn sie in ihren Sälen hetzen,
Sagt: „Ja und Amen – aber gern!
Hier habt ihr mich – schlagt mich in Fetzen!"
Und prügeln sie, so lobt den Herrn.
Denn Prügeln ist doch ihr Geschäft!
Küßt die Faschisten, wo ihr sie trefft.

Und schießen sie –: du lieber Himmel,
Schätzt ihr das Leben so hoch ein?
Das ist ein Pazifisten-Fimmel!
Wer möchte nicht gern Opfer sein?
Nennt sie: die süßen Schnuckerchen,
Gebt ihnen Bonbons und Zuckerchen...

Und verspürt ihr auch
In eurem Bauch
Den Hitler-Dolch, tief, bis zum Heft –:
Küßt die Faschisten, küßt die Faschisten,
küßt die Faschisten, wo ihr sie trefft –!

Ernst Busch
Zeichnung: Harald Kretzschmar

Die Pille

Angeregt durch die Mitwirkung bei den „Wespen", bildete sich aus der „Gruppe junger Schauspieler" ein neues Tournee-Kabarett, das Ende 1930 zuerst im Schubert-Saal in Berlin und häufig bei Veranstaltungen der KPD auftrat. Die aktuellen Texte schrieb der Bühnenbildner und Piscator-Regieschüler Wolfgang Böttcher, der bereits Texte für das „Rote Kabarett" von Otto Nagel verfaßt hatte. Im Ensemble der „Pille" wirkten mit: Ilse Fürstenberg, Ilse Trautschold, denen wir schon bei den „Wespen" begegneten. Werner Pledath und Reinhold Bernt. Als Texter arbeitete Hardy Worm mit, der sich als Herausgeber der satirischen Zeitschrift „Die Ente" einen Namen gemacht hatte und der bereits 1922 vergeblich versucht hatte, in Berlin sein politisches Kabarett **„Die Rote Nachtigall"** zu etablieren. Claus Clauberg schrieb die Kompositionen, er vertonte für die „Pille"-Programme Kurt Tucholsky („Der andere Mann", 1930) und Erich Weinert („Die braune Kuh", 1930). Bereits vorher hatte Clauberg für die populäre Chansonsängerin Claire Waldoff 60 – meist sozialkritische – Texte vertont, darunter auch Tucholskys „Mutterns Hände". Doch nach 1933 verstummten seine Lieder, die Nazis vernichteten viele seiner Werke bei mehreren Hausdurchsuchungen. 1934 erfolgte das Verbot aller seiner Chansons und 1936 ein Gesamtaufführungsverbot, da er seine Verbindungen mit jüdischen Künstlern nicht abbrach. Als er 1943 total ausgebombt wurde, ging auch das restliche Material verloren. Clauberg berichtete später von einer der vielen Anti-Nazi-Szenen im Programm der „Pille", die in einem Frisiersalon spielte: „Alles läßt sich blond färben. Auch Hitler und Goebbels erscheinen als Kunden um sich ‚aufnorden'

Zeichnung: George Grosz, 1925

zu lassen. Da erheben sich im Dunkel der Loge im Zuschauerraum ebenfalls ‚Hitler und Goebbels' und schlagen Krach. Zuerst wußte das Publikum nicht, woran es war, daß die beiden auf der Bühne Schauspieler waren, schien klar, aber die beiden in der Loge? Doch als diese ihre Masken abnahmen, gab es nicht enden wollenden Beifall. Alle Nazis trugen eben Masken".

Die „Pille" richtete ihre Attacken überwiegend gegen die SPD, obwohl Hardy Worm bereits Mitte der zwanziger Jahre die KPD verließ, lange Zeit parteilos war und sich Anfang der dreißiger Jahre vorübergehend der Sozialistischen Arbeiterpartei anschloß. Hardy Worm, der seine antifaschistischen Satiren überwiegend in seiner Zeitschrift veröffentlichte, konnte im Februar 1933 durch Flucht nach Paris den Nazis entkommen, die zuvor die Redaktionsräume der „Ente" überfallen und verwüstet hatten. In Paris teilte er das allgemeine Schicksal der deutschen Emigranten. Kurz vor dem Einmarsch der Hitler-Truppen packte er erneut die Koffer und floh rechtzeitig nach London.

1945 kehrte er zuerst nach Wien und später nach West-Berlin zurück, wo er am 29. August 1973 starb. Wie gezielt die SPD angegangen wurde, belegt der „Trauermarsch auf das Reichsbanner" von Wolfgang Böttcher, ein Angriff gegen die 1924 von der SPD zum Schutze der Republik gegründete Organisation „Reichsbanner Schwarz-Rot-Gold", die das Unvermögen, ihrer Aufgabe gerecht zu werden, oft unter Beweis gestellt hatte:

Wir wurden gegründet vor einigen Jahren
Als Schutz und Schirm der Republik.
Als die Nazis schon sehr am Ermorden
waren,
Da wurden wir trutzig wie Blasmusik.
Wir haben die Windjacken uns nu mal
angeschafft,
Drum sollen sie noch heute unsere Brust
umwehen.
Doch fehlt es uns heute an politischer
Durchschlagskraft,
Weil wir mehr auf ethischer Basis stehen.

Doch darüber tröstet uns unsere
Dampferpartie,
Da sind wir so zahlreich wie nie,
Da lassen wir nicht unsere Belange
gefährden,
Da können Familien republikanisch
werden.

Die Nationalstrolchisten

(Der Wortschatz ist dem „Angriff" entnommen.)
Text: Hardy Worm
1932 vorgetragen
„Die Pille", Berlin

Anjetreten! Held markieren!
Und Proleten massakrieren!
Saal umstellen, Blut muß fließen!
Janze Blase niederschießen!
Jeist ist Dreck. Mit Dolch und Knüppel,
Arjument der Jeisteskrüppel,
Hau'n sie ein uff jeden Mann,
Wenn der sich nicht wehren kann.
   Stillgestanden! Augen rechts!
   Hakenkreuz uff rotem Jrunde
   Flattert über der Rotunde –
   Hosen runter vorm Jefecht!

An der Spitze von det Janze:
Goebbeles im Heldenjlanze!
Mimt des Vaterlandes Retter
Uff der Schmiere blutje Bretter.
Alle sind hurrabejeistert,
Wenn er ihr Jehirn verkleistert.
Beifall tobt durchs volle Haus,
Läßt er seine weißen Mäuse raus.
   Stilljestanden! Hand zum Schwur!
   Hakenkreuz uff roter Fahne,
   Stramm bezahlt von Thyssens Jelde,
   Is das Sinnbild der Kultur.

Phrasen dreschen, Mord ausbrüten,
Wie die wilden Tiere wüten –
Das, nur das, kann diese Horde,
Stets bereit zum Meuchelmorde.
Wenn's bezahlt jibt und die Pässe,
Hau'n sie jeden vor die Fresse.
Jeld her! Die Kanone kracht. –
Nachher ham se nischt jemacht.
   Stilljestanden! Denn es naht:
   Hakenkreuz uff rotem Felde,
   Ruhmjekrönt wird ein Jermane,
   Den ihr an der Front nie saht.

Für Erich Weinert

Veröffentlicht in: „Welt am Abend", Berlin
Oktober 1931

Im Herbst 1931 wurde gegen Erich Weinert Anklage wegen „Aufreizung zum Klassenhaß" und anderer „Delikte" erhoben. In ganz Preußen wurden ihm öffentliche Auftritte verboten. Gegen diese Maßnahme fanden Massenkundgebungen in Berlin statt. Der französische Schriftsteller Romain Rolland protestierte bei der Reichsregierung. Trotz der Verfolgungen führte Weinert bis zum Februar 1933 noch weit über hundert Dichterlesungen durch.

Gegen das Redeverbot für Erich Weinert und gegen die Unterdrückung der proletarischen Literatur war die Kundgebung gerichtet, die von der Redaktion der „Linkskurve" und dem Bund proletarisch-revolutionärer Schriftsteller im Nationalhof veranstaltet wurde. Der Saal war voll besetzt. Die Wände waren von großen Transparenten für die „Linkskurve" und die revolutionäre Presse geschmückt. Die beiden Redner: Neukrantz, der Verfasser des verbotenen Tatsachenromans „Barrikaden am Wedding", und Wangenheim von der Revolutionären Gewerkschafts-Opposition, Sektion Bühne, wurden oft mit stürmischem Beifall der Versammelten unterbrochen, und ihr Apell, sich für Erich Weinert und die proletarische Literatur einzusetzen, fand stärksten Widerhall. Neukrantz berichtete die Geschichte des planmäßigen Vorgehens gegen den proletarischen Schriftsteller Weinert. In Oberschlesien verbietet man sein Auftreten mit dem Hinweis auf ein nicht existierendes allgemeines Redeverbot in Preußen. In Frankfurt droht der sozialdemokratische Polizeipräsident, Weinert von der Bühne zu holen. In Berlin wird er

Roter Pfeffer, 15. 7. 1932
Zeichnung: Katzke

verhaftet und beschuldigt, vor einem ¼ Jahr zu einer verbotenen Demonstration aufgefordert zu haben.

Diese Maßnahmen stehen auf einer Linie gegen die gesamte proletarische Literatur.

Nach dem begeistert aufgenommenen Vortrag einiger Gedichte von Weinert, die der anwesende Weinert selbst nicht sprechen durfte, faßte die Versammlung einstimmige Beschlüsse für Weinert und gegen die Verbote der revolutionären Literatur und Presse.

Das hat die Welt noch nicht gesehen

Text: Hardy Worm
1932 vorgetragen
„Die Pille", Berlin

(Die gewaltigste Revue sämtlicher großer
Zeiten. Nach bekannten Schlagern zusammengestellt.)

1. Bild
Wenn untern Linden ...
(Die Linden. Reges Verkehrsleben in jeder Hinsicht.
Im Hintergrund das Denkmal Friedrichs des Großen.)
2. Matrosen:
Solang noch Untern Linden die Bogenlampen glühn,
Sieht man uns strammen Trittes durch die Passage ziehn.
Wenn keiner treu ihr bleibe, wir bleiben ewig grün,
Wir pfeifen aufs Normale und schnupfen Kokain.
Ein Zeitungshändler:
Extrablätter! Extrablätter!
Hindenburg[1] als Deutschlands Retter.
Knatsch in Beuthen. Hitlers Noten.
Republike wird verboten.
Extrablätter! Extrablätter!
1. Bürger:
Stolz weht die Flagge schwarzweißrot.
Wo finde ich den Heldentod?
2. Bürger:
Was so ein Mann im Herbste träumt,
Ist, ach, so doof und ungereimt.
Denn kommen erst Teutonentriebe,
Dann reimt sich alles auf das Wörtchen Hiebe.
1. Bürger:
Ach, Willem[2], kehre doch zurück,
Du bist mein Stolz, du bist mein Glück.
2. Bürger:
Wer nie sein Brot mit Marmelade aß,
Wer nie in regnerischen Nächten
In einem Schützengraben lag und Erde fraß,
Der kennt euch nicht, ihr alten Mächte.
(Im Hintergrund Volksgemurmel. Pfui-Rufe.)
2. Bild
Vielleicht ein andermal ...
(Vornehme Steinmeierei. Schwarzweißrot ausgeschlagen.
An den Wänden Bilder berühmter Porno-Graphiker. Auf
Barstühlen prominente nationale Politiker.)

Der erste:
Ich hab' zwölf Stuben im ersten Stock,
Ich hab' sechs Orden an meinem Rock,
Ich hab' ein Köpfchen, und das ist klein,
Ich hab' ein Bäuchlein, und das ist mein,
Ich hab' zwei Stühle – na, Gott sein Dank.
Und wenn's mir paßt – setz' ich mich mang.

Der zweite:
Im Prater blühn wieder die Bäume,
In Sievering grünt schon der Wein.
Da kommen die seligen Träume:
Ich möchte auch mal Minister sein.

Der dritte:
Gefährlich ist's, Hoffnung zu wecken,
Gefährlich ist Herrn Papens[3] Wahn,
Jedoch der schrecklichste der Schrecken
Ist, wenn ein Mensch will und nicht kann.

Der erste:
Muß es denn gleich Minister sein?
Kann man denn als Landrat nicht auch glücklich sein?
Schad' um jeden Posten, den ein Mann von uns verpaßte.
Nimm dir frech 'ne kleine Pfründe. Was du hast, das haste.
(Ein schlanker Herr betrit mit einer hübschen Dame die Szene.)

Der schlanke Herr:
Ach, bitte, bitte, verraten Sie mir,
Wo gibt es denn hier ein Großes Hauptquartier.
Denn eine feine Dame mit mir als Kavalier
Sucht für ein Stündchen das Große Hauptquartier.

Alle:
Olala, wer tommt denn da?
Das ist ja unser Kronprinz ja.
Vier Meter lang, zwei Meter dick,
So sieht er aus, so nett und schick.
(Alle brechen in begeisterte Hochrufe aus.)

3. Bild
Ich lieb nur dich allein ...
(SA-Lokal. An den Wänden phosphores-
zierende Hitlerköpfe. Ein in der Mitte
des Tisches steckender Dolch wird ab
und zu zum Nagelschneiden benutzt.
Ein SA-Mann kniet vor dem Bilde Hitlers nieder.)

SA-Mann:
Du hast mein Herz gestohlen,
Drum gib mir dafür deins;
Ich will's mir selber holen,
Zwischen Mitternacht und eins.

„Saat und Ernte", 1933

Du hast mein Herz genommen,
Nun hast du zwei, ich keins;
Drum sag mir, darf ich kommen
Zwischen Mitternacht und eins.
(Röhm[4] betritt die Szene, droht schel-
misch mit dem Finger.)
Röhm:
Warte, warte nur ein Weilchen,
Dann kommt auch das Glück zu dir.
Mit dem kleinen Hackebeilchen
Klopft es leis' an deine Tür.
(Rotes Licht flammt auf. Großer Schlußreigen.)

[1] Paul von Hindenburg (1847–1934), Generalfeldmarschall, 1925 und 1932 zum Reichspräsidenten gewählt, gab im Januar 1933 zögernd den Weg zur
Bildung der Regierung unter Hitler frei.
[2] Wilhelm II (1859–1941), 1888–1918 Deutscher
Kaiser und König von Preußen. Zog nach dem 1.
Weltkrieg 1918, nach Doorn in den Niederlanden.
[3] Franz von Papen (1879–1969), 1932 Reichskanzler
als Nachfolger Brünings, 1933 unter Hitler Vize-
kanzler und Reichskommissar für Preußen, nach 1934
Botschafter.
[4] Ernst Röhm (1887–1934), 1931 Stabschef der SA,
1933 Reichsminister, wird im Juni 1934 mit zahlreichen Anhängern erschossen. Der „Röhm-Putsch"
diente Hitler als Vorwand zur Beseitigung auch anderer Gegner des Nationalsozialismus.

Wanderratten

Ein drittes Wanderkabarett, das ebenfalls seine Tourneen von Berlin aus startete, nannte sich die „Wanderratten". Das Ensemble unter Leitung von Paul Maret zog seit 1926 mehrere Jahre durch Deutschland. Ein Auto für sechs Personen mit angehängtem Requisitenwagen war das ganze Inventar. Ein metallener, zu verändernder Bühnenrahmen ermöglichte es, die Bühne sowohl in kleinen, aber auch in großen Sälen herzurichten. Die Mitwirkenden Friedel Hall, Hans Konrad, Theo Maret und Puggi Muck, sowie auch hier als Pianist und Komponist Claus Clauberg standen dem linken Flügel der SPD nahe, beteiligten sich aber auch an Veranstaltungen der KPD. Hans Richter, ein Fotograf, der die meisten Texte schrieb und die Inszenierungen der Programme besorgte, schrieb über die Absichten der „Wanderratten": „Die Veranstaltungen sollten nicht mehr entweder der Kunst oder der Unterhaltung oder der Propaganda dienen, sondern alle drei Elemente sollen sich zu einer organischen Einheit schließen. Der Inhalt soll sein: was den Arbeiter angeht; was er erlebt; was er entbehrt und was er erstrebt. Also lebendige und höchst aktive Politik, die das Gewissen mahnt, Augen öffnet und Kräfte weckt."
Karl Schnog verfaßte einige Revuen für die „Wanderratten", so für das vierte Programm 1928 eine Freidenkerrevue „Alle Wege führen nach Rom" und im Herbst 1929 die parodistische Revue „Es werde Licht". Für die Sommertournee 1930 schrieb Schnog das Programm „Der wahre Jacob" in dem verkündet wurde:

So haben sich die Brüder das gedacht!
Ein wilder Unsinn. Doch wer wollte
   spotten?
Die sind die Mächtigen, auch ohne Macht.

„Wanderratten", Berlin
Programmheft-Titel, 1926

Wo ist die Faust, das Tollkraut
   auszurotten?

Rings die Bornierten machen sie mobil!
Das wird ein Aufmarsch ungeahnter
   Schrecken.
Wer denken kann „ist schäbiges Zivil".
Und Subalterne wünschen Blut zu lecken.

Verlacht mir nicht die Leute solchen
   Schlags.
Die schärfsten Waffen könnten da
   versagen.
Wir müssen alle eines schönen Tags
Die Schlacht der Schlachten mit der
   Dummheit schlagen.

Bei den „Wanderratten" wurden auch früher entstandene Texte von Heinrich Heine, Adolf Glaßbrenner oder Arno Holz für die antifaschistische Agitation genutzt, zumal der Name des Kabaretts einem gleichnamigen Gedicht von Heinrich Heine entnommen war.

Karl Schnog

Haussuchung beim Anarchisten
„Ana hier muß er sein, es riecht nach Schießbaum-
wolle"

Lachen links

Unter dem Namen „**Lachen links**" und dem Motto „... der Feind steht rechts" hatte vor den Reichstagswahlen, die im September 1930 stattfanden, Franz Andresen in Hamburg ein Kabarett ins Leben gerufen, das an Wochenenden vor Arbeiterpublikum im Theatersaal des Gewerkschaftshauses am Besenbinderhof auftrat. Zu der Truppe, die auch mit Versen von Fritz Hampel (Slang) als Straßentheater die Wahlkampfveranstaltungen der SPD unterstützte, gehörten die spätere Volksschauspielerin Trude Possehl und Wally Wolf, Grete Twachtmann, Ludwig Meybert, Max Waechter und Felix Glogau. Denn nicht nur in Berlin, auch in anderen Städten der Republik wurden Ende der zwanziger Jahre neue Kabaretts gegründet oder bestehende Brettl auf Linkskurs gebracht. In Leipzig hatten ebenfalls im September 1930 der Schriftsteller Siegfried Wisch und der Maler Martin Mendelsohn mit ihrer „**Litfaßsäule**" Premiere. Als Hausdichter schrieben Rolf A. Sievers, hier meist unter dem Pseudonym Peter Sillje, Fred Bucher und Siegfried Hochberger gegen deutsch-nationale Reaktion, Nazigeist und Rassenhaß. Zur Eröffnung bekamen die Initiatoren aufmunternde Zuschriften: Hans Reimann sandte einen Vers, in dem er begründete, warum die „Litfaßsäule" so und nicht anders heißen muß. Frank Thiess äußerte sich ebenso zustimmend wie Arnold Zweig und Thomas Mann. Kurz und bündig schrieb Erich Kästner: „Je seltener ein Wert ist, um so notwendiger ist er. Schaffen Sie also ein gutes Kabarett. Es wird gebraucht." Rolf A. Sievers der anfangs mit seinem Chanson „Deutsches Lied" und anderen Satiren den politischen Ton angab, wurden die Programme der „Litfaßsäule" bald zu literarisch. Als er sich aus

„Lachen links", Hamburg
Straßenkabarett, 1930

dem Kollektiv zurückzog, stellte er die folgenden Gedanken zur Diskussion: „Sinn und Aufgabe eines Kabaretts, das sich ‚literarisch' nennt, müßte sein, mit den Mitteln der ‚Kleinen Form' dem Publikum geistige Werte zu bieten, das dieses nichts merkt. Fällt das Literarische auf, ist das Unternehmen nicht kabarettistisch; bemerkt man das Gegenteil, dann ist es weder Literatur noch Kabarett." Ihre Tätigkeit mußten die Leipziger bei Errichtung der Hitlerdikatur ebenso einstellen, wie das im November 1931 von Per Schwenzen in der Berliner Friedrichstraße gegründete Kabarett **Schwarzweiß**, in dem er zusammen mit Friedrich Gnass conferierte. Zu den Darstellern in den humoristisch-antibürgerlichen Satiren gehörten Karl-Heinz Carell, Bea Molen (Beate von Molo), Ilse und Walter Trautschold, die am Klavier von dem Komponisten Olaf Bienert begleitet wurden. Die Lebensdauer dieser kleinen

„Litfaßsäule", Leipzig
Programmheft-Titel, 1930

Kabaretts wurde in einigen Fällen schon
vor der Machtergreifung beendet, oft
aufgrund organisatorischer Unzuläng-
lichkeiten. So stellten das im Januar 1927
gegründete Kabarett „MA" noch im sel-
ben Jahr seinen Spielbetrieb ein. „MA",
das hieß Montag-Abendveranstaltun-
gen, zu denen der Texter Reinhard
R. Braun unter der Regie von Bruno
Fritz so unterschiedliche Nummern, wie
die Groteskänzerin Annemarie Korff,
die Chansonsängerin Lore Braun, den
damals schon geruhsam-komischen
Franz Schafheitlin und Ernst Bringolf
vereinte. Die Weintraub Syncopators be-
gleiteten das bunte Treiben mit ebenso
aufregenden Rhythmen nach Kompositionen von Stefan Weintraub und Franz
S. Bruinier.
Ebenfalls nur kurz konnte sich 1932 der
„Groschenkeller" in der Kantstraße halten, in dem Trude Hesterberg den Berli-
nern das Münchner Kabarett „Die Nach-

richter" vorstellte. Ralph Benatzky, der
1912 als Texter und Komponist im Wiener „Simpl" begann und im gleichen Jahr
in der „Bonbonniere" in München seine,
inzwischen zu Kabarett-Klassikern avan-
cierten Chansons („In Büsum gibt's keinen Keuschheitsverein", „Der Klopf-
geist" u. a.) am Klavier begleitete, hatte
auch, als er im November 1927 das Kabarett **„Die Optimisten"** in Berlin eröffnete, kein Glück. Das von seiner Frau
Josma Selim zu diesem Anlaß kreiierte
Lied „Ich kenn ein anderes Berlin"
(Text: Erich Weinert) bekam für ihn nun
eine negative Bedeutung. Der Wahl-Wie-
ner aus Mährisch-Budwitz war mit der
Berliner Mentalität noch nicht vertraut,
doch spätestens als im November 1930
seine Operette „Im weißen Rößl" bei
Erik Charell Premiere hatte, bejubelten
ihn auch die Berliner. Vor der politischen Entwicklung in Deutschland
weicht Benatzky bereits 1932 in die
Schweiz aus, emigriert später nach Paris
und dann nach London, um 1938 nach
New York überzusiedeln. Emigrieren
mußte auch das 1930 von dem damals
zwanzigjährigen Kurt Egon Wolff als
schüchterner Conférencier gegründete
Kabarett **„Ping Pong"**. Die jungen enga-
gierten Künstler, wie die Robert Schiftan
und Werner Michel aus dem Nach-
wuchsstudio von Willi Schaeffers kamen,
oder die, wie Max Fromm, Franz Fiedler, Iller Knie, Trude Rose, Erika Klein
und Joachim Laatz erste Kabarett- und
Bühnenerfahrungen sammeln wollten,
lieferten eine bunte Mischung. Im ersten
Programm „Wir wollen lachen" stand
auch Liselotte Wilke auf der Bühne, die
später unter dem Namen Lale Andersen
berühmt wurde. (Beschrieben ist der
Weg dieses Kabaretts ins Exil in Band 14
dieser „Kabarettgeschichte-n".)
Der Nachwuchs begabter Kabarettisten
war Ende der zwanziger Jahre spärlich,
deshalb entstanden zahlreiche Studios,

die den Nachwuchs ausbildeten und för-
derten. Auf eine andere Weise nahm sich
der Kabarettdirektor Elow des Nach-
wuchses an. In seinem **„Kabarett der
Namenlosen"** konnte jeder, der sich
selbst für talentiert hielt, auftreten. Mit
Versprechungen auf eine „glänzende Ka-
barettkarriere" gab er seine „Schützlin-
ge" in verschiedenen Veranstaltungssälen
in der Jägerstraße einer überheblichen,
schadenfrohen und oft böswilligen Publi-
kumsmeute preis. Elow hatte diese „neue
Abart der Berliner Brettlkunst" nicht nur
erdacht, wie die Presse schimpfte, sondern stellte sie jeden Montag der johlen-
den Menge als „Elows Sensations-Men-
schenzoo" vor. „Die Namenlosen" waren ein reines Amüsierkabarett, weit entfernt von den literarischen, ja politisch-
satirischen Kabaretts der zwanziger Jahre, aber Elow befriedigte mit seinen
„Namenlosen" das Unterhaltungsbedürf-
nis eines anspruchslosen Publikums.
Und noch heute gibt es solche Abende
von kassemachenden Veranstaltern in
Diskotheken und Tanzdielen. Elows
Stärken lagen in der Organisation. Das
zeigte sich auch während der Emigration. In Los Angeles entfaltete er vielfältige kulturelle Aktivitäten: Er initiierte
zahlreiche Gastspiele deutscher Kabarettisten nach dem Krieg; er „erfand" Dis-
kussions-, Theater- und Kabarettabende,
den „Jewish Club 33" und pokerte weltweit mit seiner umfangreichen Kabarett-
sammlung. Die Akademien der Künste
in West- und in Ost-Berlin hielt er
ebenso mit Versprechungen hin, wie das
„Deutsche Kabarett Archiv" in Mainz.
Sein letztes Auftreten fand 1977 anläßlich
der Übergabe seines Archivs an die Uni-
versity of Southern California, Depart-
ment of German, statt. Er trug die besten Nummern seiner Kabarettabende im
Exil in deutscher Sprache vor, also Elow-
Texte aus 30 Jahren; ein Jahr später starb
er in Los Angeles.

„Ma-Kabarett", Berlin
Programmheft-Titel, 1927

Elow

Ein ebenso quirliger Kabarett-Direktor in Berlin war Peter Sachse, der 1930 in Berlin das **„Korso"** etablierte, in dem dann alle großen Namen des Kabaretts der zwanziger Jahre gastierten: Wilhelm Bendow, Max Ehrlich, Trude Hesterberg, Hellmuth Krüger, Theo Lingen, Irene de Noiret, Willy Prager, Willi Schaeffers, Paul Schneider-Duncker, Grethe Weiser und Lotte Werkmeister. Die kleinen Kabarettrevuen „So wird's gemacht" (Februar 1931) und „Nebenbei bemerkt" (März 1931) nahmen die Theatermisere, Filmzensur, Reichstag, Prominentenfimmel und „Tauentziendamm" aufs Korn. „Ganz naiv, ursprünglich und verwachsen mit jeder einzelnen, mit jeder kleinen Pointe", sang hier Lotte Werkmeister „Die Wannsee-Insulanerin", die Karl Schnog für sie geschrieben hatte. Irene de Noiret interpretierte von Curt Bry „Momente so, Momente so", ein Chanson, das auch im holländischen Exilkabarett bekannt wurde. Die Kabarett-Palette weist Ende der zwanziger Jahre viele Kontrastfarben und Zwischentöne auf: Amüsement und Agitation liegen oft dicht beieinander. Deshalb ist es schon hervorzuheben, daß Willi Schaeffers, der nach 1933 das „Kabarett der Komiker" auf Anpassungskurs brachte, schon 1931 im „Korso" das aufklärerische Chanson „Der Bücherkarren" sang, in dem Hellmuth Krüger die kommenden Ereignisse richtig voraus ahnte. Willi Schaeffers eröffnete im Herbst 1932 in der „Femina", in der Nürnberger Straße, sein **„Kabarett für Alle"** als Mischung von Kleinkunstbühne und literarisch-satirischem Kabarett. Mit Hugo Fischer-Köppe, Curt Ackermann und Werner Zach sang Schaeffers den „Seemannschoral" von Walter Mehring. Hermann Vallentin rezitierte Gedichte, Frank Wedekinds Tochter Pamela sang Lieder ihres Vaters zur Laute, Claire Waldoff brachte ihre klassisch geworde-

„Kabarett für Alle", Berlin, 1932
Willi Schaeffers hält sie alle an der Strippe:
v. l. Marianne Kupfer, Georg Krönlein, Else Ward, Fritz Fischer, Irene de Noiret, Joachim Ringelnatz
Zeichnung: Emmerich Göndör

nen Lieder und als „Lachen ohne Ende" bot Willi Kollo ein „Wahlballett", in dem „von rechts bis links" ohne jeden politischen Standpunkt die Wahlmethoden der Weimarer Republik glossiert wurden. Mit dieser Standpunktlosigkeit verschaffte sich Schaeffers die Eintrittskarte für ein „positives" Kabarett, das nach der Machtergreifung von den Nazis gefordert wurde.

Der Auszug der Kinder Adolfs

Text: Fritz Hampel
1930 vorgetragen
„Lachen links", Hamburg

Die Wähler wurden ungeduldig,
Sie murrten, wütend und verhärmt:
„Ihr seid das Dritte Reich noch schuldig.
Ihr habt euch lang genug den Arsch gewärmt."

O-sa-dolf hüpfte wie ein Fohlen
Und strengte sich das Köpfchen an:
„Wie kann ich ihn noch mal verkohlen,
Den arisch eingestellten Mann?"

„Wie können wir in Unschuld glänzen,
Daß sich der Wähler Unmut legt?
Die Young-Debatte müß'mer schwänzen –
Wir ham uns leider festgelegt."

„Ich hab's, ich hab's." Kuriere klemmten
Die Schwänze ein und schwärmten aus.
Befehl: Fraktion der Mostrich-Hemden
Verläßt sofort das Hohe Haus.

Im ganzen Reich wird nun gesungen:
Wir Nazis machen nicht mehr mit!
Wie manche Rede wird geschwungen –
Denn Speichel ist der beste Kitt.

Falsch ist der Ton, falsch sind die Lieder,
Denn beim erhöhten Wehr-Etat,
Da kehr'n die braunen Vögel wieder
In den Käfig zurück und zwitschern Ja!

„Contra"
Zeichnung: Clément Moreau

Deutsches Lied

Text: Rolf. A. Sievers
1930 vorgetragen
„Litfaßsäule", Leipzig

Seht die deutschen Eichen ragen,
Hakenkreuz am Gummikragen,
Stolz in der german'schen Heldenbrust.
Seht sie hörbar Juden fressen
Und des Bieres nicht vergessen:
Ach, das Leben ist doch eine Lust!

Doch die Tanten beiderlei Geschlechts
Schielen angsterfüllt nach links und rechts,
Und mit Schreien
Prophezeien
Sie uns Tod und bald'gen Untergang
(Mir wird bang).
Die Politik geht auf den Strich,
Wer Pech angreift, besudelt sich,
Drum mit den Achseln zucke:
Meschugge!

Nur die wackern Demokraten
Brüten neue Ruhmestaten
Für das liebe Vaterland und so,
Doch, wenn nationale Götter
Provozier'n ein Donnerwetter,
Fallen sie ziemlich prompt auf den Popo.

Und die Tanten beiderlei Geschlechts
Schielen angsterfüllt ganz scharf nach rechts,
Und mit Schreien
Prophezeien
Sie von links den Untergang
(Stundenlang).
Die Politik kam auf den Hund
Doch Ärger scheint mit ungesund,
Drum mit den Achseln zucke:
Meschugge!

So wird's immer in der Welt sein,
Jedermann kann doch kein Held sein,
Darum bleibe er getrost der V. S. P.,
Denn nicht etwa seine Wähler,
Sondern alberne Krakeeler,
Woll'n, daß er von seinem Posten geh'.

Und die Tanten beiderlei Geschlechts
Schielen angestrengt ganz scharf nach rechts:
Wenn die roten
Idioten
Uns regier'n, grollt und Herr Stresemann[1],
(Schau mal an).
Lieb' Vaterland, magst ruhig sein,
Sonst schlägt dich Reichswehr kurz und klein,
Mit Blechmusik und Spucke:
Meschugge!

Ach, die Welt wird täglich dümmer,
Von Vernunft scheint rings kein Schimmer,
In der (nebbich! nebbich!) deutschen Republik.
Jener kauft den Weltenraum auf,
Dieser hängt sich an 'nem Baum auf,
Wenn er schnell krepiert, dann hat er Glück.

Doch die Schweinehunde jeden Stands
Mästen sich am Elend ihres Lands,
Und die Roten
Schießt man tot, denn
Unsere hochwohllöbliche Justiz
Ist ein Witz.

„Korso", Berlin
Anzeige, 1931

---

[1] Gustav Stresemann (1878–1929), Volkswirtschaft-
ler, 1923 bis zu seinem Tode Reichsaußenminister.

Der Bücherkarren

Text: Hellmuth Krüger
Musik: Willi Kollo
1931 vorgetragen von Willi Schaeffers
„Korso", Berlin

Ich baue meinen Karren um,
Weil ich so langsam spüre:
Der Felix Dahn[1] kriegt Publikum,
Nach rechts geht die Lektüre.

Den Emil Ludwig[2] stell' ich weg,
Der hat nun ausgejodelt.
Jetzt kommt die Karre aus dem Dreck,
Wir werden umgemodelt.

Wie sag' ich's meinen Lesern gleich:
Wir kriegen jetzt das Dritte Reich.
Wenn ich wüßte was der Adolf mit uns vorhat,
Wenn er erst die Macht am Brandenburger Tor hat?

Müssen wir dann alle braune Kragen tragen?
Darf dann niemand mehr das Wörtchen ‚Nebbich' sagen?
Wird ein Vollbart unsere Heldenbrust bedecken?
Werden wir zum Gruß die dürren Arme recken?

Rufen wir dem Adolf ‚Heil'
Oder auch das Gegenteil?
Bald gibt es keine Mollen Bier, nur Met gibt es zu trinken.
Und bei Kempinski[3] rollen wir, aufs Brot den Bärenschinken.

Statt Girls tanzt ein Walkürenchor bei Herman Haller[4] balde.
Das KadeKo[5] macht Kabarett im Teutoburgerwalde.
Hab' ich das richtig vorgeahnt?
Ich weiß ja nicht was Adolf plant?

Wenn ich wüßte was der Adolf mit uns vorhat,
Macht er aus Berlin nur eine Münchner Vorstadt?
Wird das Tageblatt Fraktur nun schreiben?
Wird der Kreuzberg ohne Haken bleiben?

Darf sich Reinhardt[6] nur noch Goldmann nennen?
Oder wird man ihn trotzdem verbrennen?
Trifft ins Herz uns Adolf's Pfeil
Oder nur ins Gegenteil?

„Korso", Berlin, 1931
Willi Schaeffers und Claire Waldoff wurden
parodiert und parodierten sich selbst

[1] Felix Dahn (1834–1912). Schriftsteller. Verherr-
lichte die germanische und altdeutsche Vergangenheit
zur Stärkung des Nationalbewußtseins.
[2] Emil Ludwig (1881–1948). Schriftsteller. Sohn des
jüdischen Augenartzes H. Cohn, der 1883 den Namen Ludwig annahm. Trat 1902 zum Christentum
über, gab dies jedoch 1922, nach der Ermordung
Walter Rathenaus öffentlich auf.
[3] Kempinski: Hotel und Nobel-Gaststätte ab 1924 in
Berlin am Kurfürstendamm.
[4] Herman Haller (1871–1943) eigentl. Herman
Freund, der sich als zwanzigjähriger den Künstlerna-
men Haller zulegte. Inszenierte für das „Theater im
Admiralspalast" in Berlin bis Ende der zwanziger
Jahre seine „Haller-Revuen".
[5] KadeKo: Abkürzung für das 1924 in Berlin gegründete „Kabarett der Komiker".
[6] Max Reinhardt (1873–1943), eigentl. Max Goldmann, der sich 1890 den Namen Reinhardt zulegte.
Schauspieler, Regisseur, Theaterleiter.

Kaftan

Neben den kleinen antifaschistischen Kabaretts, die konsequent mit unterschiedlichen Mitteln und Methoden den satirischen Kampf gegen die heraufziehende Nazi-Diktatur geführt haben, gab es vor 1933, außer den rein jiddischen Theatern und Kabaretts der osteuropäischen Länder auch im deutschsprachigen Raum einige Kleinkunstbühnen mit jiddischem Repertoire. Der aus Polen stammende Schauspieler Maxim Sakaschansky und dessen Ehefrau Ruth Klinger, die zuvor am Prager Deutschen Theater engagiert war, gründeten im Februar 1930 in Berlin in der Martin Luther Straße das Kabarett „Kaftan". Es war der gleiche Raum, gegenüber der „Scala", in dem vorher die „Unmöglichen" und das „Anti" nicht überleben konnten. Die Programme enthielten inszenierte jüdische Volkslieder aus Osteuropa, die Jehuda Pomeranz am Flügel begleitete. Oskar Ebelsbacher erzählte „Rabbinische Weisheiten", Ernst Pröckl sekundierte als „Daitscher" in zwei lustigen Sketchen von Scholem Alejchem. Der Intellektuelle Manfred Geis rezitierte hebräische Bibelsprüche aus „Koheleth" und Esther und Jacob Moschkowitz stellten dazu zwei fragende, unbeholfene Kleinbürger dar. Höhepunkte der Programme waren die Dorfszenen mit Sakaschansky und Ruth Klinger, die außerdem, die geschäftliche Seite des Unternehmens betreute. Maxim Sakaschansky löste mit seinen selbstverfaßten satirischen Couplets, in denen er die assimilierten Juden aufs Korn nahm, Beifallsstürme aus. Im „Schlesischen Bahnhof" zum Beispiel stellte er einen Schnorrer dar, der eben aus Polen am Schlesischen Bahnhof angekommen ist. Als erstes nimmt er von einem jüdischen Gemeindebeamten eine Unterstützung entgegen und beklagt sich

„Kaftan", Berlin
Programmheft-Titel, 1930

über die Hochnäsigkeit der „Jekkes" (deutsche Juden). Kaum hat er es zu einigem Wohlstand gebracht, klopft an seiner Kurfürstendamm-Wohnung ein polnischer Schnorrer – und wie fertigt er ihn ab?: „Sag ich bin ein daitscher Jude, und weis ihm die Tür" ...

Das Publikum im „Kaftan" setzte sich aus drei Schichten zusammen: den ostjüdischen Kleinbürgerfamilien aus der Grenadierstraße und Umgebung (dem damaligen „Jüdischen Viertel"), diese füllten an den Wochenenden die billigen Stuhlreihen der 200 Plätze. Die teureren Plätze belegten die schon seit längerer Zeit in Berlin Niedergelassenen, die klein angefangen hatten und nun bereits im Westen der Stadt wohnten und nach wie vor eine starke Bindung zu ihrer Herkunft hatten, zum jüdischen „Städtl", zur jiddischen Muttersprache. Die dritte Schicht bildeten die Zionisten, die nachholen wollten, was ihnen fehlte: das Verständnis für die

„Kaftan", Berlin
Ruth Klinger und Maxim Sakaschansky

Sprache ihrer Brüder aus dem Osten, für
deren Tradition, für ihre volkstümliche
Kunst. Immer mehr kam die „zionisti-
sche Elite": Juristen, Gelehrte, Schriftsteller, Künstler. Wer nicht kam, waren
die Mitglieder des „Centralvereins deutscher Staatsbürger jüdischen Glaubens",
die als „Deutsche" zum ostjüdischen Ele-
ment nicht die geringste Beziehung
hatten.

Im Sommer 1930 geht der „Kaftan" auf
Tournee durch die Tschechoslowakei; in
Marienbad sind die Volksliedersängerin
Hilde Dulitzkaja mit „synagogalen Ge-
sängen" und Ida und Moritz Weitz mit
dramatisierten jüdischen Witzen im Programm. In der Jägerstraße 9 fanden die
Initiatoren danach ein besseres Lokal mit
170 Sitzplätzen an kleinen Tischen. Alexander Granach und Else Lasker-Schüler
kamen zum Eröffnungsprogramm, in
dem auch der kleine schmächtige Hugo
Döblin als Ghettomännchen mitwirkte.
In der Szene „Die jüdischen Wolga-
schlepper" zieht er eine schwere Last
über die Bühne: einen Sack mit der Aufschrift „107". Gemeint waren die 107
Parlamentssitze, die die Nationalsozialisten bei der Reichstagswahl 1930 gewonnen hatten. Als wegen dieser Szene eines
Abends fünf Nazirüpel an der Kasse erschienen und Plätze vor der Bühne
wünschten, wird das Programm schnell
geändert, statt den „Jüdischen Wolga-

schleppern" wird die Szene „Kidusch
Lewono" gespielt, in der ein bärtiger
frommer Greis seinem Enkelkind in einem finsteren Wald den Sinn der Neu-
mond-Segnung erklärt. Kopfschüttelnd
und laut fluchend verlassen die Nazis
den „Kaftan". 1931 gastierte das kleine
Kabarett in fast 40 deutschen Städten
und in Amsterdam. 1932 gastierten Sakaschansky und Ruth Klinger in Antwer-
pen und Wien, Theo Tuch hatte die musikalische Leitung übernommen und
Texte von Alfred Kerr („Jeruscholajim")
und Walter Mehring („Gleichnis über die
Meerfahrt") bereicherten das Programm.
1933 emigrierten die Initiatoren nach
Palästina, wo ihr Kabarett allerdings
nicht überlebte, denn ebenso wie die
deutsche Sprache, war damals in Palästina auch die jiddische Sprache verpönt,
allerdings aus anderen Motiven: für den
im Werden begriffenen Judenstaat war
die alleinige Verwendung des wiederbe-
lebten Hebräisch geradezu eine Frage
seiner Existenzberechtigung. Erst der
neue Einwanderstrom aus Osteuropa ermöglichte den Kabarettisten nach 1945
ein Comeback. Seit dem Tod von Sakaschansky im Jahre 1952 und seit der
Rückkehr Ruth Klingers nach Europa,
pflegten in Israel bis etwa 1980 nur noch
das jiddische Komikerduo Dzigan und
Schumacher und der ehemalige Leiter
des amerikanischen Exilkabaretts „Die
Arche", Oscar Teller, diese spezifische
Kabarettform.

Volkstümliches Liebesduett

Text: Maxim Sakaschansky
1930 vorgetragen von Ruth Klinger und Maxim
Sakaschansky
„Kaftan", Berlin

„Kaftan", Berlin
Ruth Klinger und Maxim Sakaschansky
singen „Volkstümliches Liebesduett"

Er:
Mir weln beide a Liebe spielen,
Mir weln sein vun Gott a Poor.
Ich fohr aweg dem Fonje[1] dienen,
Un warten sollstu oif mir zwei drei Johr.

Sie:
Oj zwei drei Johr – well ich warten,
Afile[2] fünf is oich kedaj.[3]
Ich schwöre die ba Gott und Menschen,
As ewig well ich bleiben dir getrai.

Er:
Un as ich well zurick kummen,
Mit Masl, Glick un a Chotte,[4]
West du wern mein teiere Weibele,
Un ich well sein dein Mann Motte.

Sie:
Un wenn der Tate wed nit welln,
Un die Mamme wed schreien oif mir,
Welln mir in der Stille a Chuppe[5] stelln,
Un ich well sich ariberklaiben zu dir.

Er:
Mir welln hobn a klein Stibele,
Ein Zimmer mit a Küchele.
Mir welln beide a Liebe spielen,
Wie's steht im Possik[6] in dem Büchele.

Sie:
Oif der Tir wed hängen a Mesusele,[7]
In Stub a Tisch, a Bett, a Krügele.
Gefillte Fisch will ich dir kochen,
Mit a fetten Lokschenkigele.[8]

Er:
Un ich well gejen Geld verdienen,
In Dorf, in Stadt oif dem Jerid,[9]
A Sohn a Kaddisch[10] welln mir gewinnen.
Wed sein a Rebbe, a guter Jid.

[1] Militär
[2] sogar
[3] lohnend
[4] Hütte
[5] Trauungsbaldachin
[6] Absatz in der Heiligen Schrift
[7] Am Türpfosten befetigter kleiner Behälter mit dem
jüdischen Glaubensbekenntnis (Mesusah)
[8] Nudelgericht
[9] Markt
[10] Totengebet, das der Sohn nach dem Tod eines
Elternteils sagt

Zwischen Flüsterwitz und Frohsinn

Kabarett nach 1933

Mit der Machtergreifung der Nationalsozialisten am 30. Januar 1933 war auch das politisch-satirische Kabarett in Deutschland zum Tode verurteilt. Die wenigen Versuche, die braunen Machthaber satirisch zu entlarven, wurden spätestens 1935 liquidiert. Danach sind nur noch vereinzelte kabarettistische Angriffsversuche bekannt, denn die Nazis versuchten ihr „positives" Kabarett zu etablieren.

Doch vorher wurde in den braunen Jahren durchaus noch gelacht. Es wurden weitaus bessere politische Witze in Umlauf gebracht, als jemals später und seitdem. Weil es lebensgefährlich war, war es jedesmal so prickelnd. Ein Ventil wurde betätigt: Gerade weil es so wenig zu lachen gab, wollte der Mensch lachend Angst, Ärger und den ständigen Unmut loswerden. Er kann nämlich doppelte Auswirkung haben, der Witz hinter der Hand. Er kann für den oppositionellen Geist anregend, ja herausfordernd wirken. Er befreit und gibt, wenn man ihn von einem vertrauten Gewährsmann hört – oder sogar von jemanden, der mit einem durch die Witzkolportage sofort in eine angenehme und überraschende, in eine sofort befreundete Komplizenschaft tritt –, er gibt eine unvermutete Gemeinsamkeit. Das kann die Widerstandskraft stärken oder auch nur den Willen zu überleben.

Aber er kann andererseits, auch beschönigend wirken, kann schwächen. Er kann überschätzt werden. Man beginnt zu denken, alles sei so schlimm doch gar nicht, wenn auch nur eine Gruppe (und wenn auch vorerst nur hinter der Hand) sich auf geistreiche Art auf Kosten der Tyrannen belustigen könne, wenn sie sich hin und wieder (wenn auch nur intern und nur mit sicheren Partnern) über die verfluchten Träger der Macht satirisch erregen. Spaß gibt Freiheit. Aber diese vermeintliche kleine Freiheit im Spaß kann schon für die ganze Freiheit gehalten werden.

Während der „Anstreicher" tobte, marschieren, singen, turnen und unablässig siegen ließ, waren die verbliebenen Kabarettisten immerwährend geistreich. Sie wußten alles besser und es war ihr Beruf, sich eben immer besserwisserische Pointen einfallen zu lassen, über die man doch auf die Dauer nicht mehr lachen konnte. Wie umfassend die Nazis in das Kulturleben eingriffen, davon wird später noch die Rede sein, denn tatsächlich blieb kein einziges Kabarett von Verwarnungen gänzlich verschont, selbst, ein so harmloses Gesangsensemble wie die **„Comedian Harmonists"** wurden 1935 – öffentlich als „Judenbande" beschimpft – verboten. Das 1933 auf Platte verbreitete Lied „Ein neuer Frühling", das Willy Engel-Berger und Will Meisel nach einem Text von Fritz Rotter für die Gruppe musikalisch maßschneiderten, war ebenso mißverständlich wie erfolgreich:

Ein neuer Frühling
Wird in die Heimat kommen,
Schöner noch, wie's einmal war.
Ein neuer Frühling
Wird in die Heimat kommen,
Alles wird so wunderbar!
Und man wird wieder das Lied der
    Arbeit singen,
Gerade so, wie's einmal war.
Jetzt geht im Schritt und Tritt
Auch das Herz wieder mit,
Und dann fängt ein neuer Frühling an.

Den Nazis waren die drei jüdischen

Die Comedian Harmonists
v. l. Robert Biberti (Baß), Erich Collin (2. Tenor),
Erwin Bootz (Klavier/Arr.), Josef Roman Cycowski
(Bariton), Harry M. Frommermann (Tenor-Buffo/
Arr.), Ari Leschnikoff (1. Tenor)

Mitglieder des Ensembles ebenso ver-
haßt, wie der musikalische Stil, des Ensembles, der in der Tat nichts mit der
Kunstauffassung zu tun hatte, die von
1933 an progagiert wurde: Foxtrott,
Tango und Walzer standen nun hoch im
Kurs und der Rumba galt als „un-
deutsch" und „artfremd". Die Marsch-
musik der Braunhemden im Ohr, forder-
ten die Musikoberlehrer der Nation immer lauter und entscheidender „Nigger-
Jazz-Verbot" und „artgemäße Tänze".
Die Emigration der drei jüdischen En-
semble-Mitglieder der „Comedian Harmonists" und das Zurückbleiben der drei
„Arier" in Deutschland zerstörte den
Klangkörper. Nach 1935 entstanden in
jeweiliger personeller Ergänzung im
Ausland und in Deutschland zwei neue
Gruppen: In Berlin das „Meistersextett"
und in Wien die „Comedy Harmonists",
die weltweit gastierten und erst 1939
beim Einmarsch der deutschen Truppen
in Österreich zerfielen. Das „Meistersextett" wurde endgültig 1941 mit der

Claire Waldoff

Claire Waldoff

trägt vor:

Claire Waldoff
Programmzettel, 1934
(Der Name des jüdischen Komponisten Walter Mendelssohn wurde in Adolf Walter geändert)

Begründung verboten, daß ihr Stil mit dem „Wehrgedanken nicht zu vereinbaren" wäre. Das Lied „Ein neuer Frühling" war inzwischen als heimliches Widerstandslied populär geworden. Die Verbote der Nazis betrafen aber nicht nur ganze Gruppen, sondern auch einzelne Nummern oder Lieder. So wurde beispielsweise 1936 das Chanson „Gemüse, Gemüse" verboten, das der Texter und Komponist **Peter Igelhoff** im „Kabarett der Komiker" gesungen hatte. Seit 1935 lebte Igelhoff, gebürtiger Wiener, der in London und Wien Musik studiert hatte, in Berlin und war als Sänger seiner eigenen Schlager erfolgreich. In diesem Lied vermuteten die Nazis jedoch, herabsetzende Anspielungen auf die veränderten Verhältnisse. Die neuen Herren sperrten auch **Claire Waldoff** zunächst für den gleichgeschalteten Rundfunk. Danach lösten mehrere größere Varieté-Kabaretts bereits geschlossene Verträge mit ihr. Man wußte, Claire Waldoff galt als nicht erwünscht, da sie auf Arbeiterveranstaltungen und Solidaritäts-Kundgebungen aufgetreten war. Das genügte. Außerdem war ihr Erfolgsschlager „Hermann heeßt er" unerwünscht, weil sich die Berliner ihren eigenen Reim auf den nationalsozialistischen Politiker Hermann Göring gemacht hatten. Göring selber hatte entgegen lang gehegter Meinung den Vers nicht als Spott, sondern als heitere Huldigung aufgefaßt:

Rechts Lametta, links Lametta,
Und der Bauch wird imma fetta,
Und in Preußen ist er Meester,
Hermann heeßt er.

1935 dementierte sie die im Ausland aufgekommene Zeitungsmeldung, sie habe Selbstmord begangen. Ein eigentliches Auftrittsverbot hatte sie nicht erhalten, doch als 1936 die Berliner „Scala" es nochmals wagte, Claire Waldoff unter Vertrag zu nehmen, führte das zu einem Eklat. Der Berliner Nazi-Gauleiter und Reichsminister für Volksaufklärung und Propaganda Dr. Joseph Goebbels, erschien zur Premiere. Noch in der Vorstellungspause sprach er ungehalten mit Direktor Duisberg und erklärte ihm – so versicherte die Ohrenzeugin dieses Gesprächs, Lotte Werkmeister – kategorisch: „Wenn ich diese Person noch einmal auf der Bühne sehe, verlasse ich die ‚Scala'!" 1939 zog sich Claire Waldoff in ein kleines Haus nach Bayrisch-Gmain zurück, wo sie im Alter von 73 Jahren, verarmt und vergessen, am 22. Januar 1957 starb. In ihrem Nachlaß fand sich auch der Ausweis der „Vereinigung der Verfolgten des Naziregimes" (VVN). Tief erschrocken von der Unmenschlichkeit des neuen Systems, war auch ein Freund der Waldoff, der kauzige Lyriker Hans Böttcher, der sich **Joachim Ringelnatz** nannte. Auf den Kabarettpodien

Joachim Ringelnatz

in Deutschland hatte er seit 1909 erfolgreich seine Verse vorgetragen. Doch nun gegen Ende seines Lebens (er starb 1934) tendiert er zu ernsthaften Fragestellungen:

Willst du Lachen gegen Lachen
Heucheln? Hohle Witze machen?
Daß du vorm Gewissen fliehst,
Öffentlich,
Lachenden Gesichts??
Hüte dich!
Weißt du, was du morgen siehst? –
Vielleicht nur und für immer: nichts.

Sein 1932 erschienener Band „Gedichte dreier Jahre" ist in seiner Grundtendenz Anklage gegen die Zeit und die „Mächtigen", die er für das menschliche Leid verantwortlich macht. Im „Schiff 1931" vermißt er den günstigen Wind, der die Richtung bestimmt und in dem Gedicht „Nichts geschieht" heißt es:

Was heute mir ins Ohr klingt,
Ist nur, was Klage vorbringt.
Und was ich mit Augen seh
An schweigender Not, das tut weh.
Aller Frohsinn in uns ist verreist.
Und nichts geschieht. – Und der Zeiger
    kreist.

Die politischen Vorgänge im Januar 1933
kommentiert er in einem Brief: „Hitler
ist natürlich ein Unstern für uns". Im
Februar des gleichen Jahres wurde er in
Dresden von der Bühne heruntergeholt,
auch ein für Hamburg vorgesehenes
Gastspiel kommt nicht mehr zustande.
Die Zeitungen brachten unter der Überschrift „Verbotene Veranstaltung" folgende Notiz: „Die für heute im Curio-
haus angekündigte Veranstaltung, auf der
Joachim Ringelnatz aus eigenen Werken
lesen sollte, wurde auf Grund § 1 der
Verordnung zum Schutz von Volk und
Staat vom 28. Februar verboten." Dasselbe wiederholte sich in München, wo die
bayerische Polizei durch Verfügung vom
12. April 1933 das geplante Auftreten in
der Künstlerkneipe „Simplicissimus" un-
tersagte. Ende 1933 und Anfang 1934
gibt er noch zwei Gastspiele in Zürich,
dort erkrankt er plötzlich. Die Ärzte dia-
gnostizieren seine Krankheit als Tuberkulose. Eine Spendenaktion befreundeter
Künstler ermöglicht dem mittellosen
Dichter einen Aufenthalt in der Heilstät-
te Beetz-Sommerfeld, doch am 17. November 1934 stirbt Joachim Ringelnatz.
Seine Welt, für die er soviel Lachen
spendete, hatte sich total verändert.

In diese neue Welt paßten auch die Filme
des Münchner Komikers **Karl Valentin**
nicht mehr. Um zu Geld zu kommen,
bat Valentin 1939 den Fotografen Heinrich Hoffmann, die gigantische Sammlung alter Postkarten und Fotos histori-
scher Bauten Münchens Hitler zum Kauf
anzubieten. Der war interessiert und be-

reit, die damals astronomische Summe
von hunderttausend Mark zu zahlen.
Hitler stellte nur eine Bedingung:
Valentin dürfe das Geld nicht für eine
Filmproduktion verwenden. Hitler hatte
Valentin offenbar gut verstanden. Valentins Komödien lenkten nicht von der
Wirklichkeit ab, täuschten keine heile
Welt vor, wie das in den bestellten NS-
Lustspielen der Fall war; Valentin demonstrierte statt dessen eine kaputte,
chaotische Welt, von der nur eins festzu-
stehen schien: Der Mensch kann sich in
ihr nicht zurechtfinden. Das Gegenge-
schäft lehnte Valentin glatt ab und ließ
über Hoffmann die lapidare Botschaft
ausrichten: „Sagen's dem Herrn Führer
einen schönen Gruß, wenn er mir die
hunderttausend Mark net gibt, dann soll
er sich sein Geld am Hut steckn! I bin
wie er – alles oder nichts."

Es blieb ihm nichts. Er schrieb verbitter-
te Briefe an die Rundfunkanstalten, die
seine Schallplatten nicht mehr senden
wollten. Für valentinesken Ulk war kein
Platz mehr, wo blutiger Ernst angesagt
war. Bei einer Probe erteilte Valentin einem Kapellmeister die Anweisung, als
Auftrittsmusik einen Marsch von Leo
Fall zu spielen. Der Kapellmeister lehnte
aus „rassischen Gründen" ab, worauf
Valentin verärgert meinte: „Nur gut, daß
Edison kein Jude war, sonst könnt ma
heut wieder Petroleumlampen anzünd".
Als er 1935 sein und Liesl Karlstadts
Vermögen in seinem „Panoptikum" aus
über 100 Objekten, Szenen, Tableaus
verpulverte, ging die glückliche Freund-
schaft für eine Zeit entzwei. Etwas erfolgreicher war seine „Ritterspelunke",
die er am 17. Juli 1939 in den gleichen
Räumen eröffnete. Als ihm 1940 der
Pachtvertrag fristlos gekündigt wurde,
trat er nicht mehr auf. In seinem Nachlaß fanden sich die Texte „Wenn ich einmal der Herrgott wär", „Die Laugen-

bretzel" und auch diese letzten Strophen eines 1943 entstandenen Gedichts:

Die letzten Jahr, ihr lieben Leut'
Ich sag's ganz ungeniert,
Da ist der Herrgott selber schon
Auf's schwerste deprimiert.

Die Welt die er erschaffen hat,
So ruft er ganz empört,
Wird – wenn's noch lang so weitergeht –
Vom Menschen ganz zerstört.

(Refrain):
Der Herrgott schaut oft von obn runter,
Auf seine Welt, die er so wundervoll
      gemacht,
Wenn i das gewußt hätt,
Daß die Menschen das nicht schätzen,
Hätt ich mir net -so viel Müh'- damit
      gemacht.

Erst nach dem Krieg geht Valentin in München erneut auf die Bühne. Als er nach seinem Auftritt am 31. Januar 1948 im „Bunten Würfel" in seine Pension wollte, fand er sein Zimmer vermietet. Vergeblich suchte er in der zerbombten Stadt ein Nachtquartier, er ging zurück zum „Bunten Würfel" und übernachtete – zugedeckt mit Dekorationsfetzen – im kalten Garderobenraum. Einige Tage später, es ist Aschermittwoch, am 9. Februar 1948 erliegt er einer Lungenentzündung. Irgendwie hatte es sich im Lauf der Zeit herumgesprochen, daß Valentin, Werner Finck und auch Weiß Ferdl, obwohl alle Gegner des Nationalsozialismus waren, in Hitlers Gunst standen, weil sie nach 1933 zuerst noch weiter spielen durften, so daß immer häufiger von der Presse und als Flüsterwitz Anekdoten mit antifaschistischer Tendenz kolportiert wurden, die von den genannten Kabarettisten stammen sollten. So soll Karl Valentin auf der Bühne neben einem Führerbild gesagt

Karl Valentins „Ritterspelunke"
Plakat, 1939

haben: „Sehn's doch hin, keine Ähnlichkeit mit mir. Das Bärtchen, die Stirnlocke und – meine Visage. Keine Ähnlichkeit, keine Spur. Und doch sagen alle Leut „Heil Hitler zu mir". Belegt ist, daß der rothaarige Verführer 1937 dem braunen Führer am Krankenbett von Heinrich Hoffmann vorgestellt wurde; belegt ist allerdings nicht der folgende Dialog. Hitler soll Valentin mit den Worten begrüßt haben: „Ich habe oft genug über ihre Aussprüche herzlich gelacht". „Über Eahnane Reden hob i noch nia lachen kenna", soll der Grantler geantwortet haben: „Und jetzt muß i leida gehn. Griaß Gott, Herr Hitler."
Weiß Ferdl soll sein Publikum auch einmal mit „Grüß Gott! und ‚Heil Hitler' für die Andersgläubigen" begrüßt haben. 1938 soll Weiß Ferdl im Münchner „Platzl" in einer von der NSDAP

Weiß Ferdl
Besuch bei Adolf Hitler auf dem Obersalzberg, 1933

komplett aufgekauften Vorstellung in seiner Conférence gesagt haben: „Bleibt lieber in Euren mit sauer verdientem Geld ersparten, kleinen bescheidenen Villen am Lago die Bonzo. Ihr habt ja nicht einmal mehr Eisen -, Euren ‚eisernen Willen' habt ihr schon längst aufgegeben und nun fangt ihr schon an aus Materialnot, die Juden einzuschmelzen..."
Belegt ist auch nicht die Werner Finck zugeschriebene Anekdote, in der er, am Tag nach der Machtergreifung in seinem Berliner Kabarett „Katakombe" mit einem blumenumkränzten Hitlerbild die Bühne betreten haben soll und für alle hörbar die Überlegungen angestellt hat: „... hängen wir ihn hier auf ... oder sollen wir ihn hier aufhängen? ... Am besten, wir stellen ihn an die Wand."
Unauffindbar bleibt auch die Quelle, nach der Karl Valentin folgende geschichtliche Erinnerungen zum besten gegeben haben soll: „Früher herrschten hier die Ultramontanen, und was hatten wir? Bonzen! Dann kamen nach der Revolution die Marxisten. Und was hatten wir? Bonzen! Dann kam endlich der

Nationalsozialismus! Und was haben wir heute? – – – Mittwoch!"
Belegt dagegen sind Weiß Ferdls Äußerungen „Über die Lage" und sein 1934 vorgetragenes Gedicht „Gleichgeschaltet", das sogar den wenigen, noch nicht mundtot gemachten Karnevalisten Anregungen lieferte. Der Präsident des Mainzer Carneval-Vereins, Heinrich Bender, glossierte ebenfalls die Gleichschaltung unter dem Titel „Fastnacht 1934":

Alles ist heut umgestaltet,
Alles ist heut gleichgeschaltet:
Zweckverbände, große, kleine,
Turn, Gesang- und Skatvereine,
Ziegenzucht und Bullenhaltung,
Polizei und Stadtverwaltung
Alles ist heut solidarisch,
Bis zur Urgroßmutter arisch,
Und seit 52 Wochen
Uni-braun bis auf die Knochen.
Uni-braun ist auchs Theater:
Umgeschminkt wird schon der Kater.
Auch das Bühnenzubehör
Zeigt die nämliche Couleur,
Und vom Spielplan gilt dasselbe...
Fort ist alles Schwarzrotgelbe.

Die Karnevalisten in Köln, Mainz und Aachen hatten sich ebenfalls zu Beginn der Naziherrschaft mit witzigen, aufsässigen Versen gewehrt, wurden jedoch spätestens bis 1935 gleichgeschaltet, indem die Vereine umstrukturiert oder aufgelöst wurden. Am mutigsten kommentierte der Protokoller des Mainzer Carneval-Vereins, Seppel Glückert, die Ereignisse; bereits 1931 rief er den Narren in einer Sitzung zu:

Heil ruft man hier, Heil ruft man dort,
Ein Silbchen nur fehlt diesem Wort,
In allen deutschen Landen
Ist Unheil nur draus entstanden.

Glückert verwies in seinen Büttenreden

auch auf das 1933 errichtete, sogenannte Schutzhaftlager Osthofen in Hessen und spielte mit dem Gedanken, selber wegen seiner frechen Reden Schutzhäftling zu werden, indem er die Fragen eines Freundes aufgriff:

Du weerst in Meenz aach nit mehr alt!
Seid ihr denn noch nit gleichgeschalt?
Määnt ihr, for Fastnacht und so Zeug,
Do wär noch Platz im Dritten Reich?

Gustav Mühle

der brillante Ansager,
Humorist
und Typendarsteller!

Der Komiker wie er sein soll:
Frei von Zoten und Politik,
ein Spender unverwüstlichen Humors.

St. Adr.: Altona-Elbe, Schumacherstr. 65III. Telf.: 42 99 06

Gustav Mühle
Werbezettel

Die eigene Geschichte des politischen Karnevals soll hier nicht weiter verfolgt werden, denn wie einige mutige Karnevalisten ließ sich auch Weiß Ferdl, der eigentlich Ferdinand Weisheitinger hieß, zunächst nicht von den Nazis vereinnahmen. 1937 allerdings, nachdem er eine Einladung Hitlers auf den Obersalzberg zum Tee angenommen hatte, wurde er Parteimitglied. Nach „Heinrich Hoffmanns Erzählungen" in der „Münchner Illustrierten" vom 25. 12. 1954 soll Hitler – Weiß Ferdl war bereits gegangen – gesagt haben: „Da bin ich eigentlich sehr enttäuscht worden. Dieser Mann ist doch gar nicht originell oder witzig, ich verstehe nicht, wieso er so populär ist." Weiß Ferdl, dessen Wunsch, Opernsänger zu werden, gescheitert war, erzählte Hitler auf dem Empfang von diesem Traumberuf, die Antwort notierte er sich als „Worte des Führers" am 12. März 1937 in sein Arbeitsbuch: „Sind Sie froh, Opernsänger gibt es viele, Weiß Ferdl gibt's nur einen."
Wie viele andere 'arische' Komiker, die nun die Programme der „Scala" in Berlin füllten, durfte auch Weiß Ferdl in München weitermachen. Die Art, in der seine „Frechheiten" abgefaßt waren, verletzte niemanden. Sie wurde als „versöhnende Satire" aufgefaßt, wie es eine Kritik 1934 bestätigte: „Weiß Ferdls Satire besitzt die Gabe, treffend und harmlos zugleich zu sein, frei vom Geist der Negation, voll

des aufbauenden und versöhnenden Humors, der nottut." Er hatte sich den Verhältnissen angepaßt und viele seiner Texte waren jetzt so abgefaßt, daß sich jede „Richtung" das sie Bestätigende herausinterpretieren konnte. 1941 machte Weiß Ferdl Fronttheater für Verwundete und diese Tournée führte ihn wieder nach Frankreich, wo er im Ersten Weltkrieg als Soldat gekämpft hatte. Er war sich keiner Schuld bewußt und zeigte im Oktober 1946 auch völliges Unverständnis für sein Entnazifizierungs-Verfahren vor der Münchner Spruchkammer. Bei schlechtem Gesundheitszustand tritt er im April 1947 zum erstenmal wieder auf. Am 19. Juni 1949 stirbt er an Herzversagen.
Die Nazis hatten es nicht nur geschafft, die kritischen Geister zu vertreiben und zu vernichten, sie konnten die frei gewordenen Plätze auch mit einer Fülle anspruchsloser und anpassungswilliger Komiker füllen, die sich dann, wie beispielsweise der Conférencier Gustav Mühle, als „Spender unverwüstlichen Humors" anboten:

„Der Komiker wie er sein soll:
Frei von Zoten und Politik!"

Das Kabarett erwies sich in diesen Jahren durchaus, von wenigen Ausnahmen abgesehen, als anpassungsfähig. Nach dem kurzlebigen „Groschenkeller" hatte auch

„Die Musenschaukel", Berlin, 1934
Szene: „Die Seeräuber" von Hanns Fritz Beckmann
mit Trude Hesterberg (Mitte) umgeben von:
Karl Beckmann, Albert Hoermann, Curt Acker-
mann, Günter Vogdt, Bea Molen, Maria Ney,
Charlott Daudert, Eva Boehm

Trude Hesterberg im November 1933 in
der Berliner Behrenstraße noch ein Ka-
barett eröffnet: **„Die Musenschaukel".**
Megerle von Mühlfeld und der spätere
Widerstandskämpfer Günther Weisenborn übernahmen die litararische Leitung
für den aufwendig ausgestatteten Bilder-
bogen. Erwin Jospe betreute das Ensemble musikalisch, in dem – neben der
Hesterberg – Grethe Weiser und Rotraut
Richter Berliner Chansons von Frank
Günther und Hanns Fritz Beckmann
sangen. Tänze von Hedi und Margot
Höpfner, das „Leise Bedürfnis" mit
Hans Hermann Schaufuss, Else Ehser als
„Wahrsagerin", Fritz Lafontaine mit ei-
nem „Monolog am Schlagzeug" und Albert Hoermann als „Mann mit dem lin-

ken Ohr" bildeten die Farbtupfer auf
dieser bunten Palette. Hanns Fritz Beckmann, von Geburt Berliner Jahrgang
1909, jobbte, nach einem mehrjährigen
Aufenthalt in Buenos Aires, zuerst in
Berlin als Hilfsarbeiter, Übersee-Korre-
spondent für „4711" und Eintänzer. Bis
ihn Willi Schaeffers für seine Sonntags-
Matineen in der „Femina" engagierte.
Beckmann bat Schaeffers selbstkritisch
um den Namen eines möglichst kostenlosen Repertoire-Schriftstellers: „Und da
wurde mit die Antwort zuteil, die mir
erschöpfender das Wesen meines Berufes
klarlegte, als tausend gute Ratschläge
wohlmeinder Kollegen: ‚Was wollen Sie?
Wozu brauchen Sie Repertoire? Gehen
Sie auf die Bühne und conférieren Sie!'"
Beckmann conférierte mit Maria Ney im
zweiten und auch letzten Programm der
„Musenschaukel", das im Januar 1934
mit „Windstärke 10" gestartet wurde. Im
Mittelpunkt der 17 Nummern stand
Beckmanns „Oper im Westentaschen-

format: Die Seeräuber", mit Trude
Hesterberg als Mitropa. Zum Verbot des
Kabaretts führte nun, daß Trude Hesterberg den verbotenen Erich Kästner
beschäftigt hatte, obwohl die „politische
Richtung" der „Musenschaukel" nicht
gegen die Zeit stand, Megerle von Mühlfeld hatte das bereits im ersten Pro-
grammheft so formuliert: „Es liegt uns
fern, Politik von unserer kleinen Bühne
zu beleuchten ... Wir verfolgen nur einen Zweck, den schwer ringenden und
schaffenden Menschen einige heitere
Stunden abzugewinnen. Weiter wollen
wir nichts und dies soll auch unsere ernste Aufgabe sein, breite Schichten unserer Städter wieder in das Volkskabarett,
das durchaus nichts Fremdländisches an
sich hat, aufzunehmen. Darum sollen Sie
auch nur solche Vorträge hören, die mit
unserem Gemüt verankert und deren
Musik vom Volkslied inspiriert sind.
Denn Volkesstimme ist echt. Sie ist ehrlich und frei ..."

Im Hamburger „**Bronzekeller**" rezitierte
1938 Wolfgang Borchert seine ersten Gedichte und im Kölner „**Kolibri**" wurde
unter der Leitung von Otto Sander linkes
Mundart-Kabarett geboten.

Doch bevor sich das Kabarett endgültig
in den Gleisen eines offiziell geförderten
völkischen „Humors" bewegte, versuchten noch einige Ensembles ihre antifaschistische Position eindeutig zu formu-
lieren. Werner Finck meinte später:
„Man brauchte gar nicht lange nachzudenken, in welchem Lager man stand,
das machten einem schon die Nazis
klar". Und er resümierte weiter: „Wer
nicht in Deckung ging, fiel. Und wenn er
nur auffiel. Und auffallend viele sind damals nicht aufgefallen. Heil! Heil! Selt-
sam, daß gerade in dem Land, wo so viel
Heil gerufen wurde, so wenig heil geblieben ist."
Werner Finck fing schon im Herbst 1932
an zu frösteln: „Die Republik war am
Marsch. Endlich bekam ich Witterung
von dem, was in der Luft lag":

Wie es so regnete heut' nacht,
Hab' ich sofort: Aha! gedacht,
Der Sommer ist zu Ende.
O mein prophetisches Gefühl!
Heut' morgen war's schon richtig kühl
Und herbstlich im Gelände.
Die Sonne scheint noch immer froh,
Doch sieh dich vor: es scheint nur so,
Das sind noch Restbestände.
Nein, nein, der Sommer ist vorbei
Und Feld und Fluren werden frei
Für uns're Wehrverbände.
Wie schnell das ging! Ja, die Natur!
Glaubt nicht, daß eine Diktatur
Mal ähnlich schnell verschwände!

Schiff 1931

Text: Joachim Ringelnatz, 1932

Wir haben keinen günstigen Wind.
Indem wir die Richtung verlieren,
Wissen wir doch, wo wir sind.
Aber wir frieren.

Und die darüber erhaben sind,
Die sollten nicht allzuviel lachen.
Denn sie werden nicht lachen, wenn sie blind
Eines Morgens erwachen.

Das Schiff, auf dem ich heute bin,
Treibt jetzt in die uferlose,
In die offene See. – Fragt ihr: „Wohin?"
Ich bin nur ein Matrose.

Joachim Ringelnatz
Zeichnung: Max Schwimmer

Gleichgeschaltet

Text: Weiß Ferdl
1934 vorgetragen von Weiß Ferdl
„Platzl", München

Früher gab's so viel Parteien,
Deshalb auch viel Reibereien.
Bis dann sprach ein Ingenieur:
Deutsche, nein, so geht's nicht mehr.
Weg mit diesen Wechselströmen,
Woll'n wir lieber Gleichstrom nehmen!
Er hat aus- und umgestaltet.
Gleichgeschaltet, gleichgeschaltet.

Hat man Zeitungen gelesen,
Früher ist man blöd gewesen.
Die schrieb: „Bravo, Sehr gut, Heil";
D' andre „Pfui", grad's Gegenteil.
Jetzt kannst du das Geld dir sparen.
Liest du eine, bist im klaren.
Gleichlautend sind all' gestaltet,
Gleichgeschaltet, gleichgeschaltet.

Arbeitsdienst wurd' eingeführet,
Mancher freudig mitmaschieret.
Endlich schaffen, Gott sei Dank.
Andre aber macht es bang.
Statt bei 5-Uhr-Tee fein schwofen,
Muß er da im Gleichschritt loofen.
Hand, gepflegt, a Schaufel haltet,
Gleichgeschaltet, gleichgeschaltet.

Man hört nicht mehr Saxophone,
Tanzt nicht Rumba, Charlestone.
Fort mit Jazz und Negertanz,
Sind nicht mehr meschugge ganz.
Alte Weisen hört man wieder,
Stramme Märsche, deutsche Lieder,
Die man gern im Ohr behaltet.
Gleichgeschaltet, gleichgeschaltet.

Frauen alle gern mithalten,
Sehr begeistert sie gleichschalten.
Geht der Mann am Abend aus,
Macht sie's auch, bleibt nicht zu Haus.
Kriegt die Nachb'rin Hut und Kleider,
Rennt sie auch sofort zum Schneider.
Glaub'n S', daß die das Alt' behaltet?
Gleichgeschaltet, gleichgeschaltet.

Mit dem Eintopf, dem bekannten,
Sind die Frau'n sehr einverstanden.
Weg mit Austern, Kaviar,
Mit dö Schmankerln is jetzt gar.
Am Sonntag kochen s' alte Boana,
Sag'n: „Das is a Picklstoana",
Aufg'wärmt, daß bis Samstag haltet,
Gleichgeschaltet, gleichgeschaltet.

Will der Mann a Freundin halten
Und nicht treu bleib'n seiner Alten,
Seht in Saft die deutsche Frau,
Droht dem Gatten mit Dachau,[1]
Zwanzig Jahr' hast unverdrossen
Meine Reize du genossen.
Dabei bleibt's, bist auch veraltet,
Gleichgeschaltet, gleichgeschaltet.

Ganz vereint sind Bayern, Preußen,
Nicht mehr auseinand' zu reißen.
Statt daß in die Berg' wir zieh'n,
Mach ma Weekend in Berlin,
Tun im Lunapark dort rodeln,
Preußen lernen dafür jodeln.
Mensch, wie det zusammenhaltet,
Gleichgeschaltet, gleichgeschaltet.

Wenn wir fest zusammenstehen,
Muß 's doch wieder aufwärts gehen.
Bauer, Arbeitsmann und Knecht,
Adel, Bürger, gleiches Recht.
Für das Land, das wir gestritten
Und viel Jahre Not gelitten,
Woll'n wir leben, ungestaltet,
Gleichgeschaltet, gleichgeschaltet.

---

[1] Anspielung auf das Konzentrationslager Dachau.

Nationalsozialistische Deutsche Arbei...

Vortragsfolge

zu der am Montag, den 9. Januar 1922, im Hofbräuhaus-Festsaale (Platzl) stattfindenden

Deutschen Weihnachtsfeier

Saaleröffnung abends 6 Uhr · Kinderbescherung abends 7 Uhr
Ab 8 Uhr Konzert der Kapelle Peuppus und Einzelvorträge

---

1. Defiliermarsch . . . . Scherzer
2. Deutschland, Gedicht, vorgetragen von Pg. W. Briemann
3. Einleitung zum 3. Akt und Brautchor aus der Oper „Lohengrin" . . . . Richard Wagner
4. Lieder für Mezzosopran, gesungen von Pg. Frau Marie Butz
   a) Die Himmel rühmen . . . . Beethoven
   b) Du bist die Ruh . . . . Schubert
   c) Die Forelle . . . . Schubert
5. Fröhliche Weihnachten, Potpourri . . . . Koebel

6. ## Julrede
   Pg. Herr Adolf Hitler

   ### Pause

7. Marinemarsch . . . . Thiele
8. Gewitterzauber und Einzug der Götter in Walhall aus „Rheingold" . . . Richard Wagner
   Am Flügel: Herr Kapellmeister Adolf Vogl
9. Finale III. Akt aus „Rienzi" . . . . Richard Wagner
10. Largo . . . . Händel
    Romanze . . . . Beethoven
    (Violine) Fräulein Ostermaier
11. Die Mühle im Schwarzwald . . . . Eilenberg
12. Bayerische Volksmusik . . . . Högg

13. ## Weiß Ferdl

14. „O Deutschland, hoch in Ehren" . . . . Reckling

Eintritt einschließlich Lustbarkeitssteuer M. 3,50. Juden ist der Zutritt strengstens verboten.
Karten im Vorverkauf in der Geschäftsstelle Corneliusstraße 12
(Parteiheim der Nationalsozialistischen Deutschen Arbeiterpartei)

Druck: Münchner Buchgewerbehaus M. Müller & Sohn

Weiß Ferdl
Auftritt bei der „Deutschen Weihnachtsfeier"
der NSDAP, München, 1922

Über die Lage

Text: Weiß Ferdl
1936 vorgetragen von Weiß Ferdl
„Platzl", München

Heutzutage ist es nicht leicht Humorist zu sein. Das Publikum hat es so leicht, die kommen herein, zahlen den kleinen Eintritt, setzen sich hin und sagen: „Los!". Das ist schnell gesagt, aber das Losgehen ist nicht so einfach. Ich weiß genau, was die Leute am liebsten hören. Schon im grauen Altertum ... war es so, daß sich die Leute am meisten gefreut haben, wenn man über die Großkopfat'n losgezogen hat und dieser Brauch hat sich bis auf den heutigen Tag erhalten. Nun werden Sie aber auch verstehen, daß dieses momentan eine etwas kitzlige Angelegenheit ist; – man hat Hemmungen. Mir persönlich kann ja nichts passieren, ich bin ja schon längere Zeit „Dachauer"[1] – da käme höchstens eine kleine Luftveränderung in konzentrierter Form in Frage.

Aber die Sache ist nicht so gefährlich. Ich weiß auch, daß die wirklich großen Männer schon Spaß verstehen und selber darüber lachen. Die wissen auch ganz genau, daß, wenn ich da herin im Platzl einen Witz mache, deshalb ihre Position noch nicht erschüttert ist. Unangenehm sind nur die anderen, – die sich einbilden großkopfert zu sein – und sind's gar nicht... Über die prominenten Persönlichkeiten existieren schon unzählige Witze, die die Herren selber kennen. Interessant ist nur, wie diese Witze erzählt werden. Während die wirklichen Nationalsozialisten, SA- und SS-Leute die Geschichten mit voller Namensnennung hemmungslos erzählen, sind andere etwas vorsichtiger. Wenn der einen Bekannten auf der Straße trifft, winkt er ihm, schaut ängstlich umher, ob kein Lauscher in der Nähe ist und sagt dann:

Weiß Ferdl
Zeichnung: R. P. Bauer

„Du, ich weiß einen wunderbaren Witz!" Nochmal schaut er ängstlich um und dann zischelt er ihm den Witz ins Ohr hinein. „Ausgezeichnet, gell?" – Wenn der andere lacht, dann ist es gut, doch macht der ein bedenkliches Gesicht, kriegt's der Witzeerzähler schon mit der Angst zu tun und sagt: „Ich hab ihn halt auch g'hört, er wird überall erzählt, mhm – also Heil Hitler!"

[1] Anspielung auf das Konzentrationslager Dachau.

Gemüse, Gemüse

Text: H. A. Wichmann
Musik: Peter Igelhoff
1936 vorgetragen von Peter Igelhoff
„Kabarett der Komiker", Berlin

Jegliche Zeit hat ihre Mode
Und eine Mode nimmt die Welt so gerne in Kauf.
Fragst Du den Arzt wieso,
Bin ich so wenig froh?
Fühlt er den Puls und antwortet drauf:
Mein lieber Freund, uns're Methode,
Spricht heute nur von Vitaminen oder Diät.
Meide den Fleischgenuß,
Weil er Dir schaden muß.
Stell' auf die Pflanzenkost Dich um, bevor's zu spät.

Ernähre Dich mal von Gemüse,
Davon gibt es Sorten genug!
Denn nichts ist gesünder als diese,
Drum wähle Gemüse, dann handelst Du klug.
Das wird Deinen Körper erneuern,
Verjüngen, beleben, befrei'n,
Entschlacken, entgiften, entsäu'rn:
Ganz ohne Pillen und Arzeneien.
Iß Blumenkohl, Mohrrüben oder Spinat,
Sellerie, Gurken und grünen Salat.
Dann brauchst Du niemals im Leben zur Kur in ein Bad.
Merke Dir weiter: Karotten und Bohnen,
Kohlrabi, Kohl, Sauerkohl, Linsen, Maronen
Und hilft Dir auch das nichts, so halt Deinen Mund.
Du bist theoretisch gesund:
Gemüse, Gemüse, Gemüse, Gemüse, Gemüse, Gemüse.

Doch Theorie, gilt theoretisch
Und eines Tages klagst dem Arzt Du wieder Dein Leid.
Der untersucht Dich dann,
Sieht Dich bedauernd an.
Fühlt Deinen Puls und gibt Dir Bescheid:
Mein lieber Freund, spricht er pathetisch,
Über die alten Theorien sind wir hinaus,
Schwöre heut' unbedingt,
Auf der Natur Instinkt.
Ernährst Du Dich nur von Gemüse?
Ansich ist Gemüse nicht schlecht.
Dann fehlt's an verschiedenen Größen,

Peter Igelhoff, 1935

An Stoffen, das hat sich gerächt.
Andauernd wächst unser Verständnis,
Die Menschheit bleibt eben nicht dumm.
Zur Folge der neuen Erkenntnis,
Eh' es zu spät: stelle Dich um!
Iß zu dem Gemüse ein schönes Kotelett,
Schmorbraten, Eisbein – der Körper braucht Fett.
Dann gehst Du wenigstens abends nicht hungrig ins Bett.
Knödel, Bulletten, Geflügel und Schinken,
Genieß die Gemüse, wo immer sie winken,
Denn einseitig leben, ist geradezu Mord.
So schreitet die Wissenschaft fort:
Gemüse!

Die Laugenbretzel

Text: Karl Valentin, ca. 1941

Volksgenossen und Volksgenossinnen! Wiederum hat es sich gezeigt, daß der Nationalsozialismus nicht nur zur Erhaltung, sondern auch zur Ernährung des Volkes dient. Es gab einmal eine Zeit, in der das gesamte deutsche Volk von der Existenz einer Laugenbretzel noch nicht die geringste Ahnung hatte. Ich wußte, was es bedeutete, einen ohnmächtigen Kampf um die deutschen Laugenbretzel auf mich zu nehmen. 14 Jahre habe ich gekämpft, und Gott der Allmächtige wollte es, daß ich wie immer als Sieger hervorging.

Es war in den bitteren Jahren der Systemzeit, als ein internationales Juden- und Verbrechertum den Absatz der deutschen Laugenbretzel zu vernichten drohte, und wiederum waren es einige mutige, tapfere, beherzte Männer, die die Kultur der Laugenbretzel hinaustrugen in alle deutschen Gaue, und der Erfolg davon war ein einzigartiger Siegeszug der bisher verachteten Laugenbretzel. Die deutsche Laugenbretzel ist nicht nur gesund, sie ist auch bekömmlich – dem deutschen Arbeiter, dem deutschen Bauern, dem deutschen Studenten, und nicht zuletzt gedenk ich der deutschen Frau – der deutschen Mutter. Parteigenosse Dr. Goebbels hat schon in seiner ersten großen Propagandarede auf die Hochzeit zu Kanaan die Bedeutung der deutschen Laugenbretzel hervorgehoben, und somit ist es zur Ehrenpflicht sämtlicher nationalsozialistischer Verbände und Formationen geworden, sich in Zukunft nur von deutschen Laugenbretzeln zu ernähren – und dann wird sich endlich auch der Katholizismus zur deutschen Laugenbretzel bekennen müssen, ob er nun will oder nicht. Hier heißt es biegen oder brechen. Heil – Heil – Heil.

Karl Valentin
Zeichnung: Harald Kretzschmar

Die Katakombe

Die verschiedenen Formen, Mittel und
Methoden, die ein Kabarettgeschehen
ausmachen und die im einzelnen bei den
literarischen Kabaretts der zwanziger
Jahre und in den satirischen Revuen er-
probt wurden, vereinigte vor allem ein
Kabarett, das unter dem Hausherrn Karl
Neumann-Nierendorf und der künstlerischen Leitung von Werner Finck am
16. Oktober 1929 im Kellerraum des
Berliner Künstlerhauses in der Bellevue-
straße eröffnet wurde: „Als Zufluchtsort
der letzten Christen", wie Finck auf das
Katakomben-Dasein der ersten Christen
im alten Rom anspielend, in seiner Eröff-
nungsconférence ironisch vermerkte.
Zum Ensemble gehörten in der Anfangs-
phase neben Werner Finck und Hans
Deppe, die wegen ihres weiblichen Char-
mes vielgepriesene Dolly Haas, die engli-
sche Songs und Mannequin-Parodien
vorführte. Kate Kühl, die unter ande-
rem Kästners Parodie auf Brechts „Sur-
abaya-Johnny" sang, die Tänzerinnen
Trudi und Hedi Schoop, Theo Lingen,
Arnulf Schröder, R. A. Stemmle und
Hans Meyer-Hanno, sowie der Zeichner
Erich Ohser (E. O. Plauen), die beide
später von den Nazis ermordet wurden.
Wir befinden uns im Jahr 1929, Heinrich
Himmler wird Reichsführer der Schutz-
staffel der NSDAP, der SS. Die „Nationalsozialistische deutsche Arbeiterpartei"
(NSDAP) tritt immer offener auf. Gustav Stresemann versucht als Außenmini-
ster der Weimarer Republik in unermüd-
lichen Verhandlungen Deutschland aus
der außenpolitischen Isolierung heraus-
zuführen. Als Stresemann am 3. Oktober
1929 stirbt, löst schon drei Wochen später, der sogenannte „schwarze Freitag"
an der New Yorker Börse die große
Weltwirtschaftskrise aus. Die amerikanischen Kredite werden aus allen Ländern

„Die Katakombe", Berlin
Programmheft-Vignette

zurückgezogen. Ein schwerer Konjunk-
turrückschlag in ganz Europa, besonders
in Deutschland. Im Dezember 1929 werden in Deutschland 1 ½ Millionen Ar-
beitslose registriert, im Februar 1930
schon 3 ½ Millionen. Ende 1930 sind es
7 Millionen.
Aufgrund dieser Verhältnisse schrieb
Robert Gilbert unter dem Pseudonym
David Weber das „Stempellied", das
Ernst Busch mit der Musik von Hanns
Eisler in der „Katakombe" vorträgt.
Busch sang, begleitet von Eisler, auch
Gilberts „Ballade vom Nigger Jim", Tucholskys „Anna Luise" („Wenn die Igel
in der Abendstunde"), B. Travens „Balla-
de von den Baumwollpflückern", Mehrings „Lied vom trocken Brot" aus dem
Stück „Der Kaufmann von Berlin" und
Bertolt Brechts „Ballade zum § 218"
oder den „Song von Angebot und Nach-
frage" aus dem Stück „Die Maßnahme".
Ernst Busch verband damals in seiner
Person das linksbürgerliche Kabarett mit
den revolutionären Agitprop-Truppen.
Überall in Berlin kannte man von ihm
das „Seifenlied" und die „Ballade von
den Säckeschmeißern", die beide Julian
Arendt geschrieben hatte, der für die
„Katakombe" auch unter dem Pseudonym Hermann Flack textete. Busch
hatte die beiden Lieder zuerst 1929 im
„Larifari" gesungen. Die „Ballade von
den Säckeschmeißern" bezog sich auf die

„Die Katakombe", Berlin. 1931
Szene: „Der Schrecken der Produktion", eine Par-
odie auf die Militärfilme der UFA von Max Kolpe
v. l. Traute und Herbert Witt, Rudolf Platte, Erik Ode,
Gertrud Kohlmann, Inge Bartsch, Dora Gerson,
Rudolf Schündler, Therese Baerwald, Theo Lingen

erwähnte Weltwirtschaftskrise. In Holland wurden daraufhin Tausende von
Zentnern Kartoffeln von der Regierung
angekauft und als Dünger gelagert. In
Brasilien wurden Tausende von Tonnen
unverkäuflichen Kaffees ins Meer ge-
schüttet. Es beginnt die Zeit, in der ein
Einzelner fortwährend einen lebensge-
fährlichen Balanceakt auf dem politischen Brettl vorführte. Das große Vorbild dieser Zeit ist für viele Kabarettisten
Werner Finck.
Finck war gelernter Schauspieler und
hatte nach einigen Theaterengagements
zuerst 1928 in verschiedenen Berliner
Kabaretts seine eigenen Gedichte vorgetragen. Mit der „Katakombe" leitete er
nun die Renaissance des politischen Kabaretts ein. Was bis dahin weltstädtisch,
gut organisiert und revueartig über die
Bühne ging, kam in der „Katakombe"
wieder mit naiver Spielfreude improvi-

siert auf die Bühne. „Musik, Tanz, Dichtung und Improvisation" ist denn auch
der Titel des ersten Programms. Überwiegend wurden diese Künste auf die literarische Parodie verwandt, jene kabarettistische Gattung, von der man annahm, sie sei mit dem Brettl der Grün-
derzeit ausgestorben. Werner Finck und
Hans Deppe, beides ehemalige Wander-
vögel, hatten zur Eröffnung eine Wan-
dervogel-Parodie verfaßt. Man lachte
über Finck als Seyfried mit langen, komischen Beinen, der mit kurzer Hose
und aufgekrempelten Socken mit Hans
Deppe als Waltraud im Kunstgewerbe-
Rock, auf den altdeutschen Reigen
„Wenn alle Brünnlein fließen" tanzte:

Wir bleiben stets etwas zurück.
Wir haben für alles gar keinen Blick.
Wir haben das Edelmenschtum gepachtet.
Die andern werden von uns verachtet.
Wir lagern gelockert am lönshaften
    Weiher
Und kochen mit Spiritus unsere Eier.
Beim Schreiten senkt sich der Fuß in
    Sandalen.
Plattfüße nennen es die Realen.

Die politische Tendenz der „Katakombe" war nicht einheitlich. Der Standpunkt, von dem die kabarettistische Kritik vorgetragen wurde, war von Person zu Person verschieden. In den Programmen (insgesamt 24 Programme bis Mai 1935) brachte die „Katakombe" so unterschiedliche Nummern wie die Volkslieder mit Kadidja Wedekind, Frank Wedekinds jüngere Tochter, die blitzartig angefertigten Zeichnungen von Walter Trautschold, ebenso wie die proletarischen Gesänge mit Ernst Busch oder die Grotesktänze der Valeska Gert ohne Schwierigkeiten unter einen Hut, zu dem die Jazzband des Hauses, die Tibor-Blue-Boys, ihre Synkopen schmetterten. Zwischen den Ensemblemitgliedern kam es bereits im November 1930, angesichts der deutlich erkennbaren faschistischen Gefahr, zu Auseinandersetzungen, welche Art von Kabarett in dieser Zeit sinnvoll sei, deren Folge war, daß Ernst Busch, Hanns Eisler, Kate Kühl, Hans Deppe und einige andere Mitglieder die „Katakombe" verließen, und Werner Finck ab Januar 1931 das Kabarett in neuen Räumen in der Lutherstraße neben der „Scala" mit Rudolf Platte als Co-Direktor alleine leitete. Aus der Vielzahl der Künstler, die in der „Katakombe" mit Texten von Norbert Schiller, Max Kolpe (Colpet), Karl Kinndt, Curt Bry (Pseudonym: Rudolf Aldach), Hellmuth Krüger und auch von Arno Holz und Paul Scheerbart auftraten, seien genannt: Inge Bartsch, Dora Gerson (sie wurde später von den Nazis in Auschwitz ermordet), Annemarie Hase, Trude Kolman (Trude Kohlmann), Sonja Wronkow mit Parodien am Klavier, Julia Marcus, Ursula Herking, Tatjana Sais, der Tierstimmen- und Geräuschimitator Dotz Son Rethel, Henry Lorenzen, Walter Gross, Ivo Veit, Walter Behr, der zu den Klängen eines auf seinem Rücken befestigten Grammophons agierte, der

Werner Finck, 1930

„rasende Reporter" Erik Ode, Karl Kleinschmidt, ein Geistlicher, der nach 1933 auf Betreiben der Nazis aus dem Amt entlassen worden war, die Komponisten und Pianisten Günter Neumann und Edmund Nick.

Der wesentlichste Bestandteil der „Katakombe" waren aber die improvisierten Conférencen von Werner Finck. Die Berliner, an ansagerische Kaltschnäuzigkeit gewöhnt, umjubelten diesen Sprachartisten mit dem verlegenen Lächeln, der sich so hoffnungslos im Gestrüpp seiner Halbsätze verheddern konnte. Werner Finck, der weder der typische politische Agitator, noch der „radikale Linke" war, erwarb sich in diesen Jahren den Ruf eines Narren, der die Nazis auf Eulenspiegel-Weise der Lächerlichkeit preisgab. Es kursierte damals ein Ausspruch von Goebbels der besagte: „Finck ist nicht so gefährlich in dem was er sagt, sondern in dem, was er verschweigt".

Finck balancierte, vor allem nach 1933,

„Die Katakombe", Berlin, 1930
Rudolf Platte parodiert Joseph Goebbels

immer auf dem Pfade zwischen dem, was er noch sagen konnte und dem, was zu sagen zu gefährlich gewesen wäre. Das nationale Bürgertum befand sich in dem Glauben, Hitler werde sich unter der Last der Verantwortung schnell verbrauchen. Doch noch am Tag nach seiner Ernennung zum Reichskanzler setzte Hitler die Auflösung des Reichstages durch. Sein Ziel waren Neuwahlen und damit die absolute Mehrheit der NSDAP. Die Partei führte den Wahlkampf mit den Mitteln des Terrors. Für Finck waren seine politischen Anspielungen und auch seine Gedichte, wie beispielsweise sein 1932 entstandener Beitrag zur Sippenforschung „Der Mischling", lebensgefährlich geworden. Zu Beginn des Winterprogramms 1933, hing ein mit Silberpapier überklebtes Holzschwert als Damoklesschwert drohend über der Bühne der „Katakombe". Es war zugleich die humorvolle Formel für eine unheimliche ernste Situation in Deutschland. Zu dem

Damoklesschwert sah Finck hinauf, wenn er sich in seinen Conférencen zu deutlich ausgedrückt hatte. „Das Programm", so begann Finck, „ist aktuell und zeitgemäßigt. In der Beschränkung zeigt sich erst die Haftung", nachdem er zum Schwert hinauf geschaut hatte, sprach er weiter: „Die unruhigen Zeiten sind nun vorbei, man kann wieder auf Jahrtausende disponieren. Es ist ja nicht die Spitze, auf die wir es treiben wollen, sondern der gute Griff ... den wir getan haben". In einem, nach 1945 entstandenen Vierzeiler hat Finck die damalige Situation noch einmal zusammengefaßt:

Am seid'nen Faden hing ein Schwert,
Sich auf mein Haupt zu laden.
Glaubt ihr, daß mich das Schwert gestört?
Mich schreckte nur der Faden.

Das gleiche Thema hatte (auch in vier Zeilen) Erich Kästner behandelt, ohne daß beide von einander wußten:

aber sie besuchen die katakombe

in der bauhaus-aula

das beste kabarett berlins

die katakombe

am sonnabend, 31. mai 1930, 20 h

„Die Katakombe", Berlin
Programmzettel vom Gastspiel in der „Bauhaus"-
Aula, 1930

Schau prüfend deckenwärts!
Die Nähe des möglichen Schadens
Liegt nicht in der Schärfe des Schwerts,
Vielmehr in der Dünne des Fadens.

Im Dezember 1933 bat Finck das „Katakomben"-Publikum seinem „Kampfbund für harmlosen deutschen Humor" beizutreten. Mit dem zum Vortrag gebrachten „Kampflied", das bald darauf verboten wurde, wollte Finck den heroischen Stil der überall sich tummelnden völkischen Kampf-Bünde parodieren, zum Beispiel den „Kampfbund für deutsche Kultur" von Alfred Rosenberg. Alles, was Werner Finck als Stilmittel in seinen Conférencen benutzte, ob es Andeutungen waren, unvollendete Sätze, gestammelte Worte, Wortspiele, politische Spitzen in mehrfacher Verpackung, ob er Pausen machte, die durch Mimik oder Gestik überbrückt wurden, oder ob er durch ganz feine Andeutungen Assoziationen erregte, alles dies waren Mittel der indirekten Komik. Nichts wurde direkt ausgesprochen, sondern über verschiedene Umwege ins Publikum geleitet. „Mir ist ein grauenvolles Malheur passiert", beginnt er im November 1933 seine Conférence, „im letzten Augenblick ist mir meine Brille entzwei gegangen. Darum komme ich heute mit einer falschen Brille – Oder können Sie mir vielleicht eine leihen?" Auf den bejahenden Zuruf aus dem Publikum fragt Finck, was denn diese Brille für eine Stärke habe. Er bekommt zur Antwort: „8,1". Darauf erwiderte Finck: „Viel zu scharf, das können wir uns in diesem Programm nicht leisten".

Aus der „Katakombe", die mit ihren 280 Plätzen jeden Abend ausverkauft war, ist nicht allzuviel „Belastungsmaterial" überliefert; die variierte „Kuhfort-Conférence" und die fragmentarischen Szenen beim Zahnarzt und beim Schneider zeugen von der Doppeldeutigkeit der angewandten Sprache. Der politische Flüsterwitz, der als getarnte Meinungsäußerung im totalitären Staat weit verbreitet war, erhielt aus Fincks Conférencen immer neue Nahrung. Als an einem Abend der NS-Lehrerbund, der gerade seine Jahrestagung in Berlin abhielt, zu Gast in der „Katakombe" war, kam bei einer ironischen Bemerkung von Finck, der Zwischenruf eines Besuchers: „Dummer Judenjunge". Darauf Fincks spontane Erwiderung: „Sie irren sich, ich sehe nur intelligent aus". Die Programme der „Katakombe" wurden inzwischen von Spitzeln überwacht und die Berichte durch höchste Staats- und Parteistellen (Goebbels, Heydrich, Gestapochef Heinrich Müller) ausgewertet. Als Finck einmal diese Spitzel unter den Gästen der „Katakombe" entdeckte, fragte er die emsig Mitschreibenden ganz direkt: „Kommen Sie mit – oder soll ich mitkommen?" Doch nicht nur Fincks Texte führten im Mai 1935 zum Verbot der „Katakombe"; schon vorher gab es wiederholt scharfe Beanstandungen. Max Kolpe (Colpet) berichtete, daß sein Chanson „Die Rote", das er für Petra Peters geschrieben hatte, in der „Katakombe" auf schrille Pfiffe der anwesenden SA-Leute stieß, die dann die Interpretin verhafteten:

Ja, ja, das Rote
Ist meine Note.
Gottseidank!
Eeen einz'jes Klimpern
Mit meene Wimpern –
Und alle Männer sind
Nach mir varrückt
Durch de Bank.
Ja, seitdem der Hitler mir jesehn,
Will er nur noch mit de „Roten" gehn!

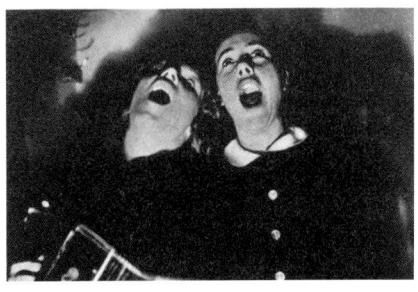

„Die Katakombe", Berlin, 1934
Isa Vermehren und Ursula Herking singen
„Das Lied, das aus der Kehle dringt"

Max Kolpe befand sich schon wenige
Monate später in der vorläufigen Sicherheit des Pariser Exils. Von Kolpe war
schon die „Wilhelm-Tell-Parodie" auf
„höheren Befehl" verboten worden, in
der Werner Finck als Geßler den berüch-
tigten Nazi Julius Streicher mimte. Auf
der Stange hing statt dem Hut des Vogtes
– wie in der Originalfassung von Schiller
– ein braunes Hemd. Und auf den Vorwurf, „Du hast dem Hemd nicht Reve-
renz erwiesen!" erwiderte Rudolf Platte
– als Tell – kühn: „Verzeiht, ich habe
keine Referenzen da". Platte deklamierte
„Durch diese hohle Gasse muß er kommen" und absolvierte dabei als Joseph
Goebbels turnerisch höchst exakt Hand-
stand, Purzelbaum, Hocke und Grätsche
in Erwartung des Führers. Nachdem vor
1933 noch avantgardistische Regisseur
und Theaterleiter Meyerhold dieser Mix-
tur aus Parterre-Akrobatik und Theater-
klassik amüsiert beigewohnt hatte, erzählte Finck an den folgenden Abenden
in seiner Conférence; Meyerhold habe
hier schon seine eigene Parodie erlebt:
„Entgegen unserem Herzklopfen gefiel
es ihm aber wirklich. Er hat sich glän-
zend unterhalten ... mit seinem Nachbarn und am Schluß am heftigsten ap-
plaudiert. Hinterher erkundigte er sich
sogar noch, was da gewesen wäre."
Das „Tausendjährige Reich" lieferte
Finck aber die echten Pointen, wenn er
beispielsweise auf den Versailler Vertrag
anspielte, gegen den die nationalsozialistische Regierung in ihrem Programm
Stellung bezogen hatte: „Das Programm
wird jetzt durchgeführt", sagte er zu Beginn der Vorstellung, und weiter: „Es ist
meines Erachtens ein gutes Programm, es
soll keine Sachen enthalten, die vorher
nicht angekündigt wurden. Allerdings,
das kann bei uns auch vorkommen, muß
jedes Programm mal geändert werden.
Wir bereiten das lange vor, das kann
nicht mit einem Federstrich geschehen."
Wenn Finck bei einem Verhör durch die
„Geheime Staatspolizei" (Gestapo) auf
die Frage: „Herr Finck, was haben Sie
eigentlich gegen uns Nationalsozialisten?" erwiderte: „Ich habe gar nichts
gegen Sie, Sie haben was gegen mich", so
liegt in diesem „Witz" Fincks eigentliches Wesen. Doch das auf totale Zustimmung angewiesene Zwangsregime, mußte in dieser Unangreifbarkeit, eine geziel-
te, kämpferische Gegnerschaft vermuten,
auch wenn Finck witzelte: „In den ersten
Wochen des Dritten Reiches werden Paraden abgehalten; sollten diese Paraden
durch Regen, Hagel oder Schnee verhin-
dert werden, werden alle Juden in der
Umgebung erschossen."
Man muß sich die damalige Situation ins
Gedächtnis rufen, um die Doppeldeutigkeit der Sätze von Finck zu verstehen, in
den Jahren, in denen die Deutschen vor
allem wieder arbeiten wollten – selbst in
der neu entstehenden Rüstungsindustrie.

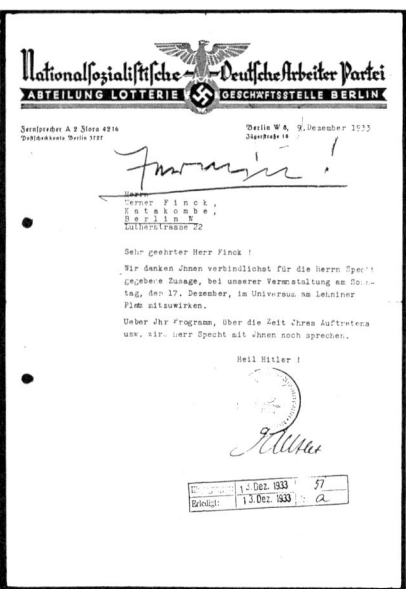

Dankschreiben vom 9. 12. 1933 an Werner Finck für seine Zusage, an einer NSDAP-Veranstaltung mitzuwirken

Die Nazi-Truppe „Sturm" trieb ihr Unwesen, und die Deportation der Juden, Zigeuner, Sozialdemokraten, Kommunisten und Intellektuellen in die Konzentrationslager hatte begonnen. Allein das Aussprechen bestimmter amtlicher nationalsozialistischer Begriffe, wie zum Beispiel „Rasse" auf der Kabarettbühne, genügte, um den Conférencier verhaften zu lassen. Namen wie Hitler, Göring oder Goebbels durften im Kabarett nicht genannt werden, man beschränkte sich darauf diese Personen durch typische Eigenschaften oder äußere Kennzeichen zu charakterisieren. Zur Biographie von Göring malte Walter Trautschold große Zahlen und Finck entzifferte: „1 + sam" (= einsam), „8 + sam" (= achtsam) und „heil + sam" (= heilsam).
Am 10. Mai 1935 allerdings wurde die „Katakombe", hauptsächlich wegen zweier gegen die „Winterhilfe" und die heimliche Wiederaufrüstung („Das Frag-

ment vom Schneider") gerichteten Sketche auf Anweisung von Reichspropagandaminister Goebbels verboten. Finck war verwundert, weil selbst der „Völkische Beobachter" am 29. März 1935 dieses letzte Programm gelobt hatte, das den Anforderungen des neuen Staates in vollem Umfange gerecht wurde. Finck erklärte nun nach seiner Verhaftung und nachdem ihm einige Anspielungen vorgehalten wurden, daß viele seiner Darbietungen, sowohl im Zusammenhang als auch in der Wortwahl, von den Polizeibeamten falsch beleuchtet und wiedergegeben wurden. Er könne nur annehmen, daß diesen Besuchern der Bezug zu seinem Humor fehlte. Mit Finck wurden die Darsteller Heinrich Giesen, Walter Trautschold und Rudolf Platte zunächst in das Gefängnis in der Columbiastraße eingekerkert und danach am 24. Mai 1935 (außer Platte) für sechs Wochen in das Konzentrationslager Esterwegen überführt, wo Finck auch noch Kabarett machte; doch davon später. Die Polizei hatte die Aktion der Schließung, von der auch gleichzeitig das Kabarett "Tingel-Tangel-Theater" betroffen war, in den Morgenstunden durchgeführt, um möglichst wenig Aufsehen zu erregen. In der nationalsozialistischen Zeitung „Das Schwarze Korps" waren schon im Mai eine Reihe von Artikeln erschienen, in denen Veranstaltungen dieser Kleinkunstbühnen äußerst scharf angegriffen wurden. Doch nun startete auch die internationale Presse eine Kampagne gegen die Verhaftung der populären Kabarettisten. Dank dieser Kampagne und der Intervention der Schauspielerin Käthe Dorsch, die vor Zeiten eine Liaison mit dem damaligen Fliegerhauptmann Göring gehabt hatte, bewirkte der Ministerpräsident die Freilassung der Inhaftierten am 1. Juli 1935 und die Eröffnung eines ordentlichen Gerichtsverfahrens, das im Oktober 1936 vor dem Landgericht in

Berlin stattfand. Der Anklagevertreter forderte, trotz mangelnder Beweise, die sich aus der Doppelsinnigkeit der Texte nicht ermitteln ließen, für Finck 9 Monate und für Trautschold 3 Monate Gefängnis. Nach einstündiger Beratung verkündete das Gericht für alle Angeklagten (auch die Mitwirkenden aus dem „Tingel-Tangel-Theater") Freispruch mangels ausreichender Beweise. Das Berufsverbot für Finck wurde 1936 aufgehoben und er konnte unter der Rubrik „Von mir aus jede Woche" wöchentliche Glossen zum Zeitgeschehen im Berliner Tageblatt veröffentlichen. Daß er auch 1938 seinen Witz nicht halten konnte, als ihn Willi Schaeffers in dem „Kabarett der Komiker" wieder auftreten ließ, davon wird später ebenso noch die Rede sein, wie von seinen humoristischen Fronteinsätzen, nachdem er sich freiwillig zur Wehrmacht gemeldet hatte und an den Kriegsschauplätzen in Rußland und Italien überlebte.

„Die Katakombe", Berlin, 1935
Ursula Herking und Tatja Sais in der „Kleopatra"-Szene, in der die Schauspieler den scheinbar verabschiedenden Hitler-Gruß in eine blitzschnelle Bewegung des Zeigefingers an die Stirn wandelten.

„Katakombe" und „Tingeltangel"

wegen zersetzender Tätigkeit geschlossen

DNB. Berlin, 11. Mai. Auf Veranlassung des Reichsministers für Volksaufklärung und Propaganda wurden die beiden Berliner Kabaretts „Katakombe" und „Tingeltangel" in letzter Zeit mehrfachen Beobachtungen seitens parteilicher und behördlicher Stellen unterzogen. Dabei stellte sich heraus, daß die anfängliche Tendenz dieser Unternehmen, die darauf hinauslief, durch wenn auch scharfen Witz dem Empfinden des Volkes zu widerlaufende Zeiterscheinungen zu geißeln und damit in gewisser Weise auch dem neuen Aufbau dienlich zu sein, unter dem Druck der nicht staatsfeindlichen Besucherschaft nach und nach genau ins Gegenteil umgeschlagen ist.

So wurde z. B. eine Dirne in Verbindung mit der Sammeltätigkeit für das Winterhilfswerk gebracht und allgemein gegen das Sammeln Stimmung gemacht;

Militär- und Parteiuniformen wurden verunglimpft, die Organisation der Partei ins lächerliche und die Wehrpflicht in den Schmutz gezogen. Ein reinrassiger Jude, der als solcher in Deutschland nur Gastrecht besitzt, wagte es, über politische Vorgänge in Deutschland seine herabsetzenden Glossen zu machen. Demzufolge setzte sich auch die Besucherschaft in der Hauptsache aus Juden und anderen staatsverneinenden Elementen zusammen.

Da das weitere Treiben dieser Unternehmen im Interesse des Ansehens des nationalsozialistischen Staates nicht weiter geduldet werden konnte, hat der Reichsminister für Volksaufklärung und Propaganda ihre Schließung durch das Geheime Staatspolizeiamt veranlaßt. Einige Hauptmitwirkende wurden gestellt und einer polizeilichen Vernehmung unterzogen. In diesem Zusammenhang fand auch eine Reihe von polizeilichen Haussuchungen statt.

Da ein Teil der Mitwirkenden an den politischen Darbietungen der Unternehmen, wie sich bei ihrer Vernehmung einwandfrei herausstellte, über wichtige Einrichtungen des neuen Staates, an denen sie zwar ihr kritisches Mütchen fühlten, zum Teil nur sehr oberflächlich, zum Teil überhaupt nicht orientiert war, wird ihnen Gelegenheit gegeben werden, das allzu lang Versäumte in anständiger und solider Arbeit in einem Lager nachzuholen.

Es wird bei dieser Gelegenheit nochmals betont, daß der neue Staat es nicht dulden kann, daß seine Einrichtungen, die nur dem Volke dienen, seitens einer kleinen aber um so frecheren und anmaßenderen Clique einer ätzenden und zersetzenden sowie böswilligen Kritik unterzogen werden. Der Nationalsozialismus wird nicht die Fehler des Vorkriegsdeutschland wiederholen, das der Verhöhnung seiner großen tragenden Einrichtungen, wie Armee, Schule, Staat usw., nicht Einhalt gebieten konnte und deshalb auch in der Stunde der Gefahr zusammenbrach.

Vor allem erachtet er es für gänzlich unerträglich, daß deutsche Angelegenheiten von Juden lächerlich gemacht werden.

Nazi-Hetzkommentare zur Schließung der Kabaretts „Die Katakombe" und „Tingel-Tangel-Theater"

Ballade von den Säckeschmeißern

Text: Julian Arendt
Musik: Hanns Eisler
1930 vorgetragen von Ernst Busch
„Katakombe", Berlin

Oh, mich zieht's nach einem fernen Lande,
Wo die schlanke Tropenpalm prangt.
In Brasilien, am Rio Grande,
Werden Kaffeesackschmeißer verlangt.
Es gibt zuviel Kaffee auf der Welt.
Und darum pro Zentner zu wenig Geld.
Drum wird, so will es das Weltgewissen,
Die halbe Ernte ins Wasser geschmissen.

Immer rin, mein Junge!
Das hat'n Sinn, mein Junge!
Da steckt was hinter, mein Junge!
Das wird ein Winter, mein Junge!

Ich sag allen feiernden Familien:
Marsch, marsch nach Rio in den ersten, besten Kahn!
Auf! Auf nach Brasilien!
Und rin mit dem Mokka in den Ozean!

Und hat der Menschenhai am Rio Grande
An seinen nassen Bohnen profitiert,
Werden wir aus diesem reichen Lande
Gleich nach USA hintransportiert.
Dort wächst zuviel Getreide auf dem Feld
Und das bringt pro Tonne zu wenig Geld.
Dort wäscht man die Kartoffeln mit Petroleum rein
Und heizt mit dem Weizen die Maschinen ein.

Immer rin, mein Junge!
Das hat'n Sinn, mein Junge!
Da steckt was hinter, mein Junge!
Das wird ein Winter, mein Junge!

Proleten, packt eure Habe!
Die reiche Ernte hat uns die Preise verhunzt!
Brotfrucht ist Teufelsgabe!
Drum rin mit die Schrippen in die Feuersbrunst!

Hanns Eisler und Ernst Busch

Sie werfen den Weizen ins Feuer!
Sie werfen den Kaffee ins Meer.
Und wann werfen die Säckeschmeißer
Die fetten Räuber hinterher?

Siehst du, das hat'n Sinn, mein Junge!
Siehst du, das wird ein Winter, mein Junge
Wie er in deinem Leben nie wiederkehrt.

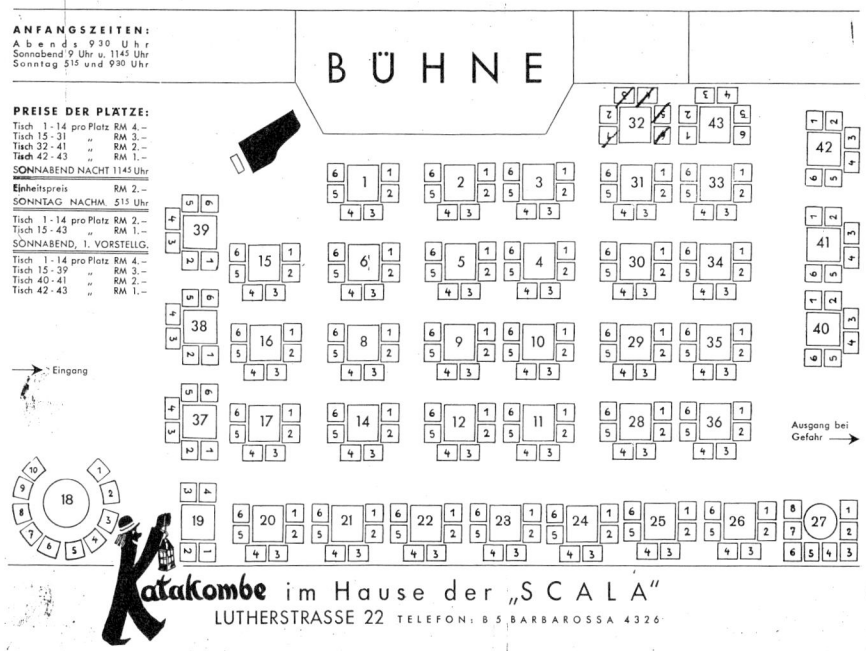

Der Mischling

„Die Katakombe", Berlin
Sitzplan

Beitrag zur Sippenforschung
Text: Werner Finck
1932 vorgetragen von Werner Finck
„Katakombe", Berlin

Urarier, Großmutter, Mutter und Kind
In dumpfer Stube zusammen sind.
Das Kind spielt mit Steinchen, Soldaten,
Die andern aber beraten.

Und Mutter, die Tochter der Großmutter, spricht:
In unsrer Sippe, da stimmt doch was nicht.
Ich, der man mein Jüngstes vermanscht hat,
Behaupte, daß einer gepanscht hat.

Urarier, Großmutter, Mutter und Kind
In dumpfer Stube erschrocken sind.
Fragt eines das andere: Warst Du's, na bekenn' schon.
Sagt schließlich der Kleinste: Wichtigkeit, wenn schon.

Kampflied

Text: Werner Finck
Musik: („Stimmt an mit hellem hohen Klang")
1933 vorgetragen von Werner Finck
„Katakombe", Berlin
(Mußte später aus dem Programm entfernt werden.)

Es weht ein frischer Wind, zwei, drei,
Wir wollen wieder lachen.
Gebt dem Humor die Straße frei,
Jetzt muß auch er erwachen.

Der Löwe ist das Tier der Zeit,
Der Mars regiert die Stunde;
Doch die geliebte Heiterkeit
Geht langsam vor die Hunde.

Das aber soll dem Teufel nicht
Und keiner Macht gelingen,
Uns um das inn're Gleichgewicht
Und um den Spaß zu bringen.

Drum laßt des Zwerchfells Grundgewalt
Am Trommelfell erklingen.
Wem das nicht paßt, der soll uns halt
Am Götz von Berlichingen.

Werner Finck
Zeichnung: Emmerich Göndör

Gang durch die Kuhherde

Text: Werner Finck
1934 vorgetragen von Werner Finck
„Katakombe", Berlin

Nächtlich auf der dunklen Weide
Grasen viele große Kühe
Kauen,
Schauen,
Tun mir nichts zuleide,
Während ich mich durch sie durch bemühe.

Wenn sie wollten, könnten sie mich überrennen,
Doch sie werden nicht dran denken,
Da sie
Quasi
Gar kein Denken kennen.
Außerdem sind sie nicht abzulenken.

Und so geh' ich lautlos durch die Herde
Auf dem Gras, daran sie kauen,
Eilig,
Weil ich
Plötzlich bange werde,
Daß sie meine schwache Position erkennen.

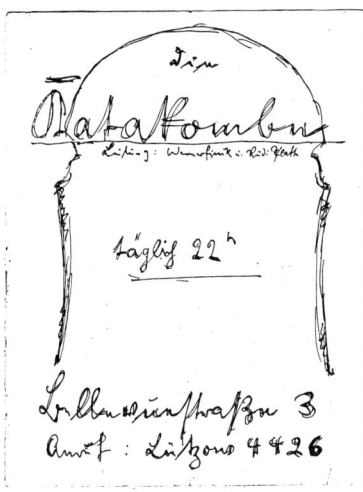

„Die Katakombe", Berlin
Programmheft-Titel

Kuhfort-Conférence

Text: Werner Finck
1934 vorgetragen von Werner Finck
„Katakombe", Berlin
(Eine Rahmen-Conférence, die Finck ein Jahr lang
mit geringfügigen Anpassungen an die jeweilige Ak-
tualität vortrug. Kuhfort lag in der Nähe von Pots-
dam-Golm, wo sich Finck ein kleines Landhaus mit
einem Obst- und Gemüsegärtchen gekauft hatte. Die
verborgenen Spitzen richteten sich gegen die „Blut
und Boden"-Mythologie der Nazis.)

Ich habe mir jetzt auch ein Stück Mutter-
land gekauft, Blut und Boden. Also Blut
bekam ich nicht, aber Boden wurde mir
angeboten. Es ist ein verhältnismäßig
kleines Grundstück. Zwei Morgen Land,
vielleicht auch noch ein Übermorgen –
also, das ist schon etwas, worüber sich
reden läßt. Das Grundstück hat kleine
Bäume, Apfelbäumchen. Sehr zarte, junge Bäumchen, die werde ich wahrscheinlich noch einmal in ihre Baumschule zu-
rückschicken müssen. Alles wird ja heute
geschult und auch die Bäume, damit sie
wissen, was ein Baumstamm ist und was
ein Stammbaum, damit keine Schwierigkeiten entstehen. Auf dem Haus liegen
natürlich Hypotheken, damit es nicht zu
leicht ist. Das Ganze schließt sich an eine
Tradition meiner Eltern an. Väterlicher-
seits stamme ich von den Großagrariern
ab. Diese Vorfahren haben ihr ganzes
Geld, das sie schon vom Großvater ge-
erbt haben, nicht in Papieren angelegt,
Aktien oder so, sondern sie haben es in
Grund und Boden gewirtschaftet. Weil
heute soviel Mist gemacht wird, nein ich
meine – gebraucht wird – was gibt's da
zu lachen, meine Damen und Herren?
Ich meine natürlich in der Landwirt-
schaft. Ich muß noch einmal sehr bitten!
Dieser Lacher geht auf Ihre Verantwortung. – Kurzum, ich habe jetzt auch
mein eigenes Mistbeet, meinen eigenen
Dunghaufen. Manchmal trete ich vor ihn
hin und murmele in Altväterart: „Mich
düngt: ein schöner Mist!"

Um das ganze Grundstück ist eine Hek-
ke gezogen, aus irgendwelchen Hecken-
bestandteilen zusammengeheckt. Jeden-
falls sind die Maulwürfe daran. Ich habe
die Nachbarn, die mehr von der Sache
verstehen, gefragt, was man da macht.
Da haben sie mir gesagt, an die Wurzel
spritze man Petroleum. Das sei gut gegen
die Maulwürfe. Ich bin auf den Vor-
schlag eingegangen – und die Hecke
auch. Auf dem Grundstück haben wir
einen Storch, der hat da sein Nest; aber
eines Tages ist er von einem Fremden erschossen worden. Das ist der erste Fall,
daß mal ein Storch selber daran glauben
mußte. Das Herrlichste ist die Bepflan-
zung. Die macht großen Spaß. Es wird ja
heutzutage sehr viel gesät. Ich besorgte
mir zu diesem Zwecke die verschieden-
sten Samentütchen, hübsch mit bunten
Bildern versehen: Möhren, Erbsen, Ra-
dieschen und so allerhand. Da sind die
Pflanzen dargestellt, wie der Gärtner sich
das vorstellt. Bestimmt waren auch Bir-
ken-, Eichen- und dergleichen Samen
darunter. Die Körner habe ich dann aber
nicht lose mit der Hand ausgestreut, so
mir nichts, dir nichts. Sondern habe sie
gewissenhaft in ihren Tüten gelassen,
weil ja da die genaue Gebrauchsanwei-
sung darauf war, und so diese Tüten be-
hutsam in die Erde versenkt, damit der
Boden gleich wußte, was er sollte. Dann
wartete ich, was nun wohl alles raus-
kommen würde. Es kam ja alles raus.
Was als erstes kam, waren die Rechnun-
gen von den Samengeschäften. Dann
zeigten sich Gras, Unkraut und allerlei
Pflänzchen; auch etwas, was man nicht
genau erkennen konnte, weiß der Deibel,
was da einmal draus würde. Aber dann
kam ein kleines Bäumchen. Das war eine
Überraschung. Es war noch kein Baum.
Sagen wir ein Bäumchen, ein zartes,
ganz, ganz dünnes Stämmchen, das war
deutlich zu erkennen, mit kleinen Äst-
chen – zweifellos das Embryo eines ein-

Amateurgärtner Werner Finck in Kuhfort bei
Potsdam

„Die Katakombe", Berlin
Werner Finck conamp;#233;riert

mal gewaltigen Baumes. Ich besorgte sofort Gartenstühle, stellte sie um das Pflänzchen und habe mir gesagt, da wird dann der Schatten hinkommen. Das war alles sehr gut organisiert. Und dann wuchs das kleine Bäumchen auch. Aber dann kam schlechtes Wetter, Regen und Wind, der Sturm peitschte. Ja, wir haben heute schon überall Sturm ... es gibt ja sogar schon Sturmlokale. Da mußte ich das Bäumchen also anbinden. Die Leute hatten mir gesagt, man müsse es an einen Pfahl binden, mit Bast. Das habe ich getan, aber das Bäumchen hat es wohl nicht vertragen und ist eingegangen – es war Dill. Weil ich mit meinem kleinen Bäumchen so reingefallen war, wollte ich mir beim Fachmann den Sprößling eines großen Baumes besorgen. Den fand ich dann beim Gärtner. Ich fand da eine Eiche, ein sehr hübsches Ding, aber wahnsinnig teuer, es kostete zwanzigmal so viel wie eine normale Eiche. Das ist doch ein Wucherpreis, rief ich, wenn das der Führer wüßte. Ja, sagte der Baumverkäufer, das ist ja auch keine gewöhnliche Eiche, das ist eine Hitler-Eiche, die kann tausend Jahre alt werden. Da habe ich gesagt, das ist eine Vertrauenssache, das möchte ich mir nicht anschaffen. Da haben sie mir eine andere Eiche gegeben und ich habe mir gesagt: für mich ist das eine Hitler-Eiche. Sie wuchs sehr schnell und immer höher und höher. Vor ein paar Monaten war sie noch ganz klein, gerade bis zu meinen Knöcheln, dann reichte sie mir bis an die Knie, und jetzt steht sie mir schon bis zum Hals.

Fragment vom Zahnarzt

Text: Werner Finck
1934 vorgetragen von Werner Finck und Ivo Veit
„Katakombe", Berlin

(Ein Patient kommt zur Behandlung ins Sprechzimmer eines Zahnarztes.)

Zahnarzt: (Ivo Veit)
Darf ich mal um ein paar Angaben bitten?

Patient: (Werner Finck)
Muß das sein? Es wird heute so viel angegeben.

Zahnarzt:
Aber, dann sagen Sie mir wenigstens, ob Sie Privat- oder Kassenpatient sind?

Patient:
Das sage ich Ihnen lieber nach der Behandlung.

Zahnarzt:
Nehmen Sie bitte mal Platz, oder haben Sie Angst?

Patient:
Nein, ich stamme aus einer entängsteten Familie. (Er nimmt auf einem gewöhnlichen Holzstuhl Platz. Der Zahnarzt bindet ihm ein Tuch um den Hals, es ist ein großes Leinentuch mit eingenähten breiten, bunten Streifen. Patient sieht auf das Tuch, nimmt es ab, zeigt es dem Zahnarzt:) Das ist wohl ein höheres Tuch ... weil es so viele Streifen hat.

Zahnarzt:
Wo tut's denn weh?

Patient:
Im Augenblick gar nicht.

Zahnarzt:
Na, wo hat es denn weh getan?

Patient:
Unten.

Zahnarzt:
Unten links oder unten rechts?

Patient:
Unten im Flur.
(Zahnarzt schüttelt den Kopf und wendet sich ab.) Ja, wie ich unten im Flur war, da hatte ich noch Schmerzen, aber jetzt bei Ihnen habe ich keine Schmerzen mehr.

Zahnarzt:
(Faßt über die Backe des Patienten, tastet prüfend den Kiefer entlang:) Etwas geschwollen, ja?

Patient:
Ich komme gerade aus einer Versammlung.

Zahnarzt:
Dann muß ich Sie bitten, mal den Mund aufzumachen.

Patient:
Warum gerade ich? Ich kenne Sie doch gar nicht!

Fragment vom Schneider

Text: Werner Finck
1935 vorgetragen von Werner Finck und Ivo Veit
„Katakombe", Berlin
(Dieser Sketch wurde Anlaß zum Verbot des Kabaretts, zum Auftrittsverbot für Finck und zu seiner „Überstellung" in das Konzentrationslager Esterwegen.)

(Auf der Bühne ein Stuhl. Der Schneider wartet. Ein Kunde kommt herein.)

Schneider: (Ivo Veit)
Womit kann ich dienen?

Kunde: (Werner Finck)
(beiseite:) Spricht der auch schon vom Dienen.[1] (Laut:) Ich möchte einen Anzug[2] haben... (Vielsagende Pause. Dann nachdenklich, mit gedämpfter Stimme:) Weil mir was im Anzug zu sein scheint.[3]

Schneider:
Schön –

Kunde:
Ob das so schön ist – Na, ich weiß nicht...

Schneider:
(ein wenig ungeduldig:) Was soll's denn nun sein? Ich habe neuerdings eine ganze Menge auf Lager.[4]

Kunde:
Auf's Lager wird ja alles hinauslaufen.

Schneider:
Soll's was Einheitliches oder was Gemustertes sein?

Kunde:
Einheitliches hat man jetzt schon genug. Aber auf keinen Fall Musterung!

Schneider:
Vielleicht etwas mit Streifen?

Kunde:
Die Streifen kommen von alleine, wenn die Musterung vorbei ist. (Dann resigniert:) An den Hosen wird sich ein Streifen nicht vermeiden lassen...

Schneider:
Fangen wir mal erst mit der Jacke an. Wie wäre denn eine mit Winkel und Aufschlägen?[5]

Kunde:
Ach, Sie meinen eine Zwangsjacke?

Schneider:
Wie man's nimmt... (Fragt weiter:) Einreihig oder zweireihig?

Kunde:
Das ist mir gleich. Nur nicht diesreihig.[6]

Schneider:
Wie wünschen Sie die Revers?

Kunde:
Recht breit, damit ein bißchen was draufgeht.[7] Vielleicht gehen wir alle mal drauf. Der Kronprinz hat ja gesagt: Immer feste druff. (Dann nachdenklich, das letzte Wort fortspinnend:) Vielleicht gehen wir alle mal drauf.

Schneider:
Dann darf ich vielleicht einmal Maß nehmen?

Kunde:
Doch, doch, das sind wir gewöhnt. (Der Kunde nimmt Haltung an, der Schneider stellt sich mit dem Zentimetermaß neben ihn. Er nimmt Maß, während der Kunde die Hände an die Hosennaht legt:)

Schneider:
(auf das Maßband schauend:) Vierzehn/ achtzehn![8] – Ach, bitte, steh'n Sie doch einmal gerade!

Kunde:
Für wen?

Schneider:
Ach so – ja... (Der Kunde nimmt stramme Haltung an. Nun hebt der Schneider den rechten Arm des Kunden hoch, mißt ihn:) Und jetzt bitte den rechten Arm hoch – mit geschlossener Faust: Achtzehn/neunzehn![9] Und jetzt mit ausgestreckter Hand... Dreiunddreißig[10]... (Der Schneider wendet sich ab, um die Maße zu notieren, während der Kunde den Arm weiterhin ausgestreckt in die Höhe hält:) Ja, warum nehmen Sie denn den Arm nicht herunter? Was soll denn das heißen?

Kunde:
Aufgehobene Rechte...

„Die Katakombe", Berlin, 1935
Werner Finck und Ivo Veit spielen
„Das Fragment vom Schneider"

[1] Altdeutscher Ausdruck für „Wehrdienst ableisten".
[2] Ein Anzug war im Jahre 1935 nicht so leicht zu bekommen.
[3] Im Anzug war eine internationale Krise, ausgelöst durch die Einführung der allgemeinen Wehrpflicht in Deutschland und Italiens Abessinienkrieg.
[4] Lager, Kurzform für KZ = Konzentrationslager.
[5] Winkel und Aufschläge waren beliebte Uniform-Accessoires.
[6] Gesprochen wie „Nur nicht dies Reich".
[7] Anspielung auf die breiten Revers an Görings Luftwaffen-Uniform und dessen Ordenssucht.
[8] Gemeint war der Erste Weltkrieg.
[9] Gemeint war die deutsche Revolution von links und der Versailler Vertrag.
[10] Gemeint war der deutsche Faschismus von rechts.

Tingel-Tangel-Theater

Am 17. Januar 1931 eröffnete der 34jährige prominente Texter und Komponist Friedrich Hollaender in der Berliner Kantstraße endlich sein eigenes Theater. An derselben Stelle, im Keller des „Theater des Westens" hatte sich einst die „Wilde Bühne" Trude Hesterbergs befunden. Die Geschichte des „Tingel-Tangel", als ein Theater für kabarettistische Revuen, hatte eigentlich schon 1926 mit Hollaenders Revue-Erstling „Laterna magica" begonnen. Zwischendurch schrieb er weitere erfolgreiche Revuen und nun hatte er sein eigenes „Tingel-Tangel-Theater", kurz „TTT" genannt, was nur heißen konnte: Toi, toi, toi! Nach dem ersten, einem reinen Nummernprogramm, für das Hollaender die „Neue deutsche Hymne", ein Lied gegen Krieg und Militarismus geschrieben hatte, folgte im September 1931 das zweite Programm, die Revue „Spuk in der Villa Stern". Bei der Premiere saß Marlene Dietrich in der ersten Reihe, es war der erste Abend ihres ersten Besuchs aus Amerika. Nach der Pause, gab sie dem ungestümen Verlangen des Publikums nach, lehnte sich an Hollaenders Flügel und sang den Weltruhm aller seiner Melodien: „Ich bin von Kopf bis Fuß..." Das Programm war ein vielschichtiges Gespensterhaus mit Kurt Gerron als „derbes" und Genia Nikolajewa als „delikates" Nachtgespenst. Annemarie Hase stellte fest: „An allen sind die Juden schuld" und Hans Hermann Schaufuss, als Münchhausen in Hitler-Maske, log das Blaue vom Himmel herunter. Das auf Lachen eingestellte Ensemble war kaum zu erschrecken, auch nicht als am Schluß das Ensemble sang:

Das hat man von der Spuckerei!
Ist alles kalter Kaffee!

„Tingel-Tangel-Theater", Berlin
Programmheft-Zeichnung, 1931

Es ist keine Kunst mehr dabei,
Heut, spukt schon jeder Affe!
So Geister ohne Kopf, Kopf, Kopf,
Ein Kinderschreck nur meist sind;
Viel schauriger, viel trauriger
Die Köpfe ohne Geist sind!

Trotzdem man längst genug davon,
Gibt's immer noch so einen Spuk!
Hu-hu! Hu-Hu!
Du Du Du Du Du Du
Ich bin der kleine Hitler
Und beiße plötzlich zu!
Hu-hu! Hu-hu!
Ihr alle werdet in den bösen
Sack gesteckt!
Hu-hu! Hi-hi! Ha-Ha! Wau-wau!
Kein Aas hat sich erschreckt!

Im Dezember 1931 hatte die Artistenschau „Allez hopp" unter dem Motto „Das Leben ist ein Varieté" mit Erich Wolfgang von Schipinsky als Conférencier Premiere, über die ein Kritiker schrieb: „Spiegel der Gegenwart? Ein

Tingel-Tangel-Theater

Kantstraße 12 · C1 Steinplatz 4404

BEGINN: 9¹⁵   **PROGRAMM**

„Tingel-Tangel-Theater", Berlin
Programmheft-Titel, 1931

wenig. Nicht so schonungslos radikal, daß es dem gutgekleideten Publikum an die Nerven ginge, aber doch genug, um sich angekratzt zu fühlen..." Friedrich Hollaender war sich der Misere des literarischen Kabaretts in jenen Jahren ebenfalls bewußt. Das Kabarett, schrieb er am 2. Februar 1932 in der „Weltbühne", sei oft genug in die Hände unqualifizierter Erzieher geraten, „die seinen Lebenswert oft durch den Stempel ihrer eigenen Leichtfertigkeit von Zeit zu Zeit verdunkelten. So kommt es dann, daß es aus seiner eroberten Höhe, aus seiner luftigen Perspektive immer wieder hinabgerissen wird und manchmal gar bis unter die runde Filzscheibe gerät, auf die der Gast sein Bierglas abstelle." Das Kabarett sollte für Hollaender das „gegebene Schlachtfeld" sein, „auf dem mit den einzig sauberen Waffen geschliffener Worte und geladener Musik jene mörderischen aus Eisen in die Flucht geschlagen werden können".
Nach der bunten Märchenschau „Es war einmal" (September 1932), für die Walter Hasenclever und Ernst Toller den „Froschkönig" aufgefrischt hatten, Max Kolpe gebrauchsfertige „Büchsenreime" und Erich Kästner für Hedi Schoop zeitkritische Verse vom „Doornröschen" geschrieben hatte, folgte im Dezember

1932 die letzte Revue unter dem beziehungsreichen Titel „Höchste Eisenbahn". Hubert von Meyerinck sang das Chanson vom „Falschen Zug" und Blandine Ebinger begeisterte als „Unschuld vom Lande" und zusammen mit Kate Kühl als „Die Strohwitwen". Aber mit der Naziherrschaft war auch für Hollaender kein Platz mehr in Deutschland, wie er in seinen Memoiren berichtete: „Am nächsten Abend, im Tingel-Tangel, spucken mir zwei Herren über die Schulter auf die Hände. Es muß soweit sein... Als ich aus dem Fahrstuhl steige, sagt die Portiersfrau, eigentlich gutmütig: ,Der Hauswart hat gesagt, er hat gestern gehört, Sie sind auf der schwarzen Liste'... Was nimmt man auf eine Flucht mit? Es gibt keinen Fluchtführer im Handel zu kaufen. Der Brockhaus nennt es nicht, die Schule lehrt es nicht."
Nach Hollaenders Flucht führte Blandine Ebinger das „Tingel-Tangel" eine Zeitlang weiter, sie war damals schon von Hollaender geschieden, folgte ihm jedoch 1937 ins Exil nach Hollywood. Mitte Mai 1935 wurde das „Tingel-Tangel-Theater" mit dem Programm „Ein bißchen glücklich sein" unter der künstlerischen Leitung von Trude Kolman (Kohlmann) und Günther Lüders neu eröffnet. Obwohl Jüdin, mußte die Kolman über gute Beziehungen verfügt haben, hatte sich doch ein Mann wie der parteiamtliche Kritiker Schimmel-Falkenau, für sie eingesetzt, es war derselbe Mann, der später auch das verbotene Programm der „Katakombe" in höchsten Tönen gelobt hatte.
Mit Texten von Günter Neumann, Herbert Witt und Aldo von Pinelli und Neumanns Musik wurde im April 1935 das letzte Programm, die Revue „Liebe, Lenz und Tingeltangel" gestartet. Bei den Nazistellen, die das „Tingel-Tangel-Theater" genauso bespitzelt hatten, wie die „Katakombe", erregte vor allem

„Tingel-Tangel-Theater", Berlin
Programm 1931: „Allez hopp"
Szene: „Deutscher Rhein, deutsches Mädel, deutscher Wein", eine scharfe Satire auf die deutsche Reaktion mit u. a. Kurt Daehn, Ellen Schwannecke, Annemarie Hase, Alexa von Poremski, Hans Hermann Schaufuss, Hedi Schoop

Walter Lieck als Gärtner („Gärten sehen dich an") Anstoß. Doch auch in der Szene „Die Miesmacher auf der Herrenpartie" sahen die Gestapo-Spitzel eine Beleidigung des Führers, vor allem wegen der letzten Worte: „Ei, bloß weg'n dem Bube, Dame, König und dem As", denn wer genauer hinhörte, verstand die Worte als „(... weg'n) det Aas!"
Das Programm wurde am 10. Mai 1935 verboten und das „Tingel-Tangel-Theater" – zusammen mit der „Katakombe" – geschlossen. Günter Neumann wurde von der Gestapo verhört, Walter Gross, Lieck und Lüders ebenfalls in das KZ Esterwegen überführt. Obwohl in dem später angesetzten zehnstündigen Gerichtsverfahren, von dem schon bei der „Katakombe" die Rede war, für die Angeklagten Gross und Lüders Freispruch mangels Beweisen, jedoch für Lieck 9 Monate Gefängnis gefordert wurden, sind alle freigesprochen worden. Walter

Geheimes Staatspolizeiamt
II 1 A/M

Berlin, den 10.Mai 1935.

E n t w u r f !

gez. 9.5.35 Jellmann

I.

B e s c h l u s s !

Aufgrund § 14 des Preussischen Verwaltungsgesetzes und § 1 der Verordnung zum Schutze von Volk und Staat vom 28.Februar 1933 wird mit sofortiger Wirkung die Vergnügungsstätte

" K a t a k o m b e "

Berlin, Lutherstrasse 22 bis auf Weiteres polizeilich geschlossen.

II.

B e s c h l u s s !

Aufgrund § 14 des Preussischen Verwaltungsgesetzes und § 1 der Verordnung zum Schutze von Volk und Staat vom 28.Februar 1933 wird mit sofortiger Wirkung die Vergnügungsstätte

" T i n g e l - T a n g e l ",

Berlin, Kantstrasse 12, bis auf Weiteres polizeilich geschlossen.

III. Zurück II 1 A/M.

Schreiben von Heydrich vom 10. 5. 1935 zum Verbot der Kabaretts „Katakombe" und „Tingel-Tangel-Theater" in Berlin

„Tingel-Tangel-Theater", Berlin
Programmzettel, 1935

Lieck, der von allen Spitzeln wegen seines Aussehens als „reinrassiger" Jude abgestempelt wurde, konnte dagegen bei der Verhandlung seine arische Abstammung bis zu seinen Urgroßeltern beweisen. In seinem Chanson „Ich glaube an die Liebe" hatte er seiner Hoffnung auf eine bessere Welt noch einmal Ausdruck verliehen:

In der ganzen Welt
Hallt es nur von Schüssen!
Wem das wohl gefällt,
Mag der Deibel wissen!
In der ganzen Welt
Ist Krieg!
Und Haß!
Und .. ach! es
Ist!
Zu!
Schön!

Aber nun erst recht
Brauchen wir die Liebe!
Sonst geht es uns schlecht!
Sonst geht es uns trübe!
Grade nun erst recht!
Ist Zeit!
Den Haß!
Zu zeigen,
Daß wir
Drauf
bestehn!!

Münchhausen

Text, Musik: Friedrich Hollaender
1931 vorgetragen von Hans Hermann Schaufuss
„Tingel-Tangel-Theater", Berlin
Programm: „Spuk in der Villa Stern"

Ich habe einen Baum gesehn,
Der war so stachlig wie Kakteen.
Es hingen rote Rosen dran
Und Früchte, die man essen kann.
Er war so hoch, daß man erblindet,
Bevor man seinen Wipfel findet;
Die Blätter, die bei Tag gerollt,
Falln nachts herab und sind aus Gold.
Und aus der Rinde, ei der Daus,
Fließt schöner heißer Kaffee raus.
    Lüge, Lüge, Lüge, Lüge, Lüge, Lüge!
    Aber schön wär's, das ist klar,
    Wäre nur ein bißchen wahr!
    Lüge, Lüge, Lüge, Lüge, Lüge, Lüge
    Alles, was der Mann gesehn,
    Aber er erzählt so schön.
    Um die Illusion sich nicht zu rauben,
    Möchte man ihm alles, alles glauben.

Friedrich Hollaender

Ich habe einen Film gesehn,
Da brauchte niemand stramm zu stehn,
Nicht eine Uniform war drin,
Das Publikum ging trotzdem hin.
Er spielt in keiner Garnison,
Und die Besucher klatschten schon,
Trotzdem die Helden, wie kurios,
Gemeine Zivilisten bloß!
Der Film ging durch die ganze Welt
Und war in Deutschland hergestellt!
    Lüge, Lüge, Lüge, Lüge, Lüge, Lüge!
    Aber schön wär's, das ist klar,
    Wäre nur ein bißchen wahr!
    Lüge, Lüge, Lüge, Lüge, Lüge, Lüge
    Alles, was der Mann geseh'n,
    Aber er erzählt so schön.
    Um die Illusion sich nicht zu rauben,
    Möchte man ihm alles, alles glauben.

Ich habe ein Gericht gesehn,
Das schien aus Menschen zu bestehn,
Nicht eine Uniform war drin,
Das Publikum ging trotzdem hin.
Der Richter war aus Menschenblut,
Er unterschied nicht Christ und Jud.
Er unterschied nicht Arm und Reich,
Ihm waren alle lieb und gleich;
Von keinem dachte er was Schlecht's,
Er trat nicht links und kniet nicht rechts.
Er kannte, weil sein Herz noch jung,
So etwas wie Verantwortung.
    Lüge, Lüge, Lüge, Lüge, Lüge, Lüge!
    Aber schön wär's, das ist klar,
    Wäre nur ein bißchen wahr!
    Lüge, Lüge, Lüge, Lüge, Lüge, Lüge
    Alles, was der Mann geseh'n,
    Aber er erzählt so schön.
    Um die Illusion sich nicht zu rauben,
    Möchte man ihm alles, alles glauben.

Ich hab 'ne Republik gesehn,
Da darf nur eine Fahne wehn!
Die Fahne, die ist schwarz-rot-gold,
Und keine andre wird entrollt.
Sie duldet nicht – es wär' ihr Tod –
Etwa die Fahne schwarz-weiß-rot.
Und nirgends sieht man, ich bestreit's,
Wie heißt das Ding! Son'n Hakenkreuz.
Die Kinder selbst am Ostseestrand:
Nur schwarz-rot-gold der ganze Strand!
    Lüge, Lüge, Lüge, Lüge, Lüge, Lüge!
    Aber schön wär's, das ist klar,
    Wäre nur ein bißchen wahr!
    Lüge, Lüge, Lüge, Lüge, Lüge, Lüge!
    Alles, was der Mann gesehn,
    Aber er erzählt so schön.
    Um die Illusion sich nicht zu rauben,
    Möchte man ihm alles, alles glauben.

Ich habe eine Frau gesehn,
Die hatte schon der Kinder zehn.
Und Brot und Geld, die reichten nicht,
Und jetzt ein elftes gar in Sicht.
Da ging die Frau zum Doktor hin
Uns sprach: „Sieh her, wie arm ich bin,
Die Wiege steht und steht nicht leer,
Ich darf kein Kindlein haben mehr."
Da sprach der Arzt: „Ich helfe dir,
Denn das Gesetz erlaubt es mir!"
    Lüge, Lüge, Lüge, Lüge, Lüge, Lüge!
    Aber schön wär's, das ist klar,
    Wäre nur ein bißche wahr!
    Lüge, Lüge, Lüge, Lüge, Lüge, Lüge
    Alles, was der Mann gesehn,
    Aber er erzählt so schön.
    Um die Illusion sich nicht zu rauben,
    Möchte man ihm alles, alles glauben.

Ich habe einen Scheck gesehn,
Betrag in Mark: Zwohundertzehn.
Das Konto, von dem er zu ziehn,
Gehört 'nem Kaufmann in Berlin.
Das Datum stimmte ganz genau,
Die Tinte, die war dunkelblau.
Ich ging zur Bank, die oben steht,
Und sprach im stillen ein Gebet.
Da sagte der Kassierer: „Ja,
Für diesen Scheck ist Deckung da!"
    Lüge, Lüge, Lüge, Lüge, Lüge, Lüge!
    Aber schön wär's, das ist klar,
    Wäre nur ein bißchen wahr!
    Lüge, Lüge, Lüge, Lüge, Lüge, Lüge
    Alles was der Mann gesehn,
    Aber er erzählt so schön.
    Um die Illusion sich nicht zu rauben,
    Möchte man ihm alles, alles glauben.

Ich habe auch ein Land gesehn,
Das will in keinen Krieg mehr gehn.
Es schmelzt die ganzen Waffen ein,
Macht Betten draus für Kinderlein.
Auf Kreuzern, die ganz umgestellt,
Fahrn frohe Menschen durch die Welt,
Die bring'n nach andern Ländern frei
Das Lied, wie süß der Friede sei.
Ein solches Schiff, gar bunt bemannt,
Es wird das Friedensschiff genannt!
    Lüge, Lüge, Lüge, Lüge, Lüge, Lüge!
    Aber schön wär's, das ist klar.
    Wäre nur ein bißchen wahr!
    Lüge, Lüge, Lüge, Lüge, Lüge, Lüge
    Alles, was der Mann gesehn,
    Aber er erzählt so schön.
    Um die Illusion sich nicht zu rauben,
    Möchte man ihm alles, alles glauben.

Die scheintote Prinzessin

(Ein Couplet[1])
Text: Erich Kästner
1932 vorgetragen von Hedi Schoop
„Tingel-Tangel-Theater", Berlin
Programm: „Es war einmal"

Ich heiße Dornröschen[2] und ich bin
Die allerlängste Schläferin
Bei Tage und bei Nacht.
Sie wissen, daß ich viele Jahr
Ununterbrochen scheintot war.
Doch nun bin ich erwacht!
Was gibt's da groß zu reden,
Wie das gekommen ist?
Es kam ein Prinz aus Schweden – und
Der hat mich wachgeküßt.
Er gab mir einen Kuß.
Da wars mit Schlafen Schluß.
In Coburg wurden wir getraut.
Ich war die Braut und sang sehr laut:
„Ich hab geschlafen viele Jahr
Und mag nicht schlafen mehr
Und es muß wieder werden, wie es früher war,
Weils sonst nicht wie früher war."
Das war ein Fest für Groß und Klein.
Und alle fingen an zu schrein,
Als sei es ihre Sache.
Sie schrien: „Deutschland erwache!"
Und schliefen drüber ein.

Erich Kästner

Das war ein Fest für Groß und Klein.
Man hob den Arm und hob das Bein
Und brüllte „Hoch!" und „Heil!"
Die Armut stand in Reih und Glied
Und wünschte guten Appetit,
Anstatt das Gegenteil.
Aus sämtlichen Provinzen
Des Reiches erschienen sie
Und brachen vor dem Prinzen – samt
Und sondern in die Knie.
Ihr wollt euch nicht befrein,
Lakaien sind Lakaien.
Ihr schlaft in der Vergangenheit
Und alles schweigt. Und keiner schreit:
„Ihr habt geschlafen viele Jahr

Und sollt nicht schlafen mehr
Und es darf niemals werden, wie es
	früher war,
Weil es sonst wie früher war!"
Ihr seid Lakaien. Ihr bleibt Lakaien.
Ihr seid es. Und Ihr wollt es sein.
Es ist nicht eure Sache
Zu schrein: „Deutschland erwache!"
Wenn Ihr ruft, schläft es ein!"

[1] Spätere Anmerkung von Erich Kästner: „Damals, in Coburg, glaubte die monarchische Idee, Hitler wolle sie heiraten. Aber er ließ die dumme Braut sitzen."
[2] Anspielung auf Doorn, 1920–1941 Wohnsitz des deutschen Kaiser Wilhelm II. nach seiner Abdankung.

Falscher Zug

Text, Musik: Friedrich Hollaender
1932 vorgetragen von Hubert von Meyerinck
„Tingel-Tangel-Theater", Berlin
Revue: „Höchste Eisenbahn"

Ich sitze immer im falschen Zug,
Will ich nach Budapest, fahr' ich nach Bremen;
Für mich wär's billiger, für mich wär's klug,
Gleich nur ein Retourbillett zu nehmen.
Ich fahre niemals dahin, wo ich will,
Das hab' ich mir angeseh'n so zwanzig Jahre;
Jetzt hab' ich mir angewöhnt, bescheiden und still,
Gleich dahin zu woll'n, wohin ich fahre.
Wozu soll ich mich freuen und auf Nizza und Cannes?
Ich komm' ja doch immer woanders an!

Hab' ich ein falsches Kursbuch? Sollte der Fahrplan lügen?
Ist es wahr, daß jeder Zug verkehrt verkehrt?
Ich bin doch schließlich richtig eingestiegen;
Und kiek doch bloß mal an, wohin der fährt!
Und man darf nicht mal auf den Boden spucken!
Und man darf sich nicht aus dem Fenster beugen!
Ja, man darf nicht mal aussteigen, bevor der Zug hält...
Bißchen viel verlangt
Bißchen viel verlangt
Bißchen viel verlangt fürs teure Geld!

Ich sitze immer bei der falschen Frau,
Will ich ein Täubchen, krieg' ich eine Ente.
Für mich wär's sich'rer, ich weiß genau,
Wenn ich sie als Lotterielos kaufen könnte!
Ich kriege niemals die, die ich will,
Und will ich 'ne Wilde, dann krieg' ich 'ne Fromme.
Jetzt hab ich mir angewöhnt, bescheiden und still,
Rasend in die verliebt zu sein, die ich bekomme!
Wozu soll ich mich freu'n auf Marlene und Greta?
Ich krieg' ja doch die Sandrock, früher oder später!

Hab ' ich ein falsches Kursbuch? Sollte der Fahrplan lügen?
Ist es wahr, daß jede Frau verkehrt verkehrt?
Ich bin doch schließlich richtig eingestiegen;
Nu kiek doch bloß mal an, wohin die fährt!
Und man darf nicht mal auf den Boden spucken!
Und man darf nicht mal aussteigen, bevor die Frau hält...
Bißchen viel verlangt

Hedi Schoop und Hermann Schaufuß in der
Hollaender-Revue „Höchste Eisenbahn" von 1932.
Zeichnung von Goltz

„Tingel-Tangel-Theater", Berlin
Programm 1932: „Höchste Eisenbahn"
mit Hans Hermann Schaufuss und Hedi Schoop

Bißchen viel verlangt
Bißchen viel verlangt fürs teure Geld!

Die Deutsche Reichsbahn, schwarzrotgold gestrichen,
Die fährt auch nicht so, wie's draußen angeschrieben.
Liegt's daran, daß die Fahrbahn schon bißchen verblichen?
Kurz: die Passagiere müssen schieben!
Das is'n Zug, wie man ihn früher nicht kannte:
Kost' Opfer wie'n Schnellzug, und fährt langsam wie'n Schneezug!
Das ist wohl der „neue" Zug, der sogenannte?
Fährt denn hier nicht mal ein S. P. D.-Zug??
Ich glaube, als wir ihn vor Jahr'n „Republik" getauft,
Da ham se mir wohl ein falsches Billett verkauft!
Oder?

Hab' ich ein falsches Kursbuch? Sollte der Fahrplan lügen?
Ist das richtig, daß der Zug verkehrt verkehrt?
Ich bin doch schließlich in den „Pazifik" gestiegen;
Wie kommt's, daß der nach „Nazedonien" fährt??
Und man darf nicht mal auf den Boden spucken!
Und man kann sich nicht mal aus dem Fenster beugen!
Ja, man darf nicht mal aussteigen, bevor der Zug hält...
Bißchen viel verlangt
Bißchen viel verlangt
Bißchen viel verlangt für unser Geld!

Gärten sehen dich an

Text: Walter Lieck
1935 vorgetragen von Walter Lieck
„Tingel-Tangel-Theater", Berlin
Programm: „Liebe, Lenz und Tingeltangel"
(Dieser Text wurde u. a. Anlaß zum Verbot des
Kabaretts, zur Verhaftung von Lieck und – wie
Werner Finck – zu seiner „Überstellung" in das
Konzentrationslager Esterwegen.)

Was wir in den Gärten sehen,
Bei den Staaten sehn wir's auch:
Sehn den Grafensteiner stehen
Über einen Rosenstrauch.

Dort 'ne Pumpe zu dem Zwecke,
Daß man sich was pumpen kann,
Hier den Rotkohl in der Ecke,
Da den Weißkohl vornean.

„Wer den Wind sät, wird Sturm ernten"
Zeichnung: Clément Moreau, 1938

Den Kohlrabbi[1] den entfernte
Der ganz gern aus seinem Reich,
Dort ist eben große Ernte,
Grade sind die Birnen weich.

Blumen stehn an manchem Wege,
Und an manchem ein Spalier,
Da kommt man gleich ins Gehege,
Dort vor 'ne verschloßne Tür.

Nirgendwo ist alles Blüte,
Nirgendwo ist alles reif,
Der, der bückt sich! Gottbehüte!
Der, der hält den Rücken steif.

Will man eine kleine Ranke
Irgendwo durch einen Zaun, –
Wozu ist der Zaun da? Danke? –
Bums! schon ist sie abgehaun!

Stets wächst auch nach einer Krisis
Aus der Erde wieder Schönes!
Harre nicht des Paradieses,
Denn du hast ja Parajenes.

Gibt es manchmal auch Beschwerden,
Ist es doch im Garten schön,
Selbst der Mist wird fruchtbar werden,
Und das Unkraut nie vergehn!

[1] Kohlrabbi war eine Anspielung auf die Juden-
gesetzgebung in Deutschland.

Die Miesmacher auf der Herrenpartie

Text: Walter Lieck
1935 vorgetragen von Walter Gross, Walter Lieck
und Günther Lüders
„Tingel-Tangel-Theater", Berlin
Programm: „Liebe, Lenz und Tingeltangel"
(Dieser Sketch gehörte – wie „Gärten sehen dich an" –,
ebenfalls zu den inkriminierten Texten von Lieck.)

(Gross, Lieck und Lüders sitzen unter
einer Eiche und spielen Skat)
Gross: (reizt)
18
Lüders: (antwortet)
Da fängst grade an!
Gross:
20
Lüders:
Immer noch.
Gross:
23
Lüders:
Noch und noch!
Gross:
24
Lüders:
Da wirds erst richtig.
Gross:
27
Lüders:
Solange diese Eiche steht.
Gross:
30
Lüders:
Läßt den Arm sinken.
Gross:
Was ist los?
Lüders:
Na, passen wird man doch wohl noch
dürfen.
Gross:
Und was haben Sie?
Lüders:
Kein Interesse.
Gross:
Au, watte, zwei Kreuzer, rüstig, rüstig.

Lüders:
Wem sagen Sie das?
Gross:
Nun können Sie aber antreten, jetzt
stehen wir lang.
Lüders:
Pssssst.
Gross:
So, Herr Nachbar, nu fang'se an:
(kartenspielend)
Wenn wir im Frühling
In den Wald marschieren
Hängt für uns der Himmel
Voller Grand mit Vieren.
(Lieck nimmt einen Stich)
Lüders:
Ei, warum?
Gross und Lieck:
Ei darum!
Lüders:
Ei darum!
Gross und Lieck:
Ei darum!
Lüders: (den Stich betrachtend)
Ei bloß wegen Bube, Dame, König und
des Aas?
Gross und Lieck:
Ei bloß wegen Bube, Dame, König,
dummet Aas!
Gross:
Mit so einem Idioten muß man nun Skat
spielen!
Wir sind ein einig Volk von Karten-
spielern,
Und wer da nicht mitspielt, der rechnet
zu den Wühlern.
Ei warum, ei darum,
Ei warum, ei darum,
ei bloß wegen Bube, Dame, König und
des Aas!
(Bier trinkend) Ein Prosit,
Ein Prosit der Gemütlichkeit!
Ach es ist ja so schwer aus der Heimat
zu gehn
Ei bloß wegen dem Tschingderassa,
Bumderassa,
Ein Prosit, ein Prosit der Gemütlichkeit.

Tatzelwurm

Nach dem Freispruch im Prozeß um die „Katakombe" und dem „Tingel-Tangel-Theater" eröffneten Tatjana Sais und Bruno Fritz am 3. September 1935 in den ehemaligen Räumen der „Katakombe" in der Lutherstraße 22 das literarische Kabarett „Tatzelwurm". Günter Neumann, der mit Edmund Nick die musikalische Leitung übernommen hatte, schrieb auch die meisten Texte, neben Herbert Witt und Aldo von Pinelli. „Was konnten wir noch attackieren, politische Themen waren sowieso tabu, aber was oder wen konnten wir noch auf die Schippe nehmen? Blut und Boden, Mutterkreuz, Sammelbüchse? Ja, selbst wer sich am Eintopf stieß, verstieß schon gegen das gesunde Volksempfinden", erzählte Tatjana Sais rückblickend 1966 in einem Rundfunk-Interview. Sie sang „Die kleine Rechtfertigung der großen Amourösen" (Text: Herbert Witt, Musik: Günter Neumann) und spielte mit Ursula Herking auch wieder jenen Sketch von „Cäsar und Kleopatra", der schon in der „Katakombe" beanstandet wurde, allerdings ohne den angedeuteten Hitlergruß, bei dem Ursula Herking in der „Katakombe" den Zeigefinger an die Stirn führte. Hein Heimsoth conférierte in den Dekorationsandeutungen von Nils Stenbock in „unverbildeter Fröhlichkeit". Ivo Veit und Isa Vermehren stammten ebenfalls noch aus der „Katakombe", neu waren Franz Fiedler und die Tänzerin Christa Ebling hinzugekommen. Obwohl die rechtslastige Fachzeitschrift „Die deutsche Artistik" dem Kabarett am 2. Februar 1936 noch bestätigte: „Kleinkunst, Sketche, Soli, kurz gesagt ein literarischer Leckerbissen, dem aber stets ein gewisser Schuß Bierulk zugesetzt wird", ging der „Tatzelwurm", für den Neumann auch eine „Gartenlauben-

Günter Neumann
Zeichnung: Ole Jensen

Tatjana Sais
Zeichnung: Ole Jensen

Parodie" und „Büchmanns geflügelte Worte" illustriert hatte, nach dem ersten Programm wieder ein. Günter Neumann ging jetzt mit Tatjana Sais auf Tournee, schrieb eine witzige Parodie auf Hitlers Lieblingsoperette „Die lustige Witwe" und arbeitete für das „Kabarett der Komiker" und für Loni Heuser, die allabendlich die „Scala" in Berlin füllte. Isa Vermehren, die schon in der „Katakombe" ihre frech-burschikosen Seemannslieder zur „Knautschkommode" gesungen hatte, geriet nun auch immer mehr in Schwierigkeiten. Das von ihr interpretierte alte Schifferlied „Eine Seefahrt die ist lustig" wurde plötzlich in einer Zeile als Anspielung auf Joseph Goebbels verstanden: „Unser erster auf der Brücke, ist ein Kerl Dreikäsehoch, aber eine Schnauze hat er, wie 'ne Ankerklüse groß".

Isa Vermehren
Zeichnung: Emmerich Göndör

Im „Völkischen Beobachter" erschien 1936 ein Artikel unter der Überschrift „Eine Seefahrt, die ist lustig – Und ein Schlager fällt in Ungnade", in dem die Stadt Lübeck aufgefordert wird, Isa Vermehren, die dort im Haus der Deutschen Arbeitsfront, ein Gastspiel geben wollte, nicht auftreten zu lassen: „Selbstverständlich hat auch der deutsche Seemann Sinn für einen Spaß und auch derben Humor, er ist ja selber auch nicht zimperlich und gegen ein wirklich lustiges Lied über die Seefahrt und den deutschen Seemann würden sich die Angehörigen der Handelsmarine am ehesten freuen. Wogegen sie sich aber wenden, ist die Verletzung ihrer Berufsehre.« Nun werden auch ihre anderen populären Lieder, beispielsweise „Das Lied mit der Knautschkommode" (Text: Heinrich Giesen, Musik: Edmund Nick), „Stille Liebe auf dem Rummelplatz" (Text: Kurt Bortfeldt, Musik: Edmund Nick) und „Das Original von der Wasserkante" (Text: Aldo von Pinelli, Musik: Edmund Nick) für den

„Eine Seefahrt, die ist lustig"

Und ein Schlager fällt in Ungnade.

Das Lied von der lustigen Seefahrt war der Schlager des vergangenen Sommers. Es wurde bekannt durch Isa Vermehren und ist auch durch den Rundfunk und durch Schallplatten überallhin verbreitet worden. Hunderttausende haben es gesungen und sich wohl auch daran erfreut. Es sei ihnen kein Vorwurf daraus gemacht.

Aber hat sich wohl auch nur eine „Landratte" einmal Gedanken darüber gemacht, daß der deutsche Seemann in den Textworten auf das Uebelste beschimpft und herabgesetzt worden ist? Wohl kaum. Und dennoch hat man in den Kreisen der deutschen Seefahrt mit wachsender Empörung sich gegen das Singen und die Verbreitung dieses Liedes gewandt, bis jetzt in Lübeck die Bombe zum Platzen gekommen ist. Isa Vermehren ist selbst Lübeckerin. Ihr Vater ist Rechtsanwalt, ihr Großvater war vor Jahren Kultussenator. In der gesamten Lübecker Oeffentlichkeit wird nun einmütig Einspruch gegen ein beabsichtigtes

Auftreten Isa Vermehrens in ihrer Vaterstadt erhoben. Zum Beweise werden Urteile von Matrosen, Heizern und Kapitänen der Handelsmarine zitiert, die aus allen Teilen der Welt bei der Schriftleitung der Schiffahrtszeitschrift der Deutschen Arbeitsfront „Der deutsche Seemann" eingelaufen sind. Uebereinstimmend wenden sich diese Aeußerungen gegen den Ton des Liedes. Selbstverständlich hat auch der deutsche Seemann Sinn für einen Spaß und auch derben Humor, er ist ja selber auch nicht zimperlich und gegen ein wirklich lustiges Lied über die Seefahrt und den deutschen Seemann würden sich die Angehörigen der Handelsmarine am besten freuen. Wogegen sie sich aber wenden, ist die Verletzung ihrer Berufsehre.

Der Pfleger des Hauses der Deutschen Arbeitsfront in Lübeck, in dessen Saal Isa Vermehren auftreten und ihre Lieder singen wollte, hat gegen Zusage vermittelnden Agentur in Lübeck mitgeteilt, daß er Isa Vermehren das Betreten des Hauses der Deutschen Arbeitsfront untersage. Wie man weiter erfährt, ist die Entscheidung nunmehr dem Reichsminister Dr. Goebbels übertragen worden.

Völkischer Beobachter, Berlin, 1936

Großdeutschen Rundfunk verboten. Weil ihr Bruder, der damals an der Deutschen Botschaft in Ankara, in der Türkei tätig war, sich mit seiner Frau in das englisch besetzte Ägypten absetzte und dort um Asyl bat, wurden im Februar 1944 die Eltern, ein Bruder und Isa Vermehren in Sippenhaft genommen. Sie kommt ins KZ Ravensbrück und überlebt. 1946 erscheinen ihre Erlebnisse unter dem Titel „Reise durch den letzten Akt".

In den Räumen der „Katakombe" hatte es auch schon im Mai 1931 ein zweites Kabarett gegeben, das als Kollektiv unter dem Namen **„Die Brücke"** von Julian Arendt geleitet wurde. Hanns Eisler und Erwin Strauß lieferten die Musik zu Texten von David Weber (Robert Gilbert), Hans Christoph Schulz, Max Kolpe (Max Colpet), Kurt Tucholsky und Fred Kainer. Zum Ensemble gehörten Ernst Busch, der die Lieder von Julian Arendt sang, Annemarie Hase, Lilly Grün, Dora Gerson, Erik Ode, Vilma Strasser, Ilse und Renée Strobrawa, Rudolf Schündler, Margarethe Voss und Fred Genschow. Julian Arendt, der 1926 im „Kleinen Theater" in Berlin seine Revue „Oh! USA" vorgestellt hatte und 1928 für das Berliner „Boulevard-Theater" eine zeitkritische Revue geschrieben hatte, war mit seinen Chansons im „Larifari" und in der „Katakombe" bekannt geworden. Dieser neue, eigene Versuch, wurde von der Presse sofort als „Kommunistisches Hetzkabarett" abqualifiziert und überlebte das Jahr seiner Gründung nicht. Auch die Linkspresse hatte es vernachlässigt, solche kleinen politischen Kabaretts zu stabilisieren. Wie überhaupt das Zusammengehen der beiden großen Parteien SPD und KPD, zu diesem Zeitpunkt in „Dringenden Appellen" immer wieder gefordert, versäumt wurde.

Die Nachrichter

Auf dem Faschingsfest des Theaterwis-
senschafts-Professors Arthur Kutscher in
München, parodierten 1930 vier Studenten den Wiener Dramatiker Ferdinand
Bruckner und sein Stück „Die Verbrecher" mit einer selbstgeschriebenen Satire: „Die Erbrecher". Es waren, die zwei
Philologiestudenten Kurd E. Heyne aus
Braunschweig und Helmut Käutner aus
Essen, zusammen mit dem ehemaligen
Zahnmediziner Bobby Todd; dazu kam,
am Klavier, Werner Kleine. Joachim
Ringelnatz war von ihrer Faschingsgaudi
so begeistert, daß er sie an den „Simplicissimus" der Kathi Kobus vermittelte.
Die jungen Literaturstudenten hatten
genau den Ton der bürgerlichen Jugend
getroffen, die sich vor Krise, Kommer-
zialisierung und politischer Impotenz der
liberalen Parteien in eine neue, nüchterne
Romantik flüchtete. Ihre Gefühle dik-
tierten sie in selbstverständlicher Sachlichkeit als Warenofferte in die Maschine,
wie in ihrem Chanson „Kommerzieller
Tango":

„Die Nachrichter", München
v. l. Bobby Todd, Kurd E. Heyne, Helmut Käutner

Ich mache Ihnen unverbindlich
Ein Angebot in Liebe (Komma),
Ich lade Sie ganz unverbindlich
Zu meinem Ausverkauf in Glück (Punkt).
Erwarte Ihre Antwort stündlich,
Bitte kommen Sie auf die Offerte zurück.
Ich mache Ihnen unverbindlich
Ein Angebot in Glück (Haben Sie ‚Glück'?)

Anzeige, 1937

Der Tonfall der „Nachrichter" war bald
auch auf anderen Kleinkunstbühnen und
sogar in Radio München zu hören. Kutscher animierte die Akteure, für den
nächsten Fasching eine Persiflage auf den
Rummel um das 1932 begangene „Goe-
the-Jahr" zu schreiben. Als am 31. Januar
1932 im Münchner Studentenhaus „Hier
irrt Goethe" uraufgeführt wurde, stan-

den u. a. auch Willi Duvoisin, Gundel
Thormann, Grete Molnar und Hermann
Frieß mit auf der Bühne. Aus nur einer
für München vorgesehenen Veranstaltung wurden über dreihundert. Mit einem satirischen Seitenblick auf Franz Le-
hars Goethe-Operette „Friederike", war
das Ganze als Operettenparodie angelegt. Norbert Schultze hatte inzwischen,
für den ausgeschiedenen Werner Kleine
die musikalische Leitung übernommen
und firmierte als „Frank Norbert", ein
Sammelname hinter dem sich auch die
späteren Pianisten der „Nachrichter"
verbargen: Romanus Maria Hubertus,
Rolf Hänsler, Otto Treffzger, Willy
Sommerfeld und Bernhard Eichhorn,
Käutners späterer Filmkomponist.
Das Presse- und Publikumsecho auf ihren Gastspielreisen war enorm, in Berlin
jubelte der Kritiker-Papst Alfred Kerr:
„Ein himmlischer Abend!" Aus dem
Münchner Studentenulk war ein richtig
professionelles Kabarett geworden, das
sich mit viel Witz über die Zeit und die
Moden lustig machte. Kurz vor der Premiere des zweiten Programms „Der Esel
ist los", nach der alten Fabel von des
Esels Schatten, von der Kerntruppe mit
Heyne, Käutner, Todd unterwegs – in
Hotelzimmern, in Wartesälen und in Ei-
senbahnabteilen – geschrieben, hatten die
Nazis die Macht ergriffen. Wenn nun bei
den „Nachrichtern" fieberhaft eine iri-
sche, statt eine arische Großmutter ge-
sucht wurde, dann klingt das heute ent-
setzlich harmlos, war aber damals brisant
genug für ein Verbot. In dem Chanson
„Sie müßten mal zum Doktor gehn,
Herr Doktor" sahen die Nazistellen eine
eindeutige Anspielung auf den Propagandaminister Dr. Joseph Goebbels, verboten es jedoch nicht. Auf die Dauer kamen die Nachrichter nicht umhin, der
Bühnengenossenschaft beizutreten. Doch
zuvor mußte Bobby Todd, der eine jüdische Mutter hatte, zumindest pro forma

„Die Nachrichter", München
v. l. Helmut Käutner, Kurd E. Heyne, Bobby Todd

aus dem Kollektiv ausscheiden. Fortan
erschienen offiziell nur noch Käutner
und Heyne als „Nachrichter".
Obwohl sich nach 1933 die Kabarettver-
bote und die freiwilligen Schließungen
häuften, durften die „Nachrichter" noch
weiter spielen. In ihrem 1934 gestarteten
Kabarett-Musical „Die Nervensäge" zogen sie sich auf das unverfängliche Thema der massenhaften Kriminalroman-
Schreiberei zurück. Helmut Käutner als
„Sherlock Holmes" ironisierte aber in
der Schlußstrophe des „Chansons vom
Aberglauben" die freiwillig geübte politische Abstinenz. Doch letztlich schützten
auch die unverbindlichen Angebote, die
die „Nachrichter" ihrem Publikum
machten, nicht vor einem Verbot. Am
15. Juni 1935 spielten sie zum letztenmal
in Köln die Revue „Nervensäge", um
dann Ferien zu machen. Keiner ahnte,
daß dies der letzte Auftritt war. Im Urlaub schrieben sie das neue Stück „Der
Apfel ist ab", doch inzwischen kam am
1. Oktober 1935 das Verbot der Truppe,
wegen „mangelnder Zuverlässigkeit und

Herrn

C h a r l i e   K r a c k e r ,

D r e s d e n

Komödienhaus, Reitbahnstr. 37

    Wie ich Ihnen bereits mündlich auseinandersetzte,
ist die weitere Bezeichnung von Theateraufführungen,
einerlei unter welchem Rechtsträger sie stattfinden,
als Nachrichter-Revue nicht tragbar.

    Bei der Reklame und Propaganda hat der spätere
zugelassene Theaterleiter zu beachten, dass auf keinen Fall bei der Bezeichnung der Tourneé das Wort
Nachrichter erscheint.

    Nach ausdrücklicher Anfrage bei dem Reichsministerium für Volksaufklärung und Propaganda bestehen
keine Bedenken, wenn im Verzeichnis der Mitglieder
bei dem einzelnen Mitglied angegeben wird, dass es
früher bei den Nachrichtern angestellt war.

            Heil Hitler!

Schreiben der Reichstheaterkammer Berlin vom
3. 6. 1937 über einen Mittelsmann an Kurd E. Heyne, bezüglich der weiteren Verwendung des Namens
„Die Nachrichter"

Eignung im Sinne der nationalsozialistischen Staatsführung". Der Halbjude
Bobby Todd sah nach dem Verbot keine
Existenzmöglichkeit mehr in Deutschland und emigrierte nach Italien. Kurd
E. Heyne, der mit einer Jüdin verheiratet
war, durfte nicht mehr auftreten, doch
zunächst noch schreiben. Gegen Käutner
lag nichts vor. Der Name „Die Vier
Nachrichter" war verboten worden,
nicht die häufigere Variante „Die Nachrichter". Deshalb versuchten Käutner
und Heyne schlitzohrig, 1936/37 wieder
als „Die Nachrichter" im „Kabarett der
Komiker" in Berlin mit der Revue „So
leben wir" Fuß zu fassen. Doch schon
im Juni 1937 wurde von der Reichstheaterkammer auch dieser Name als Kabarettbezeichnung verboten. Heyne emigrierte in die Schweiz. Käutner machte
1938 seinen ersten Film und brachte nach
dem Krieg verspätet auch „Der Apfel ist
ab" auf die Kinoleinwand. Die Geschichte der „Nachrichter" erinnert an das
Chorfinale von 1932 aus „Der Esel ist
los":

Ein Mensch, der keine Hoffnung kennt,
Pfeift auf dem letzten Loch,
Und wenn der ganze Schnee verbrennt,
Die Asche bleibt uns doch.
Die Welt braucht sehr ein Happy End.
Wir hoffen noch und noch.

Sie müssen mal zum Doktor gehn, Herr Doktor

Text: Die Nachrichter (Kurd E. Heyne, Helmut
Käutner, Bobby Todd)
Musik: Norbert Schultze, Bobby Todd
1933 vorgetragen von Bobby Todd
„Die Nachrichter", München
Programm: „Der Esel ist los"

Ich bin Ihnen dankbar, daß Sie mich gefragt,
Denn Gelegenheit macht Lieder.
Man hat sich zwar alles schon einmal gesagt,
Doch man sagt es immer wieder.
Man sagt, Musik sei Zwiegespräch der Seele.
Man soll für alles dankbar sein.
Denn eben da, wo die Gefühle fehlen,
Stellt sich zur rechten Zeit ein Schlager ein.

Sie müssen mal zum Doktor gehn, Herr Doktor,
Das kann doch nicht so weitergehn, Herr Doktor.
Sicher hat Herr Professor Freud
Auch für Sie etwas bereit,
Das Sie von dem Leiden, das Sie leiden,
Ganz befreit.
Das ist ja nicht mehr anzusehn, Herr Doktor,
Sie müßten wirklich mal ... Sie müßten wirklich mal ...
Sie müßten wirklich mal zum Onkel Doktor gehn!

Ich hab eine Frau, die es gut mir mir meint,
Aber besser mit den andern.
Der Magen geht drauf und das Herz, wie es scheint,
Und die Niere möchte wandern.
Gehirnschwund, Kalk, Arteriosklerose,
Rasch tritt die Gicht den Menschen an.
Und Du stehst seufzend vor der Diagnose:
Mit Dir ist irgendwas nicht richtig, Mann!

(Refrain:)
Sie müssen mal zum Doktor gehn, Herr Doktor...

Das Chanson vom Aberglauben

Text: Die Nachrichter (Kurd E. Heyne, Helmut
Käutner, Bobby Todd)
Musik: Kurd E. Heyne, Bobby Todd
1934 vorgetragen von Helmut Käutner
„Die Nachrichter", München
Programm: „Die Nervensäge"

Sie kennen das Märchen von einem der auszog
Das Fürchten zu lernen. Ich find sowas dumm.
Es gibt keinerlei Geister. Es gibt nichts zu fürchten
Man kanns auch nicht lernen. Und wenn, dann warum?
Man muß ja nicht grade, man braucht ja nicht extra
Allein in der Nacht übern Kirchhof zu gehn,
Um Gespenster zu sehen
Wenn die Toten auferstehen.
Ich könnte ja gehn, doch geh ich nicht hin,
Nicht etwa aus Furcht, wo denken Sie hin?
Nur weil ich so furchtbar vorsichtig bin.

Ich hab es mit der dreizehn mit der sieben...
Ich kann und mag mich doch am Freitag nicht verlieben.
Ich zünde nie mit einem Streichholz drei Zigarren an.
Ein Schornsteinfeger bringt mich zu Ekstasen,
Die schwarze Katze übern Weg bringt mich zum Rasen.
Was kluge Leute denken, geht mich einen Schmarren an.
Ich glaube fest an den Weihnachtsmann,
Die weiße Frau, den schwarzen Mann.
Ich leg auf solche Sachen viel Gewicht,
Aber aber aber abergläubisch bin ich wirklich nicht.

Es gibt viele Leute, die sagen, sie könnten
Für schwere Bezahlung die Zukunft verstehen.
Sie könnten aus Händen und Schriften und Sternen,
Charakter und Zahl Deiner Kinder erseh'n.
Ein Hellseher schrieb mir: „Sie krieg'n 'nen Charakter
Für siebenmarkfünfzig. Der wär' mir schon recht.
Und ich glaub' fast, ich möcht'
Doch vielleicht ist er echt.
Ich könnte ja gehn, doch geh ich nicht hin
Nicht etwa aus Furcht, wo denken Sie hin,
Nur weil ich so furchtbar vorsichtig bin.

(Refrain:)
Ich hab es mit der dreizehn und der sieben...

...geltend fchrie Evelyn auf dann trat das Unerwar-
tete ein...

„Die Nachrichter", München
Programm 1934: „Die Nervensäge"
Programmheft-Titel

Es gibt viele Leute, die glauben zu meinen,
Die Nachrichter müßten politischer sein.
Man kann sich nicht völlig der Ansicht verschließen,
Doch liegt es sehr nah, anderer Ansicht zu sein.
Es gibt Aktuelles in Hülle und Fülle.
Ich laß' mich verleiten politisch zu sein.
Vielleicht fällt mir etwas ein.
Vielleicht fall' ich auch rein.
Ich singe nicht laut, ich sing vor mich hin,
Nicht etwa aus Furcht, wo denken Sie hin,
Nur weil ich so furchtbar vorsichtig bin.

(Refrain:)
Ich hab es mit der dreizehn mit der sieben...

Zwischen Anpassung und Aufbauhumor

Positives Kabarett nach 1933

Mit der am 22. September 1933 eingerichteten Reichskulturkammer besaß das Propagandaministerium die Ermächtigung zur Neuorganisation der Kultur. Zu Mitgliedern der Reichskulturkammer wurden alle verpflichtet, die „bei der Erzeugung, der Wiedergabe, der geistigen oder technischen Verarbeitung, Verbreitung, der Erhaltung, dem Absatz oder der Vermittlung des Absatzes von Kulturgut" mitwirkten. Die Drohung mit Nichtaufnahme oder Ausschluß, die einem Berufsverbot und der Existenzvernichtung gleichkam, wenn sie nicht ins Konzentrationslager führte, unterstrich noch das Maß totaler Erfassung und Kontrolle.

Die „Preußische Akademie der Künste" wurde gesäubert, was der Anpassung vieler Verlage entsprach, die sich auf „nationale" und „völkische" Literatur konzentrierten. Ab April 1933 wurden sogenannte „Schwarze Listen" veröffentlicht, die von Bebel, Bernstein, Preuß und Rathenau über Einstein und Freud, Brecht, Brod, Kerr, Döblin, Kaiser, die Brüder Mann, Stefan und Arnold Zweig, Plivier, Ossietzky, Remarque, Schnitzler, Tucholsky bis hin zu Barlach, Broch, Kästner, Kraus, Lasker-Schüler, Unruh, Werfel und Zuckmayer reichten. Der Index enthielt auch die Literatur von Heine und Marx bis Kafka. Ab 10. Mai 1933 wurden auf den Plätzen der Haupt- und Universitätsstädte Bücherverbrennungen inszeniert, die, von studentischen Fackelzügen und Feuerreden der Professoren umrahmt, vom Propagandaministerium unterstützt, ein Zeichen der Epoche waren, von der Heinrich Heine prophetisch geschrieben hatte: „wo man Bücher verbrennt, dort verbrennt man am Ende auch Menschen".

Die Selbstzerstörung der deutschen Kultur führte zu Umschreibungen der Literaturgeschichten und zur Einziehung von Erzeugnissen sogenannter „entarteter Kunst". Für diese neue Weltanschauung hatten sich nicht nur Persönlichkeiten, wie beispielsweise Richard Strauß als Präsident der „Reichsmusikkammer" erklärt, auch die deutschen Brettlgründer waren schon rechtzeitig auf nationalen Kurs geschwenkt.

Bereits 1922 hatte der Gründer des ersten deutschen Kabaretts „Überbrettl" (1901), der Baron Ernst von Wolzogen in seinem „Vortragsbuch" die Dolchstoßlegende propagiert:

... Da aber traf von hinten her
Der Dolchstoß der verruchte,
Der Mannszucht und Soldatenehr'
Uns zu vergiften suchte,
Ach, es gelang, das Werk der Schmach!
Parteihaß loderte in Flammen,
Das unbesiegte Herz zerbrach,
Und Deutschland stürzte zusammen ...

O deutscher Herrgott, mach ein End'
Mit allem Gezänk und Gegreine,
Zerschmett're das faule Fundament
Und stell' uns auf feste Beine.
Bescher' uns einen gesunden Haß
Und Hundeschnauze-Kühle,
Und stampf ins große Essigfaß
Die pflaumenweichen Gefühle.

Und endlich: Send uns einen Mann,
Der seines Ziels bewußt ist,
An den man freudig glauben kann
Und dem zu folgen Lust ist.
Der donnere vom Berge her
Ins Tal der wirren Masse:
Ich kenne keine Parteien mehr,
Vor mir gilt nur die Rasse.

Amtliches.

Deutsches Reich.

Bekanntmachung.

Auf Grund des § 2 des Gesetzes über den Widerruf von Einbürgerungen und die Aberkennung der deutschen Staatsangehörigkeit vom 14. Juli 1933 (RGBl. I S. 480) erkläre ich im Einvernehmen mit dem Reichsminister des Auswärtigen folgende Reichsangehörige der deutschen Staatsangehörigkeit für verlustig, weil sie durch ein Verhalten, das gegen die Pflicht zur Treue gegen Reich und Volk verstößt, die deutschen Belange geschädigt haben:

Dr. Apfel, Alfred, geb. am 12. März 1882;
Bernhard, Georg, geb. am 20. Oktober 1875;
Dr. Breitscheid, Rudolf, geb. am 2. November 1874;
Eppstein, Eugen, geb. am 25. Juni 1878;
Foll, Alfred, geb. am 4. Februar 1896;
Feuchtwanger, Lion, geb. am 7. Juli 1884;
Dr. Foerster, Friedrich Wilhelm, geb. am 2. Juni 1869;
v. Gerlach, Helmuth, geb. am 2. Februar 1866;
Goble, Elfriede, gen. Ruth Fischer, geb. am 11. Dezember 1895;
Grohmann, Kurt, geb. am 21. Mai 1897;
Grzesinski, Albert, geb. am 28. Juli 1879;
Gumbel, Emil, geb. am 18. Juli 1891;
Hansmann, Wilhelm, geb. am 29. Oktober 1886;
Heckert, Friedrich, geb. am 28. März 1884;
Hölz, Max, geb. am 14. Oktober 1889;
Dr. Kerr, Alfred, geb. am 25. Dezember 1867;
Lehmann-Rußbüldt, Otto, geb. am 1. Januar 1873;
Mann, Heinrich, geb. am 27. März 1871;
Maslowski, Peter, geb. am 25. April 1893;
Münzenberg, Wilhelm, geb. am 14. August 1889;
Neumann, Heinz-Werner, geb. am 6. Juli 1902;
Pieck, Wilhelm, geb. am 3. Januar 1876;
Salomon, Berthold, gen. Jacob, geb. am 12. Dezember 1898;
Scheidemann, Philipp, geb. am 26. Juli 1865;
Schwarzschild, Leopold, geb. am 8. Dezember 1891;
Sievers, Max, geb. am 11. Juli 1887;
Stampfer, Friedrich, geb. am 8. September 1874;
Toller, Ernst, geb. am 1. Dezember 1893;
Dr. Tucholski, Kurt, geb. am 9. Januar 1890;
Weiß, Bernhard, geb. am 30. Juli 1880;
Weißmann, Robert, geb. am 3. Juni 1869;
Wels, Otto, geb. am 19. September 1873;
Dr. Werthauer, Johann, geb. am 20. Januar 1866.

Das Vermögen dieser Personen wird hiermit beschlagnahmt.

Die Entscheidung darüber, inwieweit der Verlust der deutschen Staatsangehörigkeit auf Familienangehörige ausgedehnt wird, bleibt vorbehalten.

Berlin, den 23. August 1933.

Der Reichsminister des Innern.
J. V.: Pfundtner.

Eine der vielen Ausbürgerungslisten.
Unter den Ausgebürgerten befanden sich auch viele Autoren und Interpreten, die im Kabarett vor 1933 eine bedeutende Rolle gespielt hatten

Auch ein zweiter Überbrettl-Vater, ebenfalls wie Wolzogen ein Nietzsche-Verehrer schrieb in einem 1932 erschienenen Artikel unter dem Titel „Kabarett von heute": „Je höher er alles Knallrote in den Himmel pries, alles gut Deutsche in den Schmutz zog und begeiferte, um so wohler fühlte sich der Herr Künstler... Dagegen blieb, alle die Jahre hindurch, die politische Einstellung mit ihrer maßlosen, schnodderigen Beschimpfung jedes deutschen Empfindens und der selbstverständlichen höchsten Einschätzung alles dessen, was fremdstämmig ist." Hanns Heinz Ewers besiegelte sein Bekenntnis zum Faschismus auch noch durch den im gleichen Jahr erschienenen Roman „Horst Wessel". Auch die noch verbliebenen Zeitschriften „Simplicissimus" und „Kladderadatsch" waren auf Rechtskurs geschwenkt und bejubelten die Machtübernahme. Im „Kladderadatsch" konnte man im Juni 1933 lesen:

...Wo Ordnung, Zucht und Sitte das
    oberste Gebot,
In solches Volkes Mitte erwächst ein
    ehrlich Brot
Für jeden Volksgenossen aus Einigkeit
    und Kraft,
So er stets froh entschlossen für das
    Gemeinwohl schafft.
Wenn schon im sechsten Monde der
    neuen deutschen Zeit
Das Schaffen sich so lohnte, der Segen
    so gedeiht.
Dank eines Führers Taten, dank Gottes
    Gnad' und Macht,
Da muß das Werk geraten! Mein
    Deutschland ist erwacht.

Das Deutsche begann überall zu erwachen und mit ihm die Hetztiraden auf alle, die sich der deutschnationalen Herrlichkeit nicht anpassen wollten. Zielscheibe der Karikaturisten und verbliebe-

„Auswandern oder abwarten?"
Ein jüdisches Kabarett bringt 1937 diese Frage auf die Bühne

nen arischen Kabarettisten war die große Zahl der jüdischen Mitglieder in den Kabarettensembles. Denn nicht alle Juden waren emigriert oder in Konzentrationslager überführt worden. Trotz fast täglich zunehmender Schikanen, trotz Verbote und Entrechtungen versuchten die Juden nach 1933, sich die gewohnten Freiräume zu erhalten. Es gab jüdische Schulen, Krankenhäuser, Altenheime, die lange Zeit wenig behelligt arbeiten konnten. Verbissen wurden Hoffnungen und Illusionen verteidigt. Man feierte Familienfeste und Hauskonzerte, man las jüdische Zeitungen und ging in jüdische Theater, die auch jüdische Kabarettvorstellungen gaben. Und je mehr die Nazis gegen das „Judentum" wetterten, desto mehr rückten die Juden zusammen. Von

den Nazis erlassene Gesetze und Verordnungen zwangen sie dazu. Man versuchte auch, sich gegen die öffentliche Hetze der Nazis zu wehren. 1934 hatten beispielsweise einige Parteigenossen an der Autobahn zwischen Wittlich und Trier Schilder mit der Aufschrift „Achtung Todeskurve! Juden ist Fahren über 100 km/h gestattet" und „Wer den Juden erschlägt, kommt in den Himmel" aufgestellt. Der jüdische Central-Verein protestierte und forderte die Entfernung der Schilder – und hatte Erfolg.
Nicht nur die Behörden erschwerten den Juden im Dritten Reich, vor Beginn der Deportation in die Vernichtungslager, das Leben, vor allem die Denunziationen durch die Nachbarn trafen sie schwer. Nur wenige Deutsche halfen im Untergrund und versteckten verfolgte Juden. Über das jüdische Aussehen einzelner Kabarettisten oder die fremdstämmige

Verseuchung der Kabaretts konnten die Spitzel von Goebbels exakt berichten, auch wenn sie sich dabei, wie etwa im beschriebenen Fall von Walter Lieck, völlig täuschten; schwerer taten es sich die Herren Kundschafter im Umgang mit den kabarettistischen Tarnungsmethoden. Trotzdem galt die Ablehnung der Nazis nicht dem Genre Kabarett, sondern den Betreibern. Man erkannte sehr schnell die erzieherische Möglichkeit des Kabaretts und wollte die Kleinkunstszene im nationalsozialistischen Sinne umstrukturieren. Ein solcher Eingriff war den Nationalsozialisten auch schon in anderen Bereichen der Unterhaltungskultur geglückt: der Rundfunk, die Zeitungen und Zeitschriften, das Theater, vor allem die Operette und der Schlager wurden für die neuen Zwecke mißbraucht. Dabei hatten die Komponisten Oscar Straus, Ralph Benatzky, Hans May, Theo Mackeben und Werner Richard Heymann ihr Handwerk ebenso in den Kabarett-Kellern gelernt, wie später der Schlagertexter Bruno Balz („Ich weiß, es wird einmal ein Wunder geschehn") und Günter Schwenn („Wir kommen sieggekrönt nach Haus"), der, als er noch Franzke hieß, im Kabarett „Küka" aufgetreten war. Auch Helmut Käutner schrieb nach dem Verbot der „Nachrichter" mit Peter Igelhoff und „Tingel-Tangel"-Texter Aldo von Pinelli erfolgreiche Filmschlager („Wir machen Musik"). Ebenso fanden jetzt die beiden Komponisten, die einst bei den „Nachrichtern" am Klavier saßen den rechten Ton: Norbert Schultze („Bomben auf Engelland", „Führer befiehl wir folgen dir") und Werner Kleine („Jagdfliegerlied"). Peter Kreuder schließlich, der als zweiter Flügelmann im Kabarett von Rudolf Nelson gearbeitet hatte und der Hausautor des Nelson-Kabaretts, Hans Heinz Zerlett, der unter dem Pseudonym Hans Hannes zahlreiche schlüpfrige Chansons geschrieben hatte, stiegen nun ins Geschäft mit ein: Zerlett ins Kinogeschäft, als Drehbuchautor und Regisseur antijüdischer Streifen und Kreuder ins Schallplattengeschäft als Dirigent und Arrangeur. Verantwortungslos schrieben Schwenn und Peter Schaeffers, der Sohn des „KadeKo"-Leiters Willi Schaeffers, für die Jugendorganisation der „Faschistischen Partei in Deutschland" (GILE) den Titel „Komm mit mir nach Italien" und Hans Fritz Beckmann, der einige Jahre vorher noch für Trude Hesterbergs „Musenschaukel" getextet hatte, verfaßte zur Musik des Komponisten Werner Egk 1941 den „Marsch der Deutschen Jugend":

Es fährt ein Schiff auf dem Strom der Zeit
In die strahlende Zukunft hinein.
An Bord stehen wir, die HJ, bereit!
Kamerad! Kamerad! Kamerad!
Hast du Mut, reih dich ein!
Fahren! Fahren wir! Die Fahne weht voran!
Groß-Deutschland heißt unser stolzes Schiff,
Drauf steh'n wir, Mann für Mann.

Robert Kothe, dem 1901 wegen eines „Ständchen des Pierrots" bei den Münchner „Elf Scharfrichtern", die Zulassung als Rechtsanwalt „wegen kompromittierender Komikerproduktion" verweigert worden war, gab 1934 das „Liederbuch der NS-Frauenschaft" heraus. Das „Lexikon der Juden in der Musik", zusammengestellt im Auftrag der Reichsleitung der NSDAP, gab jetzt detailliert Auskunft über „die Reinigung unseres Kultur- und damit auch unseres Musiklebens von allen jüdischen Elementen". Die erfolgreichen jüdischen Schlagertexter der zwanziger Jahre, wie Fritz Grünbaum und Dr. Fritz Löhner-Beda starben in den Konzentrationslagern. Ebenso waren auch das Varieté und die in der „Internationalen Artistenloge" (IAL) organisierten jüdischen Klein-

SPIEL = FOLGE

1. Teil

Anſage: Reſi Langer

1. Geſchwiſter Freihoff, Tanz
   (nur im oberen Saal)
2. Ellen Frank
   Am Flügel der Komponiſt Günther Neumann
3. „Die drei Katakomben=Jungs"
4. Iſa Vermehren mit ihrer Zieharmonika
5. Sturmführer Ludwig Ziegler, Tenor
6. Anſprache des Ortsgruppenleiters Kehrein
7. Johannes Maximilian, Bariton von der Funk=
   ſtunde Berlin   Am Flügel Franz Sautier
8. Ernin, Zauberkünſtler
9. Elſa Ward

10. Harry Gondi vom Staatstheater Berlin
11. Lotte Werkmeiſter
    Am Flügel Heinz Jatſch
12. Bruno Fritz vom Berliner Rundfunk

Pauſe für Tanz und Tombola

2. Teil
Beginn etwa gegen 23³⁰ Uhr

Anſage: Pg. Rudolf Effek vom Deutſchen Theater

Aus der Operette „Clivia"
Theater am Nollendorfplatz, ſingen:
**Lillie Claus, Lill Sweet, Walter Jankuhn,
Erik Ode**

Künſtleriſche Leitung: Pg. Bruno Becker

∞ Kraft durch Freude ∞

Resi Langer confériert 1934 eine Spiel-Folge für „Kraft durch Freude"

künstler dem Hitlerfaschismus zum Opfer gefallen. Bereits am 4. April 1933 besetzten bewaffnete SA-Leute das Büro der IAL in Berlin und erklärten die Leitung für abgesetzt. Damit wurde die „Gleichschaltung" der traditionsreichen gewerkschaftlichen Vertretung der Artisten, gegründet 1901, eingeleitet. Mit Wirkung vom 19. Juli 1935 wurde die IAL durch die Gestapo „wegen Staatsgefährdung" aufgelöst, ihr Kapital beschlagnahmt und die Fachzeitschrift „Das Programm" liquidiert. Nach dem am 15. September 1935 erlassenen „Gesetz zum Schutz des deutschen Blutes" (Nürnberger Rassengesetz), hatte sich auch die Beschäftigung im kulturellen Bereich zu richten. Nur der Artist durfte noch arbeiten, der eine entsprechende Auftrittsgenehmigung hatte, und diese

war nur zu erlangen, wenn er seinen „arischen Nachweis" erbringen konnte. Die Folge davon waren Berufsverbote, die Zerschlagung der Existenzgrundlagen bald auch Verfolgung und Deportation. Wer eine Auftrittsgenehmigung erhielt, wurde in den „Berufsverband der deutschen Artisten" gezwungen, später in die der Nazipartei unterstellte „Reichstheaterkammer". Zu den verfolgten Artisten gehörten Schnellzeichner wie Idi Racz, Klavierparodisten wie Emmy und Lili Schwarz ebenso, wie der Steptänzer Harry Reso, der Kunstpfeifer Guido Gialdini und Willy Fischer, der Komponist von Otto Reutter; Äquilibristen (Balancekünstler) wie Jacob Figini und Conférenciers wie Herbert Zernik und Karl Schnog, Kunstschütze Billy Jenkins (Erich Süßmilch) und Rechenkünstler Dr. Finkelstein. Die Liste der verfolgten Kleinkünstler ist unübersehbar lang.

Zum Aufbau ihrer „neuen" Kultur, hatten die Nazis die Organisation „Kraft durch Freude" (KdF) gegründet, die sowohl mit Erholungsreisen, als auch mit vielfältigen bunten Programmen warb. 1933/34 waren in diesen Unterhaltungsprogrammen auch noch Namen wie Werner Finck, Isa Vermehren, Trude Hesterberg und Ellen Frank zu finden. Nach 1935 gestalteten jene Komiker die Programme, die auch in den Revuen in der „Scala" und im „Wintergarten" geduldet waren: Loni Heuser, Lotte Werkmeister, Maria Ney, Bruno Fritz, Lizzi Waldmüller, Rudi Godden, Hans Lorenz, Harry Gondi, Hellmuth Krüger und immer wieder der Stimmenimitator Ludwig Manfred Lommel und der Parodist Werner Kroll.

In dem nun propagierten Kabarett wurde die eigene Politik kurzerhand zum Tabu erklärt und den Kabarettisten die Zuständigkeit für dieses Gebiet abgesprochen. In Günter Meersteins 1938 erschienenen linientreuer Kabarett-Theorie mit dem bezeichnenden Titel „Das Kabarett im Dienste der Politik" liest sich das folgendermaßen: „Es stand außer allem Zweifel, daß in unserem autoritären Führerstaat, wo Volk und Staat eins sind, auch die Kabaretts nationalsozialistische Weltanschauung propagieren und nach nationalsozialistischen Grundsätzen handeln müssen. Es war daher selbstverständlich, daß jede Verächtlichmachung der verantwortlichen Männer des neuen Staates, ihrer Maßnahmen und Reformen, kurz, jeglicher Innenpolitik, von den Kabarettprogrammen verschwinden mußte. Da es heute nur noch eine Partei als Kern des Ganzen gibt, und die leitenden Männer nicht wie einst die verantwortlichen Politiker des Weimarer Staates schon kurz nach ihrem Auftauchen durch neue ersetzt werden, wäre Innenpolitik lange keine so erschöpfliche Stoffquelle mehr für die Kabaretts wie damals, ganz abgesehen davon, daß kein Mensch mehr an derartiger Unterhaltung Gefallen fände." Meerstein konnte zu diesem Zeitpunkt noch nicht voraussehen, daß alle Versuche, ein „positives" satirisches Kabarett erfolgreich durchzusetzen, letzlich in Deutschland nach 1935 scheiterten. 1941 erließ Goebbels auch für die noch verbliebenen Plauderer ein totales Conférence – und Ansageverbot.

Daß es in den Exilländern verschiedene antifaschistische Kabaretts in dieser Zeit gegeben hat und daß vor allem in Österreich, nach 1939, nach der Eingliederung in die großdeutsche Volksgemeinschaft, ein von den Nazis ermöglichtes Kabarett („Wiener Werkel") mit antifaschistischen Programmen möglich war, wird in den Bänden Nr. 14 und Nr. 19 dieser Reihe dargestellt.

Bei den wenigen, aus den zwanziger Jahren noch überlebenden Kabaretts, wie beispielsweise beim „Kabarett der Komiker" in Berlin, hatten längst die Schlagerproduzenten mit ihren falschen Herz-Schmerz-Tönen das Sagen und Singen fest in der Hand. Für das „KadeKo" hatte der Leiter des Kabaretts, Willi Schaeffers, 1938 einen Spruch auf die Speisekarte drucken lassen, den er 1931 schon für sein „Kabarett für Alle" geprägt hatte: „Es soll ein Vergnügen werden, das nicht durch irgendwelche politischen oder sonstigen Anschauungen gestört wird". Allerdings jetzt unterschrieb Willi Schaeffers seine Einladungen mit „Heil Hitler!"

Anordnung
betreffend Verbot des Conférence- und Ansagewesens.

Trotz meiner wiederholten Erlasse vom 8. Dezember 1937, 6. Mai 1939 und 11. Dezember 1940, in denen ich eindringlich die Forderung erhob, das Kabarett- und Vortragswesen den Erfordernissen des öffentlichen Geschmacks, besonders aber denen des Krieges anzugleichen, treiben sogenannte Conférenciers, Ansager und Kabarettisten, wie aus der Menge von Beschwerden aus dem Lande, vor allem aber von der Front berichtet wird, weiterhin ihr Unwesen. Sie gefallen sich in einer leichten und billigen Anpöbelung von Zuständen im öffentlichen Leben, die durch die Not des Krieges bedingt sind. In sogenannten politischen Witzen üben sie offen oder versteckt Kritik an der Politik, Wirtschafts- und Kulturführung des Reiches. Sie verhöhnen die bodenständigen Eigenheiten der einzelnen Stämme unseres Volkes und tragen damit dazu bei, die innere Einheit der Nation, die für die siegreiche Beendigung dieses Krieges die wichtigste Voraussetzung ist, zu gefährden. In Anbetracht dessen, da meine wiederholten, mit allem Ernst eingeschärften Mahnungen offenbar nichts gefruchtet haben und die alten, aus einer demokratisch-liberalistischen Staatsauffassung resultierenden Mängel und Fehler der Gestaltung der öffentlichen Unterhaltung immer aufs Neue wieder auftauchen, sehe ich mich nunmehr auf Befehl des Führers zu einschneidenden Maßnahmen gezwungen.
Auf Grund des § 25 der Ersten Verordnung zur Durchführung des Reichskulturkammergesetzes vom 1. November 1933 (Reichsgesetzblatt I S. 797) ordne ich hiermit an:

1.
Jegliche sogenannte Conférence oder Ansage wird ab sofort für die ganze Öffentlichkeit grundsätzlich verboten. Es ist dabei gänzlich gleichgültig, ob sie sich mit Dingen der Politik, der Wirtschaft, der Kultur oder sonstigen Angelegenheiten des öffentlichen oder privaten Lebens befassen will.
2.
Glossierungen von Persönlichkeiten, Zuständen oder Vorgängen des öffentlichen Lebens, auch angeblich positiv gemeinte, sind in Theatern, Kabaretts, Varietés und sonstigen öffentlichen Unterhaltungsstätten verboten.
3.
Die Presse ist schärfstens angewiesen, die Behandlung aller lebensunwichtigen Fragen, die das deutsche Volk heute unnötig belasten oder verstimmen könnte, peinlichst zu vermeiden. Dazu gehören vor allem Angelegenheiten, die Eigenheiten, Sitten, Gebräuche oder Dialekte einzelner Volksstämme betreffen.

4.
Es ist verboten, einen Volksstamm gegen einen anderen, eine Stadt gegen eine andere oder einen Teil des Reiches oder Volkes gegen den anderen, wenn auch in angeblich gutgemeinter Art, auszuspielen. Alle Kräfte des öffentlichen Lebens müssen auf die Einheit des Volkes ausgerichtet werden. Probleme, an denen sich die Gemüter unnötig erhitzen und die für die siegreiche Durchführung des Krieges von untergeordneter Bedeutung sind, werden aus der öffentlichen Diskussion ausgeschaltet.

Dieser Erlaß stellt eine letzte, ernste und eindringliche Mahnung dar. Übertretungen werden auf Befehl des Führers mit schärfsten Strafen geahndet.

Berlin, den 30. Januar 1941   gez.
                                                     Dr. Goebbels
Anlage:
Abschrift überreiche ich zur Kenntnisnahme. Eine Veröffentlichung durch die Presse darf nicht erfolgen.

                                                     gez.
                                                     Dr. Goebbels

Kabarett der Komiker

„Kabarett der Komiker", Berlin
Eingang am Lehninger Platz

Das „Kabarett der Komiker" („Kade-
Ko") war bereits 1924 von Kurt Robitschek und Paul Morgan in Berlin eröffnet worden als eine Verbindung von Varieté und Kleinkunstelementen. In diesem Warenhaus der Kleinkunst traten in
den zwanziger Jahren alle großen Kabarettisten auf, die das Genre nachhaltig
prägten. Mit Gastspielen ausländischer
Kleinkünstler und satirisch aufgemotzten
Kurzoperetten wurde das vielfältige Programm ergänzt. Trotzdem hatte Ende
der zwanziger Jahre der Druck von
rechts auch gegen dieses etablierte Unternehmen zugenommen. 1929 hatte schon
der Scherl-Verlag auf Weisung des mächtigen Presseverlegers Alfred Hugenberg
über das „Kabarett der Komiker" eine
Anzeigensperre für alle dort verlegten
Blätter verhängt. Gleichzeitig versuchten
die Verlagskonzerne Mosse, Scherl und
Ullstein dem „KadeKo" mit ihren Lach-
nachmittagen ökonomisch das Wasser
abzugraben. Als schließlich randalieren-
de SA-Leute die Bühne stürmten, auf der
der Bühnenbildner Hermann Krehan in
einer Karikatur das Chaplin-Bärtchen
Adolf Hitlers verulkte, verließ Robitschek Berlin. Er ging zuerst nach Wien,
übernahm dort die „Kammerspiele" und
brachte 1933 mit Paul Morgan, der ihm
gefolgt war, die Revue „Rufen Sie Herrn
Plim!" (Text: Felix Joachimson, Musik:
Mischa Spoliansky), in einer Wiener Ver-
sion heraus. 1938 floh Robitschek in die
USA und versuchte, am Broadway in
New York als Ken Robey das „KadeKo"
neu zu gründen. Paul Morgan fiel nach
dem „Anschluß" Österreichs 1938 den
Nazis in die Hände, die ihn zuerst ins
KZ Dachau, dann in das KZ Buchenwald
verschleppten, wo er im Dezember 1938
an Entkräftung starb.
Der neue Leiter im „Kabarett der Komi-
ker" wurde im September 1933
Dr. Hanns Schindler. Kabarettistische
Glanzpunkte hatte es in vielen der unge-
zählten „KadeKo"-Programme gegeben.
Bereits 1925 machte sich der „KadeKo"-
Star Max Hansen über den in München
putschenden Hitler lustig. Er hatte sicher
nicht vorausgeahnt, daß die kommenden
Ereignisse ihn ins Exil nach Kopenhagen
vertreiben würden, als er schilderte, wie
Hitler im Münchner Hofbräuhaus stot-
ternd den Sigi Cohn fragt: „War'n Sie
schon mal in mich verliebt?"
Satirische Lichtblicke eröffneten im „Ka-
deKo" in den dreißiger Jahren noch die
„Drei Rulands" mit Helmut Buth, Manfred Dlugi und dem Texter und Leiter
des Gesangstrios Wilhelm Meißner, sowie Günter Neumann und der Conférencier und Texter Hellmuth Krüger. Die
„Drei Rulands" hatten 1934 als die „Drei
Katakombenjungs" in Werner Fincks
Berliner Kabarett begonnen. Nach
Schließung der „Katakombe" im Mai
1935 wurden sie an das „Kabarett der
Komiker" engagiert, wo sie ihre ersten

Willi Schaeffers

großen Erfolge im März 1937 u. a. mit „Minnesängers Lust und Leid" in der Revue „3000 Jahre Kabarett" feierten. Im Oktober des gleichen Jahres hatte Günter Neumanns Sport-Revue „Gib ihm" Premiere, in der Rudolf Platte auf der Suche nach dem fehlenden Humor war: „Wo ist denn eigentlich der geblieben?" und den neuen Staatstheater-Intendanten Gustaf Gründgens beschuldigte: „Das macht er alles mit der leichten Hand". Maria Ney und Heinrich Giessen conférierten diese Vision auf die bevorstehenden olympischen Spiele in Berlin und neben Günther Schwerkolt, Edith von Ebeling, Tatjana Sais, Loni Heuser, Wilhelm Bendow, Irene de Noiret u. a., tanzte Jacques Tati, der später mit seinen Filmen „Ferien des Monsieur Hulot" und „Tati's Schützenfest" Weltruhm erlangte, eine Pantomime auf die verschiedenen Sportarten. Werner Finck, der nach einjährigem Berufsverbot unter besonderen Auflagen wieder spielen durfte, erheiterte das Publikum mit neuen Versen, die später veröffentlicht als „Das

Knautschbrevier" auf die Liste des „Schädlichen und unerwünschten Schrifttums" eingereiht wurden. Finck erinnerte sich später: „Es war die Zeit einer gewissen Liberalisierung aus Anlaß der Olympischen Spiele. Meine ,Kleine Olympia-Conférence', die 1936 regelmäßig im ,Berliner Tageblatt' gelaufen war, hatte mir ein neues Publikum gewonnen."

Als 1938 Dr. Hanns Schindler starb, gab es insgesamt zwölf Bewerber, darunter Trude Hesterberg und Hellmuth Krüger, die die Leitung des Hauses übernehmen wollten. Willi Schaeffers, unterstützt von seinen Geldgebern, dem Filmproduzenten F. A. Mainz und Musikverleger Dr. Fritz Sikorski, erhielt schließlich die „Große Lizenz", mit der er sich bemühte, das Unternehmen im alten Stil fortzuführen, und die ihm erlaubten Stücke, Revuen, Operetten aufzuführen, ohne im einzelnen Fall „oben" anfragen zu müssen. Erwin Bootz von den verbotenen „Comedian Harmonists" saß am Klavier, als Schaeffers im September 1938 das „KadeKo" mit den „Festspielen der Kleinkunst" eröffnete.

In den Jahren der Weltwirtschaftskrise hatte das „KadeKo" die „Nacht der Prominenten" veranstaltet, um mit dem finanziellen Erlös die Not arbeitsloser Schauspieler und Artisten zu lindern. Einer der politisch kompromißlosesten Conférenciers dieser Jahre im „KadeKo", der in Mannheim geborene Paul Nikolaus, war bereits im März 1933 in die Schweiz emigriert und nahm sich wenig später dort das Leben. Unter „politischen Anspielungen" verstanden die neuen Machthaber und die verschiedenen Überwachungs-Instanzen jetzt sehr Unterschiedliches. Der Bauchredner Ernst Grimm wurde 1937 wegen „Offiziershetze" verwarnt, der Conférencier Ernst Suppek 1938 wegen der Bemerkung: „Überall werden jetzt durch den Gene-

„Kabarett der Komiker", Berlin
Programm 1937: „3000 Jahre Kabarett"
Programmheftseite

ralinspekteur Reichsautobahnen eingeweiht. Wer an diesen Veranstaltungen teilnimmt, kann auch mal lachend dem Tod ins Auge sehen." Nach den überlieferten Dokumenten, den Korrespondenzen der einzelnen Dienststellen und den Denunziationsbriefen bekam auch der Komiker Oscar Paulig Schwierigkeiten, weil er „Kraft durch Freude" als „Karriere durch Fett" definiert hatte und feststellte: „Die Lorelei sei jetzt verschwunden, denn die Lore sei im BDM und der Ley an der Arbeitsfront". Jo Hanns Röslers Revue „Eingang verboten" wurde 1940 wegen „Pornographie" die Aufführungslizenz entzogen. Arthur Preil, die Hiller-Girls und der Frankfurter Komiker Karl Napp bekamen eine allgemeine Verwarnung. Paul Schneider-Duncker

wurde im April 1940 untersagt, in seiner Conférence weiter darauf hinzuweisen, daß Claire Waldoffs „Hermann heeßt er" an einen Naziführer erinnere: „Dabei hatte Claire zunächst garnicht an Göring gedacht". Oft wurden Programme der Varietés oder einzelner Unterhaltungskünstler als „zotig", „abstoßend", „indiskutabel" oder „minderwertig" abqualifiziert, wenn sie, wie bei den Komikern Erich Schmidt und Martha Hübner im November 1940, den Satz enthielten: „Die ‚große Schnauze' der Berliner ist durch die Luftangriffe klein geworden". Verschiedenen Verhören und Verwarnungen, allerdings ohne ein Berufsverbot zu erhalten, war auch der als „Schwabenhansel" bekannt gewordene Volkskomiker Hans Lorenz ausgesetzt, der 1937 im „Kabarett der Komiker" rassistische Scherze in breitem schwäbisch formulierte: „Ich bin nicht euer Blockwart, ich bin Euer Programmwart. Als Jagdliebhaber ist mir im Walde ein Hase begegnet, der hat ein Männchen gemacht, da er mein Monogramm mit H verwechselt hat und glaubte, ich heiße Hermann, dabei heiße ich noch Hans... Heute braucht man bei einer Reise schon allein einen Rucksack für seine Organisationspapiere und Ausweise... Wir leben in einer hundertprozentigen Zeit, hundertprozentige Staatsmänner, hundertprozentige Diplomaten und dann erst die Hundertfünfzigprozentigen, diese liefen meist schon der roten Fahne nach, als noch kein Hakenkreuz darinnen war... Wir verzichten auf unsere Kolonien, weil wir nicht wissen, wo wir den nackten Negern die Winterhilfe-Abzeichen hinstecken sollen."
Vier Tage bevor Goebbels wieder einmal per Runderlaß „politische Anspielungen in Kabaretts und Varietés" verbot, äußerte er sich in einem Interview am 4. Dezember 1937 „Über Propaganda, Volksmeinung und Kulturfragen": „Wir

Ausschluß aus der Reichskulturkammer

Werner Finck, Peter Sachse und die drei Rulands' dürfen nicht je auftreten

Der Reichsminister für Volksaufklärung und Propaganda Dr. Goebbels hat den Schauspieler und Schriftsteller Werner Finck, den Conférencier Peter Sachse (Kurt Pabst) sowie die unter dem Namen „Die drei Rulands" auftretenden Helmuth Buth, Wilhelm Meißner und Manfred Dlugi aus der Reichskulturkammer ausgeschlossen. Damit ist ihnen für die Zukunft jedes weitere öffentliche Auftreten in Deutschland verboten.

Der Schauspieler und Schriftsteller Werner Finck wurde bereits im Mai 1935 gelegentlich der Schließung des Kabaretts „Die Katakombe" ernstlich verwarnt, weil er in seinen Darbietungen Einstellungen der Partei und des Staates öffentlich lächerlich zu machen versucht hatte. Trotz dieser Verwarnung hat er neuerdings in seinen Auftreten jede positive Einstellung zum Nationalsozialismus vermissen lassen und damit in der Öffentlichkeit schwere Ärgernis erregt.

Der Conférencier Peter Sachse (Kurt Pabst) sowie die unter dem Namen „Die drei Rulands" auftretenden Helmuth Buth, Wilhelm Meißner und Manfred Dlugi sind aus denselben Gründen aus der Reichskulturkammer ausgeschlossen worden.

An Witz und Humor sollten sich nur wirkliche Könner heranwagen und vor allem diejenigen, denen das Recht zubilligen kann, ihn auszuüben. In ganz besonderem Maße gilt das aber von dem politischen Witz und Witz.

Roosevelt verleugnet die Monroe-

Offene kriegerische Einmischung in europäische Verhältnisse? — Keine amerikanische, so

DNB Berlin, 3. Februar

Die Deutsche Diplomatisch-politische Information schreibt:

Als wichtigster Eckpfeiler der traditionellen USA-Außenpolitik gilt für den amerikanischen Wähler seit mehr als 120 Jahren die Monroe-Doktrin. Der damalige USA-Präsident James Monroe hatte den Grundsatz proklamiert, daß USA-Amerika eine europäische Einmischung nicht nur in die eigenen Angelegenheiten, sondern auch in die Verhältnisse der übrigen Staaten des amerikanischen Kontinents als Zeichen unfreundlicher Gesinnung gegen sich betrachten werde.

„Die Morgenpost", Berlin meldet am 4. 2. 1939 den „Ausschluß aus der Reichskulturkammer" von Werner Finck, Peter Sachse und den „Drei Rulands" haben eine umfassende Übersicht darüber, ob die Gedanken zünden, die wir dem Volke vermitteln. Selbstverständlich findet unter Unberufenen keine Debatte darüber statt, ob die Politik richtig oder falsch ist, die wir machen, wohl aber denken wir oft und ausgiebig darüber nach, ob die Argumente richtig und durchschlagend genug sind, die wir für unsere politischen Absichten geltend machen. Von der politischen Linie, die wir uns einmal gesteckt haben, weichen wir in keinem Falle ab." Um den Unberufenen jede Möglichkeit zu politischen Debatten zu nehmen, waren immer mehr Verordnungen erlassen worden, durch die Kabarettisten und Conférenciers bei ihren Auftritten immer mehr eingeschränkt wurden, bis am 3. Februar 1941

das totale Conférence-Verbot erfolgte. Werner Finck hatte noch nicht geschwiegen. Auf die Weihnachtsumfrage „Haben wir eigentlich noch Humor?", die 1938 vom „Berliner Tageblatt" gestartet worden war, hatte er geantwortet: „Doch, doch, wir haben. Oder meinen Sie mit ‚wir' Ihr geschätztes, auf 90000 geschätztes Blatt? Dann würde ich die Frage mit einem herzlichen Ja beantworten. Denn schon die Fragestellung beweist es. – Oder meinen Sie ‚uns', wenn Sie ‚wir' sagen? Auch dann bejahe ich es. Denn unter uns haben wir Humor. Aber das unter uns. Bliebe noch die Frage, ob wir über uns auch Humor haben. Auch diese Frage müssen wir mit Ja beantworten. Denn nur, wer darübersteht, kann Humor haben, wirklichen Humor. Was man aber darunter verstehen kann, darüber später mehr."
Als Finck dann noch unbekümmert im „Kabarett der Komiker" seine Confé-

rence eröffnete mit den Worten: „Ich bin der Finck – leicht gedrosselt" und dabei ängstlich auf seine Armbanduhr schaute und bemerkte: „Der Direktor hat mir nämlich gesagt, ich dürfe nicht über die Zeit reden. Aber wer darf heute schon über die Zeit reden ...!" und schließlich in einer Szene, in der er sich tief bücken mußte, um durch einen niedrigen Türrahmen durchzukommen, bemerkte: „Jetzt habe ich mich schon so geduckt und wäre doch beinahe oben wieder angestoßen", da verboten die Nazis nicht nur das „Berliner Tageblatt", sondern auch Fincks weitere Auftritte. Am 3. Februar 1939 wurde er verhört und aus der „Reichskulturkammer" ausgeschlossen. Mit ihm waren auch die „Drei Rulands", die in dem Quodlibet „Sportbetrachtung" Albert Speers städtebauliche Konzeptionen verulkt hatten und der Conférencier des Abends Peter Sachse (eigentlich: Dr. jur. Curt Weiße-Pabst) mit Kulturkammer-Ausschluß und Berufsverbot belegt. Helmut Buth wurde sofort eingezogen, während seine beiden Kollegen in Rüstungsbetriebe zwangsverpflichtet wurden. Nach dem Krieg war Helmut Buth in Willi Schaeffers neueröffnetem „Kabarett der Komiker", später beim Kabarett „Staubsauger" tätig. Wilhelm Meißner arbeitete ab 1949 für Werner Fincks Stuttgarter Neugründung „Die Mausefalle".

Nach dem Durchgreifen der Nazis begann in der Berliner Presse eine große Diskussion über den noch möglichen Humor, zu der auch Goebbels am 4. Februar 1939 im „Film-Kurier" eine grundsätzliche Erklärung abgab: „Humor gibt es in Deutschland noch genug und übergenug. Es ist jene Art von Humor, wie sie seit ewigen Zeiten in den breiten Massen des Volkes gepflegt wurde, ein Humor, der gutmütig, anständig und sauber ist und, wenn nötig, auch derb und zugreifend sein kann ... Allerdings haben

unsere Intellektuellen und Gesellschaftssnobs weder Zeit noch Lust, sich mit diesen Leistungen des nationalsozialistischen Regimes bekannt zu machen oder gar zu befreunden. Sie sind seit 1933 in ihren eigenen, eng umschlossenen Konventikeln geblieben und spielen dort Monarchie oder Demokratie. Sie allein haben sich in einer Zeit, in der sich in Deutschland alles geändert hat, selbst in keiner Weise geändert ... Die politische Witzemacherei ist ein liberales Überbleibsel. Im vergangenen System konnte man damit noch etwas erreichen. Wir sind in diesen Dingen zu gescheit und zu erfahren, als daß wir sie ruhig weitertreiben ließen ... Vielleicht werden diese Witzemacher, nachdem ihnen die Möglichkeit genommen ist, den Klub der berufsmäßigen Neinsager zu amüsieren, nun einmal die Gelegenheit ergreifen, das Volk kennenzulernen. Dort werden sie vermutlich auch eine Antwort auf ihre Frage bekommen, ob wir denn eigentlich noch Humor haben ... Sie sind nur dummdreist, arrogant und taktlos, und wenn es donnert, haben sie Angst, wie man so sagt: Judenjungenangst."

Nach diesen Ereignissen versuchte Willi Schaeffers das „Kabarett der Komiker" ohne allzu gewagte Zeitkritik weiter zu betreiben. Die politisierenden Conférenciers wurden nun durch die zivilen Plaudereien von Schaeffers abgelöst, der mit Alexis, Erwin Hoffmann, Peter Igelhoff, Rosita Serrano, Edith Schollwer, Loni Heuser u. a. noch bis zur Ausbombung der Räume am Lehniner Platz spielte, dann ins benachbarte „Café Leon" übersiedelte, bis er im Zuge der allgemeinen Theaterschließung am 31. August 1944 den Spielbetrieb einstellen mußte. Im Mai 1945 eröffnete er das Kabarett erneut im „Café Leon" und ging bis 1950 auf Tournee.

Sportbetrachtung

Text, Musik: Günter Neumann
1938 vorgetragen von Rudolf Platte
„Kabarett der Komiker", Berlin
Revue: „Gib ihm"

In unserer Zeit der Schnelligkeit
Muß alles schnell verrinnen.
Was heute noch neu, liegt morgen weit,
Man kann sich kaum besinnen.
Selbst Sportler, die heut groß,
Sind bald passé, und keiner kennt se,
Denn leider flicht die Nachwelt
Auch dem Bizeps kleine Kränze.
So mancher Sportler lobesam,
Der über Nacht zu Ehren kam,
Heut spricht von ihm die ganze Welt,
Und morgen ist er abgemeld't.
　Wo ist denn eigentlich der geblieben?
　Man hat so lange nichts gehört.
　Ein Glanz kann sich so schnell
　　verschieben
　Und wird zum Muster ohne Wert!
　Durch eine rätselhafte Lenkung
　Verschwindet er in der Versenkung.
　Man hätt ihn gern nochmal getroffen –
　Ob wir ihn wiedersehn?
　Wir wollen's hoffen.

In unserer Zeit der Schnelligkeit
Bricht schnell ein Streit vom Zaune.
Wir sehn in der Welt rings, weit und breit
Nur Verhauer und Verhau'ne.
Mit Bomben, Kugeln, Messern
Woll'n sie sanft die Welt verbessern.
Von U.S.A. zum Reich der Mitte
Ist der Haß heut Sitte.
Da fragt man sich für manches Land:
Sagt Euch nichts der gesunde Menschenverstand?
Einst war doch noch Verstand in der Welt,
Doch heute scheint er abgemeld't...
　Wo ist denn eigentlich der geblieben?...

2. Halbzeit:

Die Sport-Revue:

Gib ihm!

20 Runden mit Text und Musik von **Günter Neumann**
Inszenierung: **Dr. Hanns Schindler**
Am 1. Flügel: **Der Komponist**

1. **Mottenkiste**
   Alle

2. **Jacques Tati (Paris)**
   Der Torwächter

3. **Nachwuchs beim Morgentraining**
   Günther Schwerkolt, Wulf Rittscher, Tatjana Sais, Loni Heuser, Wilhelm Bendow

4. **Sport der Handgelenke**
   Rudolf Platte

5. **Trumpf ist Sport**
   Tatjana Sais, Loni Heuser

6. **Der erste Boxkampf**

7. **Turmspringen**
   Rudolf Platte, Wulf Rittscher, Wilhelm Bendow, Edith v. Ebeling

„Kabarett der Komiker", Berlin
Programm 1937: Revue „Gib ihm"
Programmheftseite

Wo ist denn eigentlich der geblieben?
Man hat so lange nichts gehört?
Der Haß der Welt hat ihn vertrieben,
Drum geht heute alles so verkehrt.
Durch eine rätselhafte Lenkung
Verschwand er ganz in der Versenkung,
Wir hätten ihn gern in der Welt getroffen –
Ob wir ihn wiedersehn?
Man kann nur hoffen!

In unserer Zeit der Schnelligkeit
Fällt's manchem schwer zu lachen,
Anstatt sich durch die Heiterkeit
Ein freies Herz zu machen.
Weil der Spießer über sich jeden Spaß verneint,
Kommt es vor, daß er gleich Krach schafft.
Mensch, es war doch gar nicht bös gemeint,
Warum rennst gleich zur Fachschaft?
Nimm nicht Anstoß und übel und sei nicht verschnupft,
Wenn man Dir mal an Deinem Nimbus zupft!
Ja, ist denn um alles in der Welt
Bei Euch der Humor ganz abgemeld't?

Zeichnung: Walter Trier

Wo ist denn eigentlich der geblieben?
Man hat so lange nichts gehört!
Ihr dürft das Lachen ruhig üben,
Wen hat denn der Humor gestört?
Durch eine rätselhafte Lenkung
Verschwand er ganz in der Versenkung.
Wir hätten ihn gern überall getroffen,
Ob wir ihn wiedersehn? –
Wir wollen's hoffen!

Berliner Aufbau

Text: Wilhelm Meißner
1938 vorgetragen von den Drei Rulands (Wilhelm
Meißner, Helmut Buth, Manfred Dlugi)
„Kabarett der Komiker", Berlin
Revue: „Rückblick Spätlese"
(Dieses Quodlibet, das in weißen Kitteln gesungen
wurde, war Anlaß zu ihrem Ausschluß aus der
Reichskulturkammer und Berufsverbot.)

Alle:
(Melodie: Stellen Sie sich vor, ich bin ein
wilder Räuber)
Stellen Sie sich vor, wir sind drei Archi-
tekten
Und verdienen hier uns're Sporn
Erster:
Selbstverständlich sind wir Professor'n.
Alle:
Stellen Sie sich vor, man hat uns umge-
schult,
„Architekt" steht jetzt im Arbeitsbuch.
Wir drei, die einst um die Gunst des Pu-
blikums gebuhlt,
Mauern jetzt, das ist des Sängers Fluch.
Zweiter:
Jetzt soll'n Sie mal seh'n, wie wir den
Laden schmeißen,
Erster:
Willst Du unsern Plan hier nochmal kurz
umreißen?
Dritter:
Kurz wir reißen alles um.
Alle:
(Melodie: Eine Frau wird erst schön
durch die Liebe)
Ja, Berlin wird erst schön durch Kla-
motten,
Schutt und Asche, so'ne Masche.
Laßt uns Bahnhof um Bahnhof ver-
schrotten!
Auch die Schienen! Weg mit ihnen!
Neues Leben blüht aus den Ruinen!
Und Ruinen sind so schön!
Wird Berlin auch wegrasiert
Bis zum Horizont,
Alles neu macht der Ley[1]

Und die Arbeitsfront.
Erster: (gesprochen)
Ja, Berlins Neugestaltung ist unerläßlich,
Denn das alte Berlin war äußerlich häß-
lich.
Sollten Berliner hier Zuhörer sein,
Sie mögen uns verzeih'n.
Zweiter:
Und wenn Ihr mich fragt, und wenn Ihr
mich fragt,
Warum ich das wohl tu', warum ich das
wohl tu',
'S halt bei uns so Sitte, chacŭn à son
gout,
'S halt bei uns so Sitte, chacŭn à son
gout.
Erster:
Das ist wirklich allerhand
Dritter:
Und was machste mit dem Sand?
Zweiter: (gesprochen)
Noch eins ist wichtig, meine Herren:
Die Siegessäule kommt zum großen
Stern.
Erster: (gesprochen)
Das ist sehr leicht gesagt, mein Lieber,
Doch wie kriegste die da rüber?
Alle:
(Melodie: Ich hob mir in Grinzing einen
Dienstmann engagiert)
I hob mir in Grinzing einen Dienstmann
engagiert,
Der's rübertransportiert.
Und nach Beendigung der Säulen-Land-
partie
Da verwenden wir die ganze Energie
Auf die Schaffung einer Kunstakademie.
Dieses Bauwerk, stolz und hehr, bau'n
wir nächste Woche
Für die großen Dichter der neuen
Rauch-Epoche.
Und so weicht der alte Krempel
Einem Pampel-Musentempel.
Über'n Eingang meißeln wir in Stein
Den Spruch „Per Attika ad Astra!" ein.
Es ist alles so prächtig, und es zieht euch
in Bann,

Doch wie's da drinnen aussieht, geht niemand was an.

Erster: (gesprochen)
Was ist denn das für'n Fleck?

Zweiter: (gesprochen)
Was hat denn der für'n Zweck?

Dritter: (gesprochen)
Das ist doch klar, Du albener Fratz:

Alle:
(Melodie: Das ist Lützows wilde, verwegene Jagd)
Das ist Lützows wilder, verwegener Platz!
Trara!
Da bauen wir ein Zeughaus hin,
Da kommt det janze Krupp-Zeug rin.
Viderallalalala.

Alle:
(Melodie: Ich hob die schönen Madeln net erfunden)
I hob den Lehrter Bahnhof net erfunden,
Die Siegesallee ist a net unser Patent.
Wir san net schuld an den gewissen Rotunden,
Wo man vor Wut schier aus der Haut fahr'n könnt'.
Wir ham vor Wut den Berliner Dom net bauen lassen,
Doch ist's ein Stück von seltenem Niveau.
Er tut in jede Kunstepoche passen:
Er zeigt spätgotisches Barokoko.

Erster: (gesprochen)
Tja, was wird denn an Neuem entstehen?

Zweiter: (gesprochen)
Moment, das werden wir gleich sehen:

Alle: (mit verteilten Einsätzen)
(Melodie: Moment mal, bitte, bitte, bitte)
Moment mal, bitte, bitte, bitte,
Bitte, bitte, bitte, bitte, bitte, bitte,
Lang mir doch mal die, die, die Baupläne her!
Bitte! – Danke! – Bitte! – Danke! – Bitte! – Danke!
Danke! – Bitte! Ich danke sehr!
(Melodie: Es war in Schöneberg im Monat Mai)
Also, hier liegt Schöneberg, dort Halensee.
Hier fließt die Havel lang und hier die Spree.
Ja, durch Berlin fließt immer noch die Spree,
Doch ab morgen fließt sie durch die Charité.
Wollt ihr wissen, was wir müssen?
Na, – wir müssen jetzt beflissen,
Danach trachten, auszuschlachten
Und die Erde durchzuwühlen

Dritter:
Müssen buddeln immer schneller,

Zweiter:
Mensch, Du gehst ja ran wie Blücher.

Erster:
Ach, Du baust wohl Luftschutzkeller?!

Dritter:
Na, das ist doch bombensicher!
(Melodie: Was machst Du mit dem Knie, lieber Hans)
Und was machst Du mit dem Knie, lieber Hans,
Mit dem Knie, lieber Hans, o sprich:
Ich glaub, man läßt das Knie lieber ganz,
Oder wie, lieber Hans, oder nicht?
Dieses schwierige Problem löst man durch Schwimmeister-Manie:
Man greift sich die Ost-West-Achse und legt sie übers Knie.
So wird alles prompt gelöst,
Wenn man manchmal auch auf die Schwierigkeiten stößt.
(Melodie: C'est la vie de bohème)
Denn: Du mein Berlin, Berlin du schluckst viel Material,
Doch wir bemüh'n uns kühn um Kalk, Zement und Stahl.
Denn Marmor, Marmor, Marmor, ist uns zu antik.
C-est le beton qui fait la musique.

---

[1] Dr. Robert Ley (1890–1945) 1934 Reichsorganisationsleiter; gründete nach Zerschlagung der Gewerkschaften die „Deutsche Arbeitsfront" (DAF) und die „Feierabend"-Organisation „Kraft durch Freude" (KdF)

Die acht Entfesselten

Im Sommer 1935 hatte sich das literarische Tourneekabarett „Die acht Entfesselten" unter der Leitung des Conférencier Walter Scholz und seiner Frau Käthe gebildet, die zusammen mit der Chansonniere Gerty von Reichenhall, dem Grotesktanzpaar Hannes Krock und Beatrice Garga („Krock & Garga"), sowie Ernst August Brenn und Rudi Godden („Klavierduo Brenn & Godden") in Breslau engagiert waren. Zuerst tingelte das Ensemble von Kursaal zu Kursaal, dann in Berlin und anderen größeren Städten des Reiches. Als Anfang 1937 Walter Scholz an Tuberkulose starb, kamen Hermann Noack, der schon im „Küka" als Nachwuchsmann aufgefallen war, und der Schweizer Peter W. Staub in die Gruppe, die, nach dem Verbot der „Katakombe" und der „Nachrichter", 1935 von den Nazis als Versuch eines im „neuen Geist" wirkenden Unterhaltungskabaretts begrüßt wurden. Das zweite Programm lief 1938 über einhundertfünfzigmal in der Berliner „Komischen Oper". Krock & Garga tanzten eine Parodie auf Mary Wigman, die hagere Garga allein machte sich über „Die Ziege", die übersättigte, mondäne Frau mit langer Zigarettenspitze, lustig, „Flachs tönende Wochenschau" und „Afta-Werbefilm" flimmerten in harmloser Parodie über die Bretter, Gerty von Reichenhall parodierte in „Dreißig Jahre Überbrettl" die jeweiligen Kabarettstile: 1900 als „Tingeltangeldiseuse", 1910 als „Mädchen für Geld", 1920 als „Inflationspflanze", 1930 als „Hundertfünfzigprozentiger Vamp", als Imitation auf Marlene Dietrich. Die besondere Beliebtheit der „Acht Entfesselten" lag in der Jungenhaftigkeit Rudi Goddens, der diesen Typ des frechen, liebenswerten Berliner Jungen auch in Filmen wie „Truxa", „Es leuchten die

Rudi Godden

Sterne", „Hallo, Janine!" und auf der Operettenbühne verkörperte. Seine Chansons „Die Liebe macht gewöhnlich blind, doch Gott sei Dank nicht mich, mein Kind" oder „Was tut ein Mann nicht alles für eine schöne Frau" wurden bejubelt. Walter Lieck, der im Berliner „Tingel-Tangel" mit seinen politischen Texten die größten Schwierigkeiten hatte, war der ungenannte Haupttexter dieser unverbindlichen Spöttereien. Norbert Schultze, einst bei den verbotenen „Nachrichtern", war der Komponist der eingängigen Melodien, die Kurt Kiermeir am Flügel vortrug.

Ein Schreiben vom 9. Dezember 1937 belegt, daß von den Überwachungsstellen der Nazis auch versucht wurde, die harmlose Spielfolge „Gute Besserung" zu verändern. Die „Acht Entfesselten" erfreuten sich trotzdem höherer Protektion, „sie sind die ersten", so schrieb 1938 Günter Meerstein in seiner linientreuen Dissertation, „die den richtigen Weg zur Erneuerung der Kabarettkunst beschritten haben. Der Erfolg, den alle ihre Darbietungen erzielten, ist ein Be-

„Die acht Entfesselten"
Szene 1936: „Das Familienalbum"
v. l. Beatrice Garga, Walter Scholz, Hannes Krock,
Käthe Scholz, Ernst August Bren, Hans Haching,
Gerty von Reichenhall, Rudi Godden

DIE 8
Gute
Besserung!
Entfesselten

Parodistische Zeitbühne

Mitwirkende:

Beatrice Garga, Gerty v. Reichenhall, Käte Scholz,
Ernst August Bren, Rudi Godden, Hannes Krock, Hermann Noack

Am Flügel: Kurt Kiermeir

„Die acht Entfesselten"
Programm 1937: „Gute Besserung!"
Programmheftseite

weis dafür, daß diese Kleinkunstbühne
für die Gestaltung des Kabaretts im neu-
en Deutschland richtungsweisend sein
kann."

In der Spielzeit 1938/39 wurde das Kabarett eingestellt, es starb nach Meinung
von Gerty von Reichenhall „an schlechten Texten". Drei Jahre später starb Rudi
Godden, zweiunddreißigjährig an einer
Blutvergiftung. Hannes Krock gründete
nun mit seiner Frau Beatrice Garga das
Kabarett **„Die vier Scharfschützen"** mit
Willy Norman als musikalischem Beglei-
ter und Helmut Gauer, der Chansons im
Kopfstand vortrug. Bis 1944 tingelte diese Gruppe über die Dörfer mit Märchen-
lesungen und Puppenspielen, die keinen
Bezug mehr zur politischen Realität hatten. „Wir wollten den Menschen Freude
in der schweren Zeit spenden" erzählte
Krock 1984 dem Autor in einem Alters-
heim bei Wiesbaden.

Über

den Herrn Staatssekretär

an den Herrn Reichsminister.

Betrifft: Verbot der politischen Anspielungen.

———

     Die sofort von mir an alle einschlägigen Stellen weitergeleitete Anordnung des Präsidenten der Reichskulturkammer betreffs der politischen Anspielungen wird die Truppe der "8 Entfesselten" vor die Pflicht stellen, ihr ganzes Programm schlagartig umzustellen. Die "8 Entfesselten" sind ein seinerzeit von der NS.-Kulturgemeinde stark geförderter Versuch, ein ausgesprochen politisches Kabarett mit unzweifelhaft nationalsozialistischem Vorzeichen durchzuführen. Die Spielzeiten dieses Unternehmens in Berlin und seine Gastspiele im Reich haben in den letzten 2 Jahren nicht eine Beanstandung hervorgerufen, die an die Kammer bezw. die Abteilung VI herangetragen worden wäre. Die augenblicklich laufende Spielfolge "Gute Besserung" hat, wie ich mir von allen Seiten habe bestätigen lassen, in weitesten Parteikreisen vollste Zustimmung gefunden.

     Trotzdem vertrete ich die Meinung, daß auch die "8 Entfesselten" sich vollkommen umstellen müssen. Alle anderen von der Anordnung Betroffenen nämlich würden bei einer gemachten Ausnahme, bei der bekannten Labilität der Ansichten dieser Kreise, die ganze Aktion sofort nicht mehr so ernst nehmen wie sie gemeint ist, was wiederum eine kaum übersehbare Fülle von Einzelverstößen zur Entscheidung heraufbeschwören würde; und alle Stellen würden vor das,subjektiver Empfindung nur zu leicht unterliegende Problem gestellt, die politische Anspielung nach der positiven oder negativen Seite hin zu unterscheiden.

     Ich melde diesen Sonderfall nur deswegen, weil die schlagartige vollständige Umstellung des Programms der "8 Entfesselten" zweifellos beim Publikum sehr auffallen wird, was sich aber nicht verhindern lassen dürfte.

Heil Hitler !

Schreiben vom 9. 12. 1937 an Goebbels, bezüglich „politischer Anspielungen" der „Acht Entfesselten" in ihrem Programm „Gute Besserung!"

Simplicissimus

Als Künstlerlokal hatte der „Simplicissimus", auch „Simpl" genannt, seit seiner
Gründung am 1. Mai 1903 in der Tür-
kenstraße 57 in München Dichter, Maler
und Kabarettisten unter der Leitung von
Kathi Kobus gefördert. Sie engagierte im
Mai 1920 Theo Prosel, der insgesamt 130
Kabarettprogramme für den „Simpl" und
auch für Adolf Gondrells „Bonbonniere"
in München zusammenstellte. Nach dem
Tode der Kobus 1929 wurde er künstle-
rischer Leiter im „Simpl" und ab 1. August 1935, nachdem Gondrell den
„Simpl" gekauft hatte, geschäftsführen-
der Wirt. Er kaufte auch Anteile an der
„Bonbonniere", die er später gegen das
Eigentumsrecht am „Simpl" eintauschte.
Das erste Programm, das Prosel als Leiter des „Simpl" herausbrachte, hatte am
15. August 1935 Premiere. „Der Völkische Beobachter" kommentierte: „...Es
ist keine Kleinigkeit, diesen Mittelpunkt
der Schwabinger Boheme, der die Zeichen der neuen Zeit nicht zu verstehen
schien oder verstehen wollte und darüber
langsam in die Bedeutungslosigkeit ver-
sank, wiederzuerwecken, die Motten aus
den Plüschpolstern der Vergangenheit zu
klopfen und ihn zu einer Unterhaltungs-
stätte zu machen, die ohne Verzicht auf
das wirklich Gute der Überlieferung vor
dem neuen Geist bestehen kann".
In der farbigen Ausstattung Hans von
Bachmeyers und mit der musikalischen
Begleitung von Mario Dietmar machte
Prosel das Brettl zu einem „Sprung-
Brettl" und gab zahllosen Vortragskünst-
lern die erste Chance. Als Hausdichter
lieferten Egon Lothar Stolzenburg und
der aus Nakel an der Netze gebürtige
Fred Endrikat skurrile Verse in der
Nachfolge von Joachim Ringelnatz. In
Samtjacke und mit Kavaliersschleife sang
und sprach Endrikat seine Verse unter

Theo Prosel, Wirt des Münchner „Simplicissimus"

Verwendung eines Telefonbuches, aus
dem er scheinbar vortrug. Außer ihm
selbst interpretierten auch Marietta, Walter Hillbring und Peter von der Osten
seine Gedichte. Prosel, Humanist aus
Überzeugung, verabscheute das politische Kabarett und nahm seine Stoffe aus
der Geschichte und aus den Sagen des
klassischen Altertums, um menschliche
Unvollkommenheiten und Schwächen
vor Augen zu führen. Ab März 1936 gab
er im DIN A 5-Format die „Simpl-Brie-
fe" heraus, in denen die Programmabläu-
fe und Beiträge der auftretenden Künstler enthalten waren. Prosels Humor war
nicht verletzend, es kam immer wieder
der angeborene Wiener Charme durch,
obwohl sich der Simpl-Wirt längst als
Münchner fühlte:

Der roten Bulldoge, dem Wahrzeichen der Zeitschrift „Simplicissimus", wurde für das gleichnamige Kabarett eine Sektflasche zwischen die Pfoten geklemmt

Mir san net so weich wie die Wiener,
Mir san net so laut wia am Rhein.
Mir lebn so schön in der Mitten
Als Bindeglied zwischen den zwein.
Uns bringt nix so leicht aus der Fassung.
Hier ham sie no' wenig derrennt.
Mir lebn so grüabig wia möglich,
Dös is unser größtes Talent.

Im „Simpl" stellte auch Lale Andersen, damals noch als Liselotte Wilke, 1935 zum erstenmal das Chanson „Lili Marleen" vor, das aus der „Hafenorgel" und von Hans Leip stammte und von Rudolf Zink zuerst vertont worden war. Die populär gewordene Melodie schrieb Norbert Schultze für die Zweitpremiere im März 1939 im „Kabarett der Komiker" in Berlin, erst danach wurde das Lied zum Hit des „Soldatensender Belgrad". Größere Schwierigkeiten mit den Nazistellen hatte weder der „Simpl", noch die „Bonbonniere", in der 1933 kurzfristig die „Pfeffermühle" gestartet war, bevor sie ins Exil ging. Theo Prosel berichtet in seinen Erinnerungen lediglich davon, daß die Gestapo einmal ein Bild von Trotzki beanstandete, das im „Simpl" an der Wand hing: „Ich dachte nach, welches Bild das sein könnte, und da fiel mir ein, daß eine Skizze im ‚Simpl' hing, die einen buschbärtigen Mann darstellte". Das für Trotzki und dann für Maxim Gorki gehaltene Bildnis war eine Kopfstudie von Fritz von Unruh zur Bergpredigt. Bis zu ihrer Zerbombung 1944 leitete Adolf Gondrell die „Bonbonniere" und auch Theo Prosel stellte den Betrieb erst ein, als das Lokal durch Fliegerbomben zerstört wurde. Im August 1945 etablierte er den „Simpl" neu am „Platzl" gegenüber dem Hofbräuhaus, wo noch einmal, kurz vor seinem Tode, Karl Valentin auftrat.

Lachen rechts

Den verantwortlichen Nazis gefiel am Kabarett durchaus die Möglichkeit der subtilen Einflußnahme auf den Zuschauer: „Je weniger das Publikum merkt, daß der tiefere Sinn all der Witzeleien nicht das Lachen und bloße Unterstellung ist, desto besser nimmt es das Belehrende in sich auf, das ganz bewußt eingehen muß und nicht aufgezwungen empfunden werden darf". Die Hoffnung des nationalsozialistischen Kabarett-Theoretikers Meerstein war, daß es „den Zuhörern gar nicht zum Bewußtsein kam, daß das Kabarettprogramm sie in irgendeiner Weise oder in einer bestimmten Richtung beeinflußte und die ablehnenden Zuhörer „schließlich die gehörte Meinung ganz bewußt als ihre eigene hinstellten". Diese kabarettistische Unterwanderung sollte auch jene Kreise erreichen, die mit der „Kraft durch Freude"-Propaganda nicht zu erreichen waren.

Daß sich der erhoffte Erfolg trotzdem nicht einstellte, lag sicherlich nicht zuletzt daran, daß das bisherige Kabarettpublikum sich größtenteils aus offenen oder heimlichen Regimegegnern rekrutierte und das Kabarett in seinen Möglichkeiten als politisches „Führungsmittel" durchschaute, da es mit geübter Hellhörigkeit alle doppeldeutigen und versteckten Anspielungen erkannte. Die subtile Einflußnahme durch „positives" Kabarett scheiterte letztlich daran, daß die Stammbesucher der Kleinkunstbühnen im Umgang mit satirischen Tarnungsmethoden geschult waren. Diente allerdings die Tarnung bisher zum Schutz der Kabarettisten vor behördlichen Eingriffen, so sollte sie jetzt die wahre Absicht des Kabaretts vor dem Publikum schützen. Mit den gleichen Mitteln sollte gegensätzliches erreicht werden. Trotz zahlreicher systemkonfor-

"MEIN KAMPF"

„Mein Kampf"
Zeichnung: Clément Moreau, 1937

mer Kabarettgründungen blieben die erhofften Wirkungen in der Umerziehung des Volkes durch satirische Einflußnahme aus.

Die Neugründungen wurden bald kräftig von offiziellen Nazistellen unterstützt: Im Jahre 1934 wurde nach dem Vorbild der Agitprop-Truppen der zwanziger Jahre die Wanderbühne „**Schwärmer**" von der „Landesstelle Sachsen des Reichsministeriums für Volksaufklärung und Propaganda" gegründet: „Dieses Kabarett erfüllt seinen Doppelzweck: Unterhaltung und Erziehung" (Meerstein). Unter dem Namen „**Paprika**" tingelte das Ensemble noch 1938 über die Dörfer, immer bemüht, auch in die letzten Winkel des Reiches, die frohe Botschaft vom neuangebrochenen Zeitalter zu tragen. Der Initiative von Kulturfunktionären verdankte auch das „**Politische Überbrettl**" seine Gründung, für dessen Programm, das „in Wort, Bild und Ton mit derbem Volkshumor behandelt, was uns an Abfällen überwundener Lebensvorgänge hier und da noch unangenehm in die Nase steigt", hatte die Gaudienststelle Ostpreußen 1936 den Studienassessor Ernst Lehmann verpflichtet. Auch bei der Zusammenstellung des Programms und bei der Auswahl der Mitwirkenden „halfen" die offiziellen Stellen, die nichts dem Zufall überlassen wollten.

Als weniger erfolgreich im Sinne der beabsichtigten Umerziehung oppositioneller Volksgenossen wurde der von R. G. Treumer geleitete **„Schelmenspiegel"** in der „Deutschen Artistik" vom Oktober 1935 beschrieben: „Schon das Eingangslied war ein unerträgliches Gemisch von Schlagerlied und patriotischen Versen. Auch in den folgenden Bildern trat immer wieder die Tendenz derart plump hervor, daß man von Witz, Satire oder ähnlichem nicht im geringsten sprechen konnte." Ob das Fazit des „deutschen Artisten": Bis auf wenige Ausnahmen „völlig mißlungen" so stimmt, läßt sich weder für dieses, noch für die anderen Nazi-Kabaretts feststellen, da die Textbeispiele bisher nicht aufgefunden werden konnten. Doch was da im völkischen Urschlamm kabarettierend hervorkroch, mag für sich selbst sprechen, wie etwa Hermann Grafs in Danzig eröffneter **„Eulenspiegel",** für den Willi Schaeffers die Patenschaft übernahm, das 1935 in Berlin gegründete **„Heppner-Kabarett,** dessen Leiter Gustav Heppner in den Jahren zuvor Claire Bauroff, Anita Berber, Gerda Maurus und Senta Söneland für die Kabarettbühne entdeckt hatte, oder **„Der wachsame Hahn",** den Rolf Merz in Westfalen mit einem jungen Ensemble (Nenita Santas, Emmi Bella, Hans Zschocke, Gerhard Ellbogen) krähen ließ. „Neue Wege sind gezeigt worden, und es ist keine Schande oder Nachahmung, wenn wiederum ein neues Kabarett-Ensemble entsteht", schrieb Max Mikiti zur Eröffnung seiner **„Schaubude"** am 1. November 1936. Die Klein-

kunstflut aus den eigenen Reihen löste bei der regimetreuen Presse auch bald keine Begeisterung mehr aus, zumal in den faschistischen Nachahmungen der Satireblätter, beispielsweise in der „Brennessel" verlogener gehetzt wurde, als bei den selbst zusammengezimmerten Kabaretts. So blieben die von „jugendlichem Feuer getragenen" kabarettistischen Versuche der meist in diesem Metier völlig unerfahrenen Dilettanten eine kurze, sich im Sande verlaufende Episode der Kabarettgeschichte. Selbst ein kabaretterfahrener Profi wie Fred Endrikat, der 1932 in seinem „Simpl"-Sketch „Auf dem Reichstags-W. C." das völkische Empfinden vorausschauend parodierte, konnte nun, fünf Jahre später mit seinem in Köln gegründeten Kabarett **„Arche"** unter den bewegungstreuen Spontibrettlern nicht überleben, obwohl Endrikat in gewohnt lustigen Versen, begleitet von zwei Pianisten und in aufwendigen Dekorationen von Willi Key, sich dem Zeitgeschmack angepaßt hatte und ebenfalls gegen die alten Feinde des Nationalsozialismus zu Felde zog, gegen Weisheitsfresser und museale Kunstjünglinge, Meckerer und Hamsterer und gegen Intellektuelle:

Sie sind ganz Kopf – vom Knöchel bis
    zum Kragen.
Ihr Horizont ist eng – der Mund sehr
    weit.
Sie sind stets negativ und sozusagen
Der Blinddarm in dem Bauche unsrer
    Zeit.

Oh, wenn sie wüßten, wie sie komisch
    wirken!
In ihrem Dünkel spreizen sie sich groß
    und breit
Wie stolze Eichen zwischen
    Krüppelbirken –
Und sind Kakteen nur in Wirklichkeit.

Zwischen Trotz
und Tagesbefehl

Frontkabarett nach 1939

Zur „Erfüllung der kulturpolitischen
Mission" und zur Gewährleistung der
„Führungsrolle der deutschen Nation"
wurden die Unterhaltung und das Theater im Dritten Reich konsequent für den
Bereich der Wehrmacht und später der
Kampftruppen als Propagandamittel eingesetzt. Propagandaminister Goebbels
sah darin „eine der wichtigsten Voraus-
setzungen für die Standhaftigkeit und
Durchhaltekraft der ganzen Nation in ihrem Schicksalskampf". Schon ab 1937
werden Soldatenbühnen gegründet, die
aus Berufsschauspielern bestehen und
nur an Wehrmachtsstandorten und Trup-
penübungsplätzen auftreten; daneben
werden auch Landes- und Stadttheater
zur Wehrmachtsbetreuung verpflichtet.
Ab Oktober 1939 wird die Einsatzpla-
nung der Fronttheater vom Oberkom-
mando der Wehrmacht (Abteilung
Wehrmachtspropaganda), vom KdF,
Amt Feierabend, und vom Reichspropagandaministerium übernommen. Das
Ministerium von Goebbels kümmerte
sich allerdings vornehmlich um die aufwendigen Programmgestaltungen bei besonderen Anlässen, wenn entsprechend
bekannte und beliebte Künstler für besonders hochrangige Politiker und Militärs verpflichtet wurden, dafür wurde
auch eigens ein Ensemble wie die „Berliner Künstlerfahrt" zusammengestellt.
Die einzelnen Armeegattungen hatten
ihre eigenen Frontbühnen, zum Beispiel
die Kriegsmarine die im September 1939
gegründete „Front-Soldaten-Bühne,
Sylt". Für die Luftwaffe spielte die erfolgreiche „Luftgaubühne Nord-West",

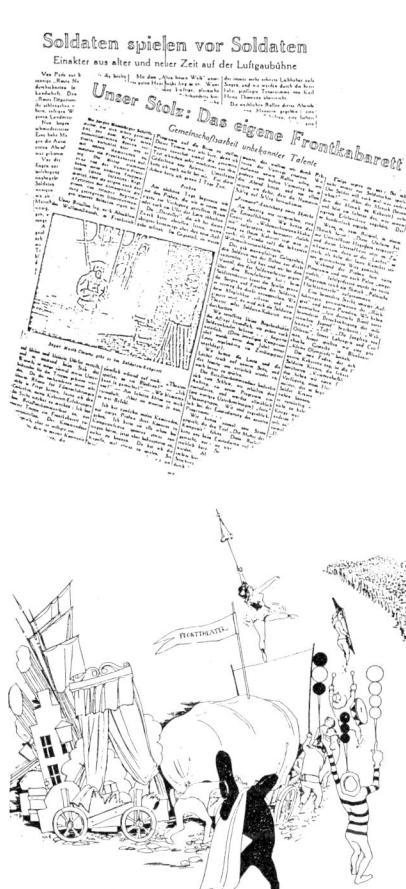

„Das Fronttheater kommt"
Zeichnung: Will-Halle, 1941

deren Sitz das Städtische Schauspielhaus Ludwigslust war. Auf kommerzieller Ebene arbeiteten vor allem Tourneetheater als Fronttheater, die mit den großen Namen ihrer Publikumslieblinge warben, und kleine Ensemble mit kabarettistischbunten Programmen. Auf provisorisch errichteten Frontbühnen brachten ehemalige Kabarettisten, wie Grethe Weiser, Hubert von Meyerinck, Gunther Philipp, Hans Moser, Marianne Pohlenz, Kurt Pratsch-Kaufmann oder Parodisten, wie Ludwig Manfred Lommel und Werner Kroll, ihre Durchhalte-Späße mit „Jubel, Trubel und Heiterkeit". Ethel Reschke sang und conférierte bei der **„Bärenbühne":** „Wenn der Soldat Pech haben soll, grüßt er den Leutnant und stößt dabei dem Hauptmann ins Auge!". In Frankreich leitete 1941 Wilhelm Hammand-Norden ein **„Wehrmachtswunschkabarett",** in dem, als Parodie auf die „Wehrmachts-Wunschkonzerte", die Soldaten als „Kartoffelschäler" oder als „Kasernenhofblüte" ihre Vorgesetzten glossierten: „Wenn ich einmal der Kompaniechef wär'". In einem ausgelegten Beschwerdebuch trugen die Soldaten des Infanterie-Regiments Anregungen für neue Szenen ein. Der Schauspieler Hans Richter, Ursula Herking aus der verbotenen „Katakombe" und der später inhaftierte komische Lyriker Robert T. Odeman verbreiteten 1942 auf einer Front-Tournee „Gute Laune – für Soldaten!" Selbst Wolfgang Neuss, der nach dem Krieg das Berliner Kabarett prägte und veränderte, verbreitete 1943 im Lazarett in Kopenhagen mit Paul Milkus, Rolli Holbein und dem Geiger Kurt Schiffer als „Verwundeter für Verwundete: Lachkalorien!": „Ich will mal erzählen, wie ich hier hergekommen bin. Ich war draußen, da bin ich verwundet worden. Das war so: Herr Hauptmann rufe ich, Herr Hauptmann! Ich habe sieben Gefangene! Sagt der Hauptmann: Ist gut. Bring sie her. Geht nicht, sag ich. Die halten mich fest."

Eine Truppe mit Balduin Baas tingelte durch die „Kinder-Landverschickungs-Lager" (KLV), in denen Kinder untergebracht waren, die man aus den Städten evakuiert, um sie vor Bomben zu schützen.

Trotz der pathetischen Töne, die von offizieller Seite die Wehrmachtsbetreuung begründeten, durfte, sozusagen unter dem Schutz der Wehrmacht, besonders im kleinen Kreis von Offizieren manches gesagt und gesungen werden, was in der Heimat nicht mehr möglich war: Tatjana Sais berichtete 1966 in einem Interview: „Mein Mann (Günter Neumann d. V.) wurde dann zu guter Letzt doch noch Soldat und gelangte in die ‚gehobene Wehrbetreuung'. Kabarett im eigentlichen Sinn war das allerdings nicht mehr. Im privaten Kreis konnte man schon mal eine Lippe riskieren. Aber höchste Vorsicht war auch hier geboten. Trotzdem brachte er z. B. im Casino eine Parodie auf das Deutschlandlied."

Als mit dem frühzeitigen Wintereinbruch 1941 die Front in Rußland zum Stehen kam, führte der General der 16. Armee – Generalfeldmarschall Busch – einen Kursus „Truppenbetreuung" durch. Er lehnte die KdF-Gruppen ab, weil das alles Zivilisten waren. Aus diesem Kursus ging das Soldatenkabarett **„Der Knobelbecher"** hervor, das von 1942 bis 1944 in Frontlazaretten, in vorgeschobenen Hauptkampfplätzen, in Bunkern und zerschossenen Kirchen spielten. Unter der Leitung des Gefr. Dr. Hans Peter Rieschel (Dramaturg und Regisseur vom Deutschen Theater, Berlin), der mit dem Komponisten und Pianisten des Kabaretts Uffz. Lothar Olias (vom „Kabarett der Komiker", Berlin) alle Texte schrieb, wirkten in den Sketchen und Soloszenen noch mit: Uffz. Kurt Grabert (Schlagzeuger vom Orchester Otto Dobrindt,

„Der Knobelbecher",
Programmheft-Titel, 1942

Berlin), Gefr. Rudi Greiner (Schauspieler vom Staatstheater, Kiel), Gefr. Herbert Thamm (Sänger vom Reichssender, Köln) und Obergefr. Bobby Schlüter-Mertens (Bühnenbildner vom Opernhaus, Hamburg), der schauspielerisch sehr komisch war. Der Auftrittssong der „Knobelbecher", bei denen auch die Männer Frauenrollen spielen mußten, wurde zur beliebten Erkennungsmarke: „Es fehlen Girls in kurzen Hosen – Sechs Männer bringen Kunst in kleinen Dosen". Dieses Kabarett war kein propagandistischer Heil-Hitler-Juchzer. Für das Programm „Von der Maas bis an den Kreml" schrieben die Autoren Satiren über Hitlers musikalischen Oberzeremonienmeister Hermann Nielebock, besser bekannt unter seinem Pseudonym Herms Niel: „Niels Hermsen konzertiert", Lili Marleen sang vorausschauend über die zerschossene Laterne und eine Wahrsagerin suchte vergeblich den Frieden in

„Der Knobelbecher", 1942
Lothar Olias conferiert

Berlin. Mit bissigen, politischen Witzen und Liedern wurden die Armee und die Vorgesetzten parodiert: „Es ist das Los von Untertanen, sie müssen Eide schwörn auf Fahnen".

Widersinnig mutet im Rückblick die Situation im zweiten Weltkrieg, besonders an der Ostfront, an. Während hinter den deutschen Linien im Sinne der Durchhalte-Propaganda KdF-Bühnen zur Entspannung, Erheiterung und zur Kampffreudigkeit ihr „Bestes" gaben und daneben Kabaretts wie „Der Knobelbecher" diese Stimmung zu unterlaufen versuchten, agitierten vor den Linien, über die Front hinweg, die kommunistischen Emigranten mit Flugblättern und Rundfunkeinsätzen für ein baldiges Kriegsende, für die deutsche Kapitulation und für ein Überlaufen der deutschen Soldaten, unter ihnen Ernst Busch und der kabaretterfahrene Texter Erich Weinert:

Verlaß die Verbrecher, die Zeit rückt heran,
Und Deutschland ist wieder befreit.
Und du sei bei den Befeiern! Daß dann
Das deutsche Volk von dir sagen kann:
Er hielt seinen heiligsten Eid!
oder
Hör mich, Landser, was du hier vernichtest,
Bringt dir keinen Sieg und Segen ein.
Aber was du hier zugrunde richtest,
Das wird Deutschland, unsere Heimat sein!

Als Werner Finck 1938 im „Kabarett der Komiker" Berufsverbot erhielt, versteckte er sich erst einmal bei Freunden in Frankfurt. Bei seinem Freund, dem Kritiker Friedrich Luft erschienen zwei Herren in Ledermänteln an der Tür und fragten scharf: „Sie sind Finck!?" Der eigentlich nicht zu Scherzen aufgelegte Freund antwortete wahrheitsgetreu: „Nein, ich bin Luft!" Die Fahndung wurde nach kurzer Zeit eingestellt und Finck meldete sich im August 1939 freiwillig zur Wehrmacht. Goebbels gab jedoch so schnell nicht auf. Er versuchte auch hier, außerhalb seines direkten Zuständigkeitsbereiches, Finck das Leben zu erschweren. Nachdem Goebbels Versuch, Finck als wehrunwürdig erklären zu lassen, gescheitert war, forderte das Reichspropagandaministerium in einem Geheimbefehl eine Sonderbehandlung für den verhaßten Kabarettisten: „Der Funker Finck darf nur zu den schwersten und niedrigsten Arbeiten herangezogen, irgendwelche Vergünstigungen wie Ausgeherlaubnis, Urlaub usw. dürfen ihm nicht gewährt werden. Er darf im Rahmen der Truppe weder Veranstaltugen leiten noch sich selbst künstlerisch betätigen. Seine Feldverwendung ist ‚entsprechend' vorzusehen."
Trotzdem wurde Finck weiter von seinen militärischen Vorgesetzten geschützt, die nicht bereit waren, in der Truppenbetreuung auf ein so komisches Talent zu verzichten, bloß weil ein Zivilist namens

„Der Knobelbecher", 1942
Gastspiel beim Soldatensender Ursula
v. l. Lothar Olias, Frank Schult, Herbert Thamm,
René Naumann, Rudi Greiner, Hans Peter Rieschel,
Kurt Grabert

Werner Finck conferiert 1940
sein „Wunschkonzert der Wehrmacht"

Goebbels ihn persönlich nicht leiden konnte. So glückte es Finck schließlich doch noch, seinem Erzfeind durch das engmaschige Netz zu schlüpfen und sich – paradoxerweise – dadurch zu retten, daß er in den Krieg zog.

Aber Goebbels ließ nicht nach: Werner Finck befand sich vom Frühjahr bis Spätherbst 1942 ein zweites Mal in Haft. Er war unter dem Verdacht als Mitglied einer Widerstandsgruppe von Herbert Mumm der Mitwissenschaft an einer Konspiration angeklagt und in das Wehrmachtsuntersuchungsgefängnis Berlin eingeliefert worden. Die Wehrmacht ließ sich jedoch von der Gestapo nicht in ihre Kompetenzen reden und stillschweigend wurde Finck wieder entlassen. Werner Finck hat in seinen Ein-Mann-Programmen nach dem Krieg unter dem Titel „Der brave Soldat schweigt" und „Bewältigte Befangenheit" diese Kriegserlebnisse selber persifliert und er erzählt darin auch von dem letzten Versuch, den Goebbels unternahm: „Als Goebbels von meiner Entlassung erfuhr, ließ er sich diesen Sand nicht in die Augen streuen. Endlich sah er seine Chance, mich in den Griff zu kriegen, gekommen. Zum zweitenmal versuchte er, mich für wehrunwürdig erklären zu lassen, diesmal auf dem direkten Dienstweg. Über Heydrich lancierte er einen entsprechenden Auftrag auf den Schreibtisch des Chefs des Oberkommandos der Wehrmacht, Generalfeldmarschall Keitel. Ohne dessen Zustimmung konnte kein Wehrmachtsangehöriger aus dem Heer losgeeist werden. Jeder Held wurde gebraucht. An diesem Tag hätte sich Keitel, der sich sonst stets der Partei unterwarf, beinahe mit ihr überworfen. Statt des gewohnten Kniefalls erlebte Heydrich einen Anfall. Einen Anfall von vorübergehender Rückgratversteifung. Arrogant wie immer hatte Heydrich seinem Partner Keitel unter anderen Papieren ein Gesuch vorgelegt,

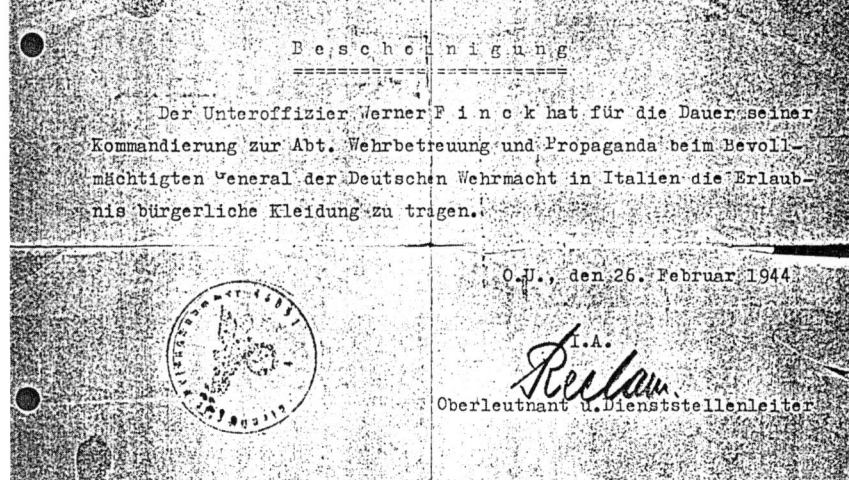

Beschcinigung
===========================

Der Unteroffizier Werner F i n c k hat für die Dauer seiner
Kommandierung zur Abt. Wehrbetreuung und Propaganda beim Bevoll-
mächtigten General der Deutschen Wehrmacht in Italien die Erlaub-
nis bürgerliche Kleidung zu tragen.

O.U., den 26. Februar 1944

i.A.
Reclam
Oberleutnant u. Dienststellenleiter

Werner Finck wird am 26. 2. 1944 an der Front in
Italien erlaubt, für seine Conférencen bürgerliche
Kleidung zu tragen

Werner Finck eröffnet 1943 in Neapel seine Soldatenbühne „Platzpatrone"
Handzettel

ihr

PROGRAMM

Heitere Variationen über das ernste Thema:

MACHT DAS DEM SOLDATEN FREUDE?

Ein kurzer, langweiliger Vortrag mit

langen, kurzweiligen Unterbrechungen

auf der Bühne

Veranstalter ist: Wehrbetreuung des
Dt. W. St. O. Neapel mit Unter -
stützung der A. O. der N. S. D. A. P.

einen hohen SS-Dienstgrad in entsprechenden militärischen Rang in die Wehrmacht zu übernehmen. Das ließ den ewigen Blindgänger Keitel endlich einmal hochgehen. ‚Das kommt überhaupt nicht in Frage!' brüllte er und fegte das Gesuch vom Tisch. ‚Und das auch nicht!' Ein zweites Blatt flog hinterher. Es war Goebbel's Antrag, mich aus der Wehrmacht zu entlassen. So fiel der Fall Finck wieder einmal unter den Tisch. Eine verschreckte Ordonanz hob ihn auf und heftete ihn ab. Womit er gut aufgehoben war. Auf diese Weise war ich auch diesmal Goebbels wieder um ein Haar entkommen."

An den Kriegsschauplätzen in Rußland und Italien conférierte Finck unter dem Protektorat des Kompaniechefs Arnulf Oster „Wunschkonzerte der Wehrmacht", spielte 1943 in Neapel mit seiner Soldatenbühne **„Die Platzpatrone"** heitere Variationen über das ernste Thema: „Macht das dem Soldaten Freude?" und gastierte schließlich mit einem Frontkabarett, an dem auch Margarethe von Benda und Robert Tietze, sowie die Musiker Freddy Werner Schnelle und Teddy Dietze beteiligt waren, an verschiedenen Frontabschnitten. Dabei dramatisierte er Blackouts und Witze von dieser Art: „Einer sitzt auf dem Stuhl, und er liest. Ein anderer stürmt rein und erschießt den auf dem Stuhl. Zu spät merkt der Schütze verwirrt, er hat sich im Stockwerk geirrt. Ende des Minidramas. Blackout!"

Die Verbissenheit und Ausdauer, mit der höchste Parteistellen den Kabarettisten verfolgten, erscheint im Rückblick verwunderlich, weil Finck doch „nur" ein Kabarettist war. Seine Unverfrorenheit und die Wirkung, mit der er sich über die nationalsozialistischen Heiligtümer lustig machte, ist von den Machthabern als „staatsgefährdend" empfunden worden. Ob das Kabarett als Widerstands-

form in einem totalitären Staat überhaupt seine Berechtigung hat, ist auch von Finck nachträglich bezweifelt worden: „Wir haben mit der Katakombe" einen Fehler gemacht. Wir gingen nicht in die Politik hinein. Wir hatten unser Publikum, das genügte uns. Und wir genügten ihm. Das war Inzucht. Draußen zogen die SA, die Wirklichkeit – in dem Moment hätten wir die Katakombe zumachen sollen. Hätten auch in die Versammlungen gehen müssen, nicht auf geistig, wir hätten auch Stuhlbeine nehmen sollen ..."

Kabarett hat in Zeiten totaler Meinungszensur ganz sicher eine Solidaritäts- und Aufklärungsfunktion; genauso kann aber auch durch das Ventil des Lachens die aktuelle Unzufriedenheit entweichen. Daß letztlich die politische Lage von vielen Kabarettisten noch am Ende der zwanziger Jahre nicht ernst genommen wurde, bestätigte Finck 1966 in seinem Buch „Witz als Schicksal – Schicksal als Witz": „Wir Kabarettisten machten in der Weimarer Republik keine Ausnahme: auch wir unterschätzten Hitler: ‚Ein Verrückter!' (Als ob das was ausmacht in der Politik!)."

Hurra!

Text: Werner Finck
1940 vorgetragen von Werner Finck
Frontkabarett

Mich hat noch nichts so sehr verwundert
Wie dieser Krieg, doch immerhin,
Er spielt nun mal in dem Jahrhundert,
Dem ich als Mensch verpflichtet bin.

Nie fühlte ich mich so geborgen,
Nie so geschützt wie hier im Feld,
Ich brauche mich um nichts zu sorgen,
Sogar der Feind wird mir gestellt.

Es brummt und rommelt[1] hoch im Äther,
Sieh da: Ein ganzes Regiment!
Der kühne Wunschtraum unserer Väter,
Da zieht er hin am Firmament.

Was soll da aus den Feinden werden,
Die halten dem bestimmt nicht stand,
Und Platz wird wieder auf der Erden,
Grüß Gott! Tritt ein, mein Vaterland!

Werner Finck an der Front

[1] Anspielung auf Erwin Rommel (1891–1944), Generalfeldmarschall; 1940 Kommandeur einer Panzer-
division im Westen, 1941 des deutschen Afrikakorps;
stand später der Widerstandsbewegung nahe.

Der Vater kehrt als Kriegskrüppel heim

Text: Erich Weinert
Flugblatt, Moskau, 1941

Schau her, da bin ich wieder, mein Kind,
Verstümmelt, wie ich's verdiene.
Als ich auszog, wie war ich blind,
So wie es viele ja heut noch sind
In Hitlers Kriegsmaschine.

Wie viele andere hatt' ich vertraut,
Ich kämpfte für Deutschlands Ehre.
Und darauf hatten wir blind gebaut.
Und wie hattest du zu mir aufgeschaut.
Als ob ich ein Heiliger wäre.

Deutsche Gefangene in der Sowjetunion malen ein
antifaschistisches Propagandaplakat, 1943

Doch was sie sagten, war jedes Wort
Erlogen und erstunken.
In blindem Glauben zogen wir fort;
Doch unser Ruhm war nur Raub und Mord.
Ich kämpfte unter Halunken.

Sie haben geplündert in jedem Land.
Es war ein schreckliches Morden.
Sie haben Frauen und Kinder verbrannt.
Ich sah es – und bin nicht fortgerannt!
So bin ich mitschuldig geworden!

Ja, Junge, nun bin ich wieder hier!
Ein Krüppel, doch nicht mehr blind.
Aber als Schuldiger hock ich vor dir.
Und schautest du heute hoch auf zu mir,
Ich müßte mich schämen, mein Kind.

Bitte
frankieren

pendo-verlag
Wolfbachstrasse 9

CH-8032 Zürich

Bücherzettel

Ich bestelle
aus dem pendo-verlag

durch die Buchhandlung

Name
Strasse
PLZ/Ort

☐ Bitte senden Sie mir
regelmässig Ihr
Verlagsverzeichnis

pendo-Buchreihen - pendo-Autoren

pendo – sauerteig

zu Zeitfragen: Helder Camara, Mario
von Galli, Arnold Hottinger, Peter
Noll, Kurt Scharf, Dorothee Sölle,
Josef Weizenbaum; 1985: Rubem Alves,
Dorothy Day, Oskar Lafontaine

pendo – texte

Romane, Kurzgeschichten, Lyrik u.a.:
Werner Bucher, Christina Bröckelmann,
Leopold Davi, Franz Fassbind, André
Grab, Martin Hamburger, Rolf Hörler,
Maria Lutz-Gantenbein, Heinrich Nüsse
Elisabeth Schnack, John Seiffart,
Irmgard Steppuhn, Magdalena Vogel,
Heinz Wegmann, Manfred Züfle

pendo – vormals heimeran

aus der Schatztruhe des Heimeran-Ver-
lages: Die Grossmutter und ihr erster
Enkel / Der 100-jährige Kalender /
Unfreiwilliger Humor / Dunkel war's /
Nasreddin Hodscha / Das Kopfkissenbuch

pendo – raritäten

der amerikanische Dichter Robert Lax,
Hanno Helbling, Werner Wollenberger

pendo – zürich

Zürich Stadtführer & Zürcher Autoren
zu Zürich: Fritz Herdi, Erwin Parker,
Viktor Schobinger, Herbert Stüssi

pendo-verlag Wolfbachstrasse 9 Zürich

ERICH WEINERT:

Der Führer

Deutsches Volkslied

Manch gekrönter Abenteurer
Hat in Deutschland schon regiert,
Manche polternden Erneurer
Haben uns schon angeführt.
Viel war nie davon zu halten;
Doch man konnt es noch verstehn.
Diese, auch als Staatsgewalten,
Waren immerhin Gestalten.

   Aber ausgerechnet d e n ?

Diesen Hindenburgumschwänzler,
Diesen tristen Hampelmann,
Diesen faden Temperenzler,
Ders nicht mal mit Weibern kann,
Diesen Selterwassergötzen,
Dies Friseurmodell auf schön,
Davon laßt ihr euch beschwätzen?
Und man fragt sich mit Entsetzen:

   Aber ausgerechnet d e n ?

Wär nun in der Zeit der Krise
Irgendeiner aufgetaucht,
Ein Prophet, ein Kerl, ein Riese,
Wie die rauhe Zeit ihn braucht,
Gleich als Tempelstürmer
           kenntlich,
Als Rebell, als Phänomen,
Wo die Menge ruft: na endlich!,
Alles wäre noch verständlich.

   Aber ausgerechnet d e n ?

Später einmal unsre Kinder
Sehn ihn im Panoptikum.
Um den ausgestopften Schinder
Stehn sie dann verwundert rum.
Und sie werden von euch sagen:
Alles könnte man verstehn,
Was das Volk in frühern Tagen
An Gestalten schon ertragen...

   Aber ausgerechnet d e n ?

Sowjetisches Flugblatt 1941,
mit dem Text „Der Führer" von Erich Weinert

Zwischen Mut und Machtlosigkeit

Kabarett in den Konzentrationslagern

Die Errichtung der Konzentrationslager, KL oder später wegen seines schärferen Klanges KZ genannt, diente dem Hauptzweck der Nazis, nämlich der Ausschaltung jedes wirklichen oder vermuteten Gegners der nationalsozialistischen Herrschaft: „Absondern, diffamieren, entwürdigen, zerbrechen und vernichten – das waren die Formen des Terrors; je drastischer umso besser und je gründlicher umso nachhaltiger", schrieb der Buchenwald-Überlebende Eugen Kogon 1946 in dem Standardwerk „Der SS-Staat". Lieber brachte man zehn Unschuldige hinter Stacheldraht, als daß man einen wirklichen Gegner übersah. Der Schriftsteller Ernst Niekisch, wegen seiner antifaschistischen Widerstandstätigkeit im Januar 1939 von den Nazis zu lebenslanger Zuchthaushaft verurteilt, beurteilte die Konzentrationslager in seinem Buch „Das Reich der niederen Dämonen" (geschrieben 1935/36) so: „Die Errichtung der Konzentrationslager war das Eingeständnis, daß man Bürgerkrieg führte; im Konzentrationslager kühlte man sich sein Mütchen an den Bürgerkriegsgefangenen. Nicht auf dem Kampfplatz, sondern in ihren Häusern und Betten wurden diese Gefangenen ergriffen; es gehörte kein Mut, sondern nur ein Haftbefehl der Geheimen Staatspolizei dazu, ihrer habhaft zu werden. Es wurde demonstriert, daß es deutsche Menschen gebe, die außerhalb des Gesetzes standen und vogelfrei waren. Auf Grund blanker Willkür wurden Tausende ihrer Freiheit beraubt; ohne Schuldnachweis, ohne Gerichtsurteil wurden sie ihren Familien

Nationalsozialistische Deutsche Arbeiterpartei
Partei-Kanzlei
Der Leiter der Partei-Kanzlei   Führerhauptquartier, den 11.7.1943

R u n d s c h r e i b e n   Nr. 33/43 g.

Betrifft: Behandlung der Judenfrage.

Im Auftrage des Führers teile ich mit:
Bei der öffentlichen Behandlung der Judenfrage muss jede Erörterung einer künftigen Gesamtlösung unterbleiben.
Es kann jedoch davon gesprochen werden, dass die Juden geschlossen zu zweckentsprechendem Arbeitseinsatz herangezogen werden.
                                        gez. M. B o r m a n n
F.d.R.:

Verteiler: Reichsleiter,
           Gauleiter,
           Verbändeführer.

Schlagwortkartei: Behandlung / Juden.

Rundschreiben der NSDAP (Martin Bormann) vom 11. 7. 1943, in dem die Entscheidung, der endgültigen Vernichtung der Juden, als „zweckentsprechender Arbeitseinsatz" getarnt wurde

und ihrem Beruf entrissen. Gegen die Verfügung der Geheimen Staatspolizei gab es kein Rechtsmittel; wen die Polizei aufs Korn nahm, für den gab es keine Rettung mehr."
Nachdem es schon etliche Folterhöllen der SA, der „Sturmabteilungen" und der Nazipartei in allen Teilen Deutschlands gab, wurde im März 1933 das erste „offizielle" Konzentrationslager in Dachau errichtet. Die Voraussetzung dafür lieferte die nach dem Reichstagsbrand erlassene Verordnung des Reichspräsidenten Hindenburg „zum Schutz von Volk und Staat" vom 28. Februar 1933. Darin wurden die verfassungsmäßigen Grundrechte aufgehoben und die vollkommene Willkür und der Terror der „Schutzhaft" legalisiert. Waren es in den ersten Jahren fast nur politische Gegner des Naziregimes, die in die Konzentrationslager verschleppt wurden, so änderte sich dies 1935/36 durch die Einweisungen von

Eingangstor des Konzentrationslagers
Buchenwald

„Befristeten Vorbeugehäftlingen", sogenannten Berufsverbrechern (BV) und ab
Juni 1938 durch die Verhaftung von Tau-
senden sogenannten Asozialen (Aso-
Häftlinge), es waren Menschen (Bettler,
Hausierer), die keiner geregelten Arbeit
nachgingen. Wenige Monate später, in
der grauenvollen Nacht vom 9. zum
10. November 1938, der „Reichskristall-
nacht" (Reichsprogromnacht), zerstörten
Nazihorden in Deutschland 7500 jüdische Geschäfte sowie 177 Synagogen und
verhafteten, verschleppten, ermordeten
Tausende von jüdischen Mitbürgern.
Waren also anfangs vornehmlich politische Gegner des Naziregimes oder auch
sogenannte Berufsverbrecher in die KZ
gebracht worden, so füllten sich diese
nun mit jüdischen Bürgern und anderen
Verfolgtengruppen, wie Bibelforschern
(Zeugen Jehovas), Zigeunern und Menschen, die nach § 175 wegen ihrer Ho-
mosexualität verfolgt wurden. Ganz neue
Ausmaße bekam das KZ-System nach
dem Überfall auf Polen und dem Beginn
des Zweiten Weltkrieges. Aus allen von
Nazi-Deutschland besetzten Ländern
Europas wurden Deportierte und Widerstandskämpfer in die Konzentrationslager verschleppt. Aus den 6 Hauptlagern

mit 4 Nebenlagern im September 1939
wurden bis Ende 1944 13 Hauptlager mit
500 Nebenlager. Der Kriegsverlauf und
die hohen Verluste an den Fronten führten ab 1942 zur Mobilisierung der Häft-
lingsarbeitskräfte, die nun für Kriegsauf-
gaben (Rüstungsindustrie) eingesetzt
wurden. Mit der „Endlösung der Judenfrage" waren die Machthaber ab 1942
schließlich dazu übergegangen, die Mas-
sentötungen im besetzten Polen in eigens
dafür ausgerüsteten Vernichtungslagern
mit Gaskammern, wie Auschwitz-
Birkenau, Sobidor oder Majdanek, aus-
zuführen.
Von 1933 bis 1945 befanden sich in den
Konzentrationslagern insgesamt 1 600 000
Häftlinge, von denen 1 180 000 ermordet
wurden. Einschließlich der Vernichtungslager waren es 18 000 000 Häftlinge,
davon wurden 11 000 000 ermordet.
In diesen Konzentrationslagern versuchten tausende von Häftlingen ihrem Leiden, aber auch ihrer Hoffnung eine
künstlerische Stimme zu geben – in Versen, Bildern, Musik, in Aufführungen
mit Theatern, Kabaretts und Orchestern.
Daß es diese künstlerischen Aktivitäten,
von denen wenige Zeugnisse überliefert
wurden, nicht nur in den ausländischen
Internierungslagern gegeben hat (wie im
Band 14 „Satire gegen Hitler" dieser Reihe beschrieben), sondern auch in den
Konzentrationslagern, hat unterschiedliche Gründe. Wegen der Eintönigkeit des
Lagerlebens wurden bestimmte kulturelle
Äußerungen in einigen Lagern von der
SS geduldet oder sogar von den Lagerkommandanten initiiert. In anderen Lagern, wo illegale Widerstandsgruppen
und ein starkes internationales Lagerko-
mitee bestanden, gab es die Durchführung illegal organisierter Kulturarbeit. In
zahlreichen Lagern, vor allem in jenen,
die als Massenvernichtungslager dienten,
kann von einer kulturellen Betätigung
kaum die Rede sein.

Musikanten im Konzentrationslager Buchenwald
Zeichnung: Axel Munk-Adersen

In den Konzentrationslagern spielte vor allem die Musik eine wichtige Rolle. Unter oft schwierigsten Bedingungen wurden Lagerkapellen, Instrumentalgruppen, Streichquartette und Chöre aufgebaut, in denen eigens geschriebene Lagerlieder, aber auch Volks-, Freiheits- und Landsknechtslieder gesungen und gespielt wurden. Gelegentlich verwendete man dabei auch faschistische Liedmelodien als musikalische Grundlage für die neuen Texte. Dazu erklärte Heinz Hentschke, der das Aschendorfer Moorlager überlebte: „Es widerte uns an, immer wieder die verhaßten Nazilieder zu singen. Da sagten wir uns: Wenn wir schon die Lieder singen müssen, machen wir uns wenigstens unsere eigenen Worte dazu. Umso wirkungsvoller können wir unsere Lieder dann tarnen!"

In Auschwitz gab es beispielsweise ein Orchester, bestehend aus etwa fünfzehn Häftlingen und analog dazu in Auschwitz-Birkenau ein Orchester, das ausschließlich aus jungen Frauen bestand und dessen Existenz der eitlen Idee des Lagerkommandanten Josef Kramer zu verdanken war. Unter der Dirigentin Alma Rosé, Nichte des Komponisten Gustav Mahler, spielte das Frauenorchester auch Melodien verbotener und verfolgter jüdischer Komponisten, die der SS nicht bekannt waren. Die Sängerin jiddischer Lieder Lin Jaldati berichtete von illegal gesungenen Spottversen auf Hitler in Auschwitz und von dem Vortrag jiddischer und lustiger Lieder, um die Gefangenen aufzuheitern: „Allmählich bildeten alle einen großen Kreis. Ein makabres Bild: Einige hundert nackte Frauen, vor Kälte zitternd, hörten sich die Lieder an, klatschten Beifall und schienen für Augenblicke zu vergessen, wo sie waren. Von Michelle hatte ich das französische Partisanenlied ‚Le Chant de la Libération' gelernt. Jetzt sangen wir es zu zweit. Einige Frauen übersetzten für ihre Landsleute, was wir sangen. Ich sang noch mehrere Lieder, bei ‚Rajsele' sangen einige polnische Frauen mit, auch bei ‚Sog nischt kejnmol, as du gejst dem letztn weg' (Sag nie, du gehst den letzten Weg), dem jiddischen Partisanenlied."

Auch unter den unmenschlichen Qualen im Frauen-Konzentrationslager Ravensbrück konnten die Häftlinge nur selten durch das Singen von Liedern ihren moralischen Halt stärken, wie die Chansonsängerin Eva Busch berichtete. Zu ihrer Verhaftung 1941 genügte, daß sie mit dem proletarischen Liedersänger und Kommunisten Ernst Busch verheiratet war.

Das erste sich schnell verbreitende Lagerlied, nach dessen Vorbild auch in anderen Lagern Lieder verfaßt wurden, war „Die Moorsoldaten". Die Urheber des Textes waren der Bergarbeiter Johann Esser und der Schauspieler Wolfgang Langhoff, der in seinem gleichnamigen Buch die Entstehung des Liedes im KZ Börgermoor beschrieb. Die erste Komposition schrieb Rudi Goguel, die später Hanns Eisler in einer melodischen Fassung überarbeitete, bei der er die ersten vier Takte dem Wiegenlied „Horch, Kind, horch" aus dem dreißigjährigen Krieg entlehnte und sich eng an das volkstümliche Lied von Georg Herwegh „Die lange Nacht ist nun herum" (1841) anlehnte. In seinem Erlebnisbericht „Es war ein langer Weg" gibt Goguel eine Darstellung über die Entstehung des Moorsoldatenliedes: „Der äußere Anlaß zur Entstehung des Liedes war die ,Nacht der langen Latten', jener nächtliche Überfall von SS-Leuten auf eine Häftlingsbaracke im KZ Börgermoor. Die illegale Häftlingsleitung beschloß als Antwort auf den Pogrom eine Kulturveranstaltung durchzuführen, um den SS-Leuten den Unterschied zwischen ihrer eigenen primitiven und der Lebensauffassung ihrer politischen Gegner vor Augen zu führen." Auf der Veranstaltung, die unter der Bezeichnung „Zirkus Konzentrazani" im Sommer 1933 stattfand, wurde das Lied uraufgeführt. Sechzehn Sänger, vorwiegend Mitglieder des Solinger Arbeitergesangvereins, marschierten in ihren grünen Polizeiuniformen (die damalige Häftlingskleidung) mit geschulterten Spaten in die Arena, Rudi Goguel an der Spitze in blauem Trainingsanzug mit einem abgebrochenen Spatenstiel als Taktstock: „Wir sangen, und bereits bei der zweiten Strophe begannen die fast 1000 Gefangenen den Refrain mitzusummen. Von Strophe zu Strophe steigerte sich der Refrain, und bei der letzten Strophe sangen auch die SS-Leute, die mit ihrem Kommandanten erschienen waren, einträchtig mit uns mit, offenbar, weil sie sich selbst als ,Moorsoldaten' angesprochen fühlten. Bei den Worten ,Dann ziehn die Moorsoldaten nicht mehr mit dem Spaten ins Moor', stießen die sechzehn Sänger die Spaten in den Sand und marschierten aus der Arena, die Spaten zurücklassend, die nun, in der Moorerde steckend, als Grabkreuze wirkten." In den folgenden Wochen hat Goguel das Lied in Dutzenden von Exemplaren mit Noten abgeschrieben, mit einer gezeichneten Vignette versehen und an Häftlinge, aber auch an SS-Leute verschenkt. Von da aus hat das Lied dann über die Agitproptruppen und später

Auf handgeschriebenen Blättern wurde das Widerstandslied „Die Moorsoldaten" verbreitet

über den Moskauer Rundfunk seinen Weg ins Ausland gefunden. In den Moorlagern Papenburg und Esterwege entstanden weitere Widerstandslieder, die Heinz Hentschke verfaßte mit Titeln wie „In Emslands Moore kulen wir" oder „Wir sind Moorsoldaten, wir tragen das schwarze Kleid. Wir sind Kameraden allzeit in Ewigkeit."

Als Werner Finck in Esterwegen eingeliefert wurde, mußte er sich von dem gleichfalls dort festgehaltenen Carl von Ossietzky, dem konsequent antifaschistischen letzten Chefredakteur der „Weltbühne" vor 1933, wortspielerisch übertrumpfen lassen: „Das hätte ich mir nicht träumen lassen", lächelte Ossietzky bei einem Appell, „daß wir beide nochmal im gleichen Lager stehen würden." Werner Finck gab an einem Sonntag vor Pfingsten 1935 auch eine Vorstellung für die Moorsoldaten, als Transportarbeiter mit blauer Schürze erschien er auf der improvisierten Bühne. Er trug eine große

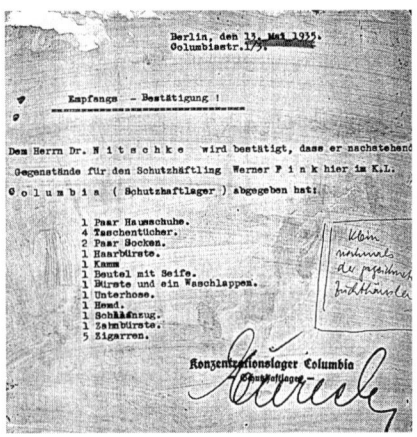

Berlin, den 13. Mai 1935.
Columbiastr.1/3.

Empfangs - Bestätigung !

Dem Herrn Dr. N i t s c h k e wird bestätigt, dass er nachstehend
Gegenstände für den Schutzhäftling Werner F i n k hier im K.L.
C o l u m b i a (Schutzhaftlager) abgegeben hat:

1 Paar Hausschuhe.
4 Taschentücher.
2 Paar Socken.
1 Haarbürste.
1 Kamm.
1 Beutel mit Seife.
1 Bürste und ein Waschlappen.
1 Unterhose.
1 Hemd.
1 Schlafanzug.
1 Zahnbürste.
5 Zigarren.

Konzentrationslager Columbia

Bestätigung vom 13. 5. 1935 an Werner Finck über
die von ihm abgegebenen Sachen im Konzentrationslager Esterwegen (Columbia)

Kiste, die er umständlich vom Rücken
auf den Boden stellte und mit überstei-
gerter Vorsicht öffnete. Ein Bild kam
zum Vorschein – eine primitive Malstu-
die mit Kohle auf Karton – die Hitler
darstellte. Dann das nächste Porträt,
Göring in voller Kriegsbemalung, mit
vorsichtiger Bewegung wurde Goebbels
hervorgeholt, und zum Schluß Himmler,
alles Zeichnungen, die der Häftlings-
Kumpel Adolf Bender angefertigt hatte.
Die Zeichnungen standen in einer Reihe
vor der Kiste, kein Wort der Erklärung,
nur Finck, der Transportarbeiter, ging
leisetretend um seine Schaustellung herum und demonstrierte seine Unkenntnis
über das ihm unangenehme Ereignis. Der
Inhalt der Kiste war ihm peinlich und er
packte die Bilder schnellstens wieder zurück in die Kiste, die er dann wieder mit
übertriebener Vorsicht dicht machte, so
als wollte er sagen, die kommen nie mehr
in das Licht der Öffentlichkeit. Ein
schwungsvolles Aufheben der Kiste auf
die Schulter und beim Abgang ein brau-
sender Beifall der übervoll besetzten Baracke. – Auf der Rückseite stand mit
schwarzer Schablonenschrift: „Vorsicht,

nicht stürzen!" Finck konnte, im Gegen-
satz zu vielen anderen, dem KZ entkommen:

Tief innen liegt ein Schrei in meiner Brust,
Ich könnte über ihn verfügen,
Es wäre mir eine große Lust
Und ein gewaltiges Vergnügen,
Doch wag ich's nicht, ihn zu befreien,
Und trag ihn lieber weiterhin als Bürde.
Ich fürchte, daß er ausgestoßen
          weiterschreien
Und ewig weiterschreiend meine
          Ruhe stören würde.

Im Konzentrationslager Neuengamme
entstand sowohl ein eigenes Lagerlied,
als auch zur Weihnachtsfeier 1944, die
von der Lagerleitung genehmigt worden
war, der „Song von der Kuhle". Der
Prager Regisseur Emil F. Burian hatte
den Song verfaßt, der von dem Schauspieler Erwin Geschonnek und seinem
Häftlingschor vorgetragen wurde. Nach
der Melodie von „Das Wandern ist des
Müllers Lust" schrieb Alfred Schrappel
im Schutzhaftlager Coldnitz das Lied
„Der Posten", das die Zustände in dem
Lager verspottete. Im KZ Lichtenburg
gab es von der SS genehmigte Kulturver-
anstaltungen, die jedoch in ihren satirischen Auswirkungen nicht durchschaut
wurden. So trug der später in Buchenwald ermordete Walter Stöcker aus
Charles de Costers „Till Ulenspiegel" die
Folterszene vor. Ein anderer Häftling erzählte als „Reiseführer": „Reise mit der
Gestapo, und du lernst Burgen kennen –
Sonneburg, Lichtenburg, Brandenburg,
Sachsenburg, Oranienburg, Papenburg."
Anschließend zählte er die „Vorzüge"
der einzelnen Burgen auf. Als Abschluß-
chor solcher Veranstaltungen wurde begeistert ein umgetexteter Tonfilmschlager
angestimmt:

Wir zahlen keine Miete mehr,
Wir sind auf der ‚Lichte' zu Haus.

Und ist die Zelle noch so klein,
Wir machen uns gar nichts daraus.
Ein Meter fünfzig im Quadrat,
Wir haben ja wenig Gepäck,
Wenn die Zelle nur 'nen Strohsack hat
Und wir werden halbwegs satt,
Dann ziehn wir nicht wieder weg!

Als Carl von Ossietzky am 4. Mai 1938
in einem Berliner Krankenhaus an den
Folgen der KZ-Haft starb, organisierten
die Häftlinge im KZ Sachsenhausen eine
Gedenkveranstaltung, auf der das von
Karl Wlock, Karl Fischer und Bernhard
Bästlein (nach der Melodie „Die Bauern
wollen Freie sein") verfaßte „Sachsen-
hausen-Lied" vorgetragen wurde. Die erste Strophe lautet:

Wir schreiten fest im gleichen Schritt,
Wir trotzen Not und Sorgen,
Denn in uns zieht die Hoffnung mit
Auf Freiheit und das Morgen.

Carl von Ossietzky
Zeichnung: Johannes Wüsten

Im Lager Sachsenhausen stellten Häftlinge auch kleine Liederbücher her, oft in
monatelanger, mühsamer und heimlicher
Arbeit geschrieben und gebunden. Das
bedeutendste dieser Art ist „Das Lager-
liederbuch" von 1942, das mit seinen 188
kalligrafisch geschriebenen Liedtexten
und kunstvollen Federzeichnungen vor
einigen Jahren als Faksimile-Druck im
Pläne-Verlag erschien. In diesem Lager
schrieb und sang der Pole Alex Kulisiewicz seine Lieder, die er später als er-
schütternde Dokumente auf Veranstaltungen in vielen europäischen Ländern
und auf Platten dokumentierte. In den
über 66 Monaten seiner Haft organisierte
Alex Kulisiewicz mit anderen inhaftierten Künstlern – unter ihnen der Pantomime Jean Louis Barrault – Dichterlesungen und illegale Liederabende. Nachdem er aber als „jüdische Nachtigall" bei
der Lagerleitung denunziert worden war,
versuchten Ärzte der SS, seine Stimme

durch dreimaliges Einspritzen von Diph-
teriebazillen zu zerstören. Deutsche und
tschechische Mithäftlinge gaben ihm daraufhin ein heimlich organisiertes Mittel,
das die Wirkung der Spritzen neutrali-
sierte. Als der Chefarzt des KZ schließlich sah, daß sein „Experiment" fehlge-
schlagen war, resignierte er: „Lassen wir
den Sauhund singen!" Im Prominenten-
block 2 von Sachsenhausen sang er dann
1941 u. a. sein Lied „Kazett".
Neben den schon vielfach dokumentier-
ten Liedern gab es in wenigen Lagern,
wie Buchenwald und Dachau, bunte
Programme mit Kabaretteinlagen und im
Lager Theresienstadt mehrere Kabarettensembles. Sie arbeiteten alle nach der
Parole, die der dem Kabarett als Autor
und Vortragender eng verbundene Dichter Erich Mühsam, den die Nazis 1934
im KZ Oranienburg umbrachten, bereits
in den zwanziger Jahren geprägt hatte:
Und ob sie mich erschlügen –
Sich fügen – heißt lügen.

Kazett

Text: Alex Kulisiewicz
Musik: Jan Stefani
1941 vorgetragen von Alex Kulisiewicz
Konzentrationslager Sachsenhausen

Das Kazett gleicht einem bösen, bösen Hund.
Sein Ruf ist furchterregend.
Wozu denn noch Leichen gegenüber
Die Krautjunker-Geste...
Im Zebrakleid ist doch alles scheißegal.
Hier nützen uns keine Diplome mehr
(Auch der Herr Bischof muß das Scheißhaus fegen!)
Hier wirst du nicht zum Nabel der Welt!

Die Moorsoldaten

Wo-hin auch das Au-ge blik-ket, Moor und Hei-de
nur rings-um. Vo-gel-sang uns nicht er-quik-ket,
Ei-chen ste-hen kahl und krumm. Wir sind die Moor-sol-
da-ten und zie-hen mit dem Spa-ten ins Moor!

Text: Johann Esser, Wolfgang Langhoff
Musik: Rudi Goguel
1937 vorgetragen
Konzentrationslager Börgermoor

Wohin auch das Auge blicket,
Moor und Heide nur ringsum.
Vogelsang uns nicht erquicket,
Eichen stehen kahl und krumm.
   Wir sind die Moorsoldaten
   und ziehen mit dem Spaten
   ins Moor!

Hier in dieser öden Heide
Ist das Lager aufgebaut,
Wo wir fern von jeder Freude
Hinter Stacheldraht verstaut.
   Wir sind die Moorsoldaten...

Morgens ziehen die Kolonnen
In das Moor zur Arbeit hin.
Graben bei dem Brand der Sonne,
Doch zur Heimat steht der Sinn.
   Wir sind die Moorsoldaten...

Heimwärts, heimwärts jeder sehnet,
Zu den Eltern, Weib und Kind.
Manche Brust ein Seufzer dehnet,
Weil wir hier gefangen sind.
   Wir sind die Moorsoldaten...

Auf und nieder gehn die Posten,
Keiner, keiner kann hindurch.
Flucht wird nur das Leben kosten,
Vierfach ist umzäunt die Burg.
   Wir sind die Moorsoldaten...

Doch für uns gibt es kein Klagen,
Ewig kann's nicht Winter sein.
Einmal werden froh wir sagen:
Heimat, du bist wieder mein.
   Dann ziehn die Moorsoldaten
   nicht mehr mit dem Spaten
   ins Moor!

„Die Moorsoldaten"
Zeichnung: Jean, 1935

159

Der Posten

Text: Alfred Schrappel
Musik: („Das Wandern ist des Müllers Lust")
1942 vorgetragen
Konzentrationslager Colditz

Wer hütet uns bei Tag und Nacht?
Wer ist's, der unsern Schlaf bewacht?
Der Posten!
Er ist um uns bei jedem Schritt,
Er geht selbst beim Spazieren mit,
Ob mit Tritt oder ohne Tritt.
Der Posten.

Wer weckt uns früh aus süßem Traum?
Wer sorgt für Kamm und Seifenschaum?
Der Posten!
Dann eilt er mit zur Küchenfee,
Sorgt sich um Butter, Brot, Kaffee
Und unser sonstges Ach und Weh.
Der Posten!

Wer holt die Kranken ins Revier?
Bekämpft mit uns den Schnaps, das Bier?
Der Posten!
Ob du Holz hackst, er ist dabei,
Beim kübeln, zwiebeln, einerlei,
Wer bleibt bei dir, bis daß du frei?
Der Posten!

Wer läßt dich rauchen für dein Geld?
Wer ist's, der dir Parolen erzählt?
Der Posten!
Wer lehrt dich rechts um, links um, kehrt?
Wer lobt dich, wenn du dich bewährst?
Von wem wirst du stets gut belehrt?
Vom Posten!

Wer singt mit dir manch schönes Lied?
Wer ist besorgt, daß es nicht zieht?
Der Posten!
Nichts, nichts ist ihm für dich genug,
Er bleibt bei dir, auch beim Besuch,
Beim Jauchetragen, trotz Geruch!
Der Posten!

„Der Posten"
KZ Sachsenhausen
Zeichnung: Wladyslaw Solecki, 1941

Wer nimmt dir weg vom Kopf das Brett?
Wer schickt dich abends in das Bett?
Der Posten!
Wer wacht bei deinem Dutzendkahn?
Wer hört sich auch dein Schnarchen an?
Vermeidet, was Schlaf stören kann?
Der Posten!

Wer führt dich hin zum Kommissar,
Wenn endlich die Entlassung war?
Der Posten!
Wem zeigst Paket und Brief du vor?
Wer führt dich schließlich bis vor Tor?
Es ist, singt's alle laut im Chor:
Der Posten!

160

Buchenwald

Im Sommer 1937 wurde auf dem Ettersberg nordwestlich von Weimar in Zwangsarbeit von Häftlingen das Konzentrationslager Buchenwald errichtet, in dem unter unmenschlichen Verhältnissen bald über 50000 Menschen auf engstem Raum zusammengepfercht waren. Als nach Beginn des Krieges ein spürbarer Arbeitskräftemangel in Deutschland eintrat, entwickelte sich Buchenwald mehr und mehr zu einem Arbeitslager. In dieser Periode versuchte sogar die SS, im KZ so etwa wie „Kraft durch Freude" zu organisieren. Sie gestattete sonntags Fußballspiele, sie ließ ein Lagerorchester zu und richtete später, seit 1941, sogar ein Kino ein, in dem zumeist faschistische Filme zur „Umerziehung" gezeigt wurden. Es gab Bilder, die gemalt wurden und bunte Programme mit satirischen Gedichten und Szenen. „Über künstlerisches Laienschaffen im Lager zu schreiben, birgt die Möglichkeit irriger Vorstellungen in sich, etwa, daß die Gefangenen unter menschlichen Bedingungen gelebt haben müßten, sonst wären sie nicht imstande gewesen, künstlerische Produkte hervorzubringen. Und dennoch: Menschliche Bedingungen gab es in den Lagern nicht. Hier ‚lebten' die Gefangenen nur, weil sie eben noch nicht – gestorben waren", schrieb der Buchenwald-Überlebende Bruno Apitz.
Die Art der öffentlichen Veranstaltungen reichte vom harmlos-besinnlichen „Wiener-Nachmittag" mit Stephansdom-Kulisse und Johann Strauß-Walzer bis zur eindeutigen Symbolik der „Silvester-Veranstaltung 1944/45" bei der von dem holländischen Maler Henri Pieck die Frage nach den Umständen des nächsten Jahreswechsels zeichnerisch mit freien, fröhlichen Menschen beantwortet wurde und sich Schlag 12 das Zifferblatt einer

Konzentrationslager Buchenwald

großen Standuhr öffnete und ein Kind in sowjetischer Uniform mit der Jahreszahl „1945" herauskletterte. Besondere Höhepunkte dieser Zusammenkünfte, die unter den Augen des SS stattfanden, waren stets die auf die aktuellen Lagerverhältnisse zugeschnittenen Sketche, die unter geschickter Ausnutzung der engbegrenzten legalen Möglichkeiten den Häftlingen in einer nur ihnen verständlichen Sinngebung Mut und Zuversicht zusprachen. Eine solche Szene schrieb 1943 Karl Schnog für den Vortrag von Bruno Apitz. Mit dem Titel „Na ja!" spielte Apitz, selber lang und dürr, einen bleich geschminkten Häftling, bekleidet mit Mütze, Brille, fleischfarbener Gesichtsmaske und einem viel zu großen Häftlingsanzug, der sich in einer ständigen, in einem witzigen Dialog vorgetragenen Auseinandersetzung mit seinem Kapo (verantwortlicher Vorarbeiter) befand. Schließlich sollte er arbeiten und einen Baum zersägen. Da er das nicht konnte, zeigte es ihm der Kapo. Die präparierte Säge zerbrach. Dann sollte er Holz spalten, jedoch das Beil blieb im Klotz stecken. Der Kapo half ziehen und flog, als sich das Beil endgültig gelöst hatte, mit großem Schwung in einen gefüllten Wassereimer, während Apitz, die Hand im Holzscheit eingeklemmt, in einen Stuhl fiel, dessen Sitz zersplitterte. Diese Zirkusnummer brachte die Zuschauer zum

Lachen – und das war unter den Bedingungen des KZ schon was wert. Der Kapo wurde nun immer gemeiner. Er trat den Häftling aus dem Stuhl, so daß dieser kopfüber in den Eimer stürzte, dann schleppte er ihn am Rockkragen bis zur Mitte der Bühne und schüttelte ihn: „Was willst du bloß noch? Du hast doch alles, was du brauchst. Was willst Du denn noch?" Jetzt kam die große Pointe, in der Apitz sagte: „Schonung!" Das war das Zauberwort für alle Gefangenen. Daraufhin rannte der Kapo weg, und Bruno Apitz sang das von ihm vertonte „Klagelied eines Häftlings: Na ja!" Inzwischen hatte der Kapo die nasse Hose gewechselt und kam wieder herangehetzt. Nun zeigte der Häftling, daß er arbeiten konnte, hackte Feuerholz in Windeseile und hob zum Schluß noch den (allerdings ausgehöhlten) riesigen Baumstamm alleine auf, so daß der Kapo schließlich in Ohnmacht fiel. So wurde demonstriert, daß auch der Schwächste im Lager standhaft und sogar zu großen Leistungen fähig sein konnte.

Für einen anderen Vortrag schrieb sich Bruno Apitz die Szene „Das Lineal", wie er selber berichtet hat: „Ich hatte mich zweiseitig angezogen, die eine Hälfte schmutzig, die andere sauber, und drehte entsprechend dem Text die jeweilige Seite den Zuschauern zu. Ich verkörperte damit den resignierenden und den standhaften Häftling." Die Moral bestand darin, daß der Verzweifelnde im Lager ein Lineal verschlucken sollte, damit er wieder den aufrechten Gang beherrschte.

Die gleiche moralisch-aufbauende Absicht verfolgten auch Bruno Apitz (Text) und Josef Kropiński (Musik) mit ihrem Marsch, den sie für das bunte Programm „Kopf hoch" schrieben, das für die Häftlinge im „Kinosaal" aufgeführt wurde:

In den schweren langen Jahren,
Kamerad, erinn're dich,

Block-Veranstaltung im Konzentrationslager Buchenwald
Zeichnung: Pierre Mania

Galt das Wort, das schicksalsharte:
Steh gerade oder brich!
Sind auch viele schon zerbrochen,
Wir stehn hinterm Stacheldraht
Aufrecht, Jahre oder Wochen –
Hoch den Kopf, Kopf hoch, Kamerad!

In diesen legalen Veranstaltungen wurden Szenen wie „Bomber über Buchenwald" oder „Doch für uns kommt mal die Zeit" von Otto Halle ebenso vorgetragen, wie Verse von Karl Schnog, Ferdinand Römhild und Fritz Löhner-Beda. Daneben gab es eine Reihe Abende internen Charakters, auf denen beispielsweise Szenen von Georg Büchner aus „Danton" oder die von den Nazis verbotene Rede des Marquis Posa aus Schillers „Don Carlos" die Grundlage der Programme bildeten.

In Buchenwald stirbt 1938 auch Paul Morgan, vor 1933 eine der Hauptstützen des „Kabarett der Komiker". Der Journalist und ehemalige Buchenwald-Häftling Bruno Heilig hat sein Ende miterlebt: „Auf Block 16 hat ein Blockführer bei einer Kontrolle Lebensmittel in den Betten gefunden. Der Block muß strafexerzieren. Es regnet, scharfer Wind weht. Ein Mann tritt aus der Reihe, nimmt die Mütze ab, geht wankend auf den Blockführer zu, der das Strafexerzieren beauf-

„Kopf hoch"
Noten von Jósef Kropiński

sichtigt. ,Ich bin krank – ich habe Fieber...' Es ist der Schauspieler Paul Morgan. Der Blockführer jagt ihn zurück. Der Block exerziert bis zum Pfeifen. Paul Morgan wird auf einer Bahre zurückgebracht." 1938 wird vom KZ Dachau der österreichische Satiriker Jura Soyfer nach Buchenwald überstellt. Hier als Leichenträger bestand seine Aufgabe darin, die an Bauchtyphus gestorbenen Häftlinge in Decken einzuwickeln und sie mit Hilfe anderer Häftlinge zum Lagertor zu tragen. Die Eltern hatten schließlich ein Auslandsvisum beschafft, als die Entlassungspapiere in Buchenwald eintreffen, stirbt Jura Soyfer am 16. Februar 1939 an Typhus.
Bereits Ende 1938 hatte der damalige Lagerführer Rödl erklärt: „Alle anderen Lager haben ein Lied, wir müssen auch ein Buchenwald-Lied bekommen. Wer eins macht, bekommt zehn Mark." Die meisten Entwürfe der Texte und Melo-

dien fanden bei der Lagerleitung keinen Beifall, schließlich setzte sich das „Buchenwald-Lied" durch, das zwei österreichische Häftlinge geschrieben hatten: der Text war von Fritz Löhner-Beda, dem ehemaligen Librettisten von Franz Lehár und vielfältigen Kabarettautoren, der 1942 in Buchenwald an Entkräftung starb; die Musik stammte von Hermann Leopoldi, der 1939 entlassen wurde und in die Vereinigten Staaten emigrierte. Dieser Marsch wurde zur Hymne, die bei jeder Gelegenheit gesungen wurde und vor allem der Refrain wurde zum Ausdruck der Hoffnung der Häftlinge, die als Überlebende 1945 von den amerikanischen Truppen befreit wurden:

O Buchenwald, wir jammern nicht und
    klagen,
Und auch was unsre Zukunft sei –
Wir wollen trotzdem „ja" zum Leben
    sagen,
Denn einmal kommt der Tag –
Dann sind wir frei!

Du magst dich drehen

Text: Fritz Löhner-Beda
1938 vorgetragen
Konzentrationslager Buchenwald

Du magst dich drehen, du magst dich wenden,
Du magst dich wehren mit Füßen und Händen.
Der möcht' es segnen, der möcht' es fluchen,
Der eine fliehen, der andere suchen.
Ganz gleich, das große Geschehen spricht:
Die Welt bekommt ein anderes Gesicht!

Wie damals, als mit Schwertern und mit Spießen
Landhungrige Völker zusammenstießen,
Römerpaläste vom Blute troffen
Barbarenpferde am Tiber soffen,
So funkelt und zuckt das magische Licht:
Die Welt bekommt ein anderes Gesicht!

In allen Ecken schwelt das Feuer,
Es rieselt deutlich im alten Gemäuer.
Es kommt, es kommt in tausend Gestalten,
Es kommt, es kommt und läßt sich nicht halten.
Die alte Form des Daseins zerbricht:
Die Welt bekommt ein neues Gesicht!

Arbeitskolonne
Zeichnung: Henri Pieck

Jedem das Seine

Text: Karl Schnog
1943 vorgetragen
Konzentrationslager Buchenwald

Die Herren haben wirklich Humor
In diesen bitteren Zeiten:
„Jedem das Seine" steht höhnisch am Tor,
Durch das die Häftlinge schreiten.

So leuchtet, erhaben und arrogant,
Was sie an das Höllentor schmieden.
Uns ist auch ohne das Sprüchlein bekannt,
Was jedem im Lager beschieden:

Dem Häftling – das Stehen in Sonne und Sturm,
Erfrieren und klatschende Güsse.
Dazu vom todesdrohenden Turm
Das ernste Versprechen der Schüsse.

„Der Eingang" (Jedem das Seine)
Holzschnittskizze: Herbert Sandberg

Den Henkern – die Ehre, der schmackhafte Schmaus,
Das Gleiten auf federnden Felgen;
Die Ruhe und das behagliche Haus,
Die Wollust, die Macht und das Schwelgen.

Dem Häftling – der Hunger, die Angst und die Last,
Die Marter, die viehischen Witze;
Das Essen, das Baden, das Schlafen in Hast
Und schließlich die mordende Spritze.

Ihr Herren, die ihr heute noch grient,
Glaubt mir, was ich schwörend beteure:
Einst holt der Häftling, was er verdient.
Und ihr? Ihr bekommt dann das Eure!

Na ja!
Klagelied eines Häftlings

Text: Karl Schnog
Musik: Bruno Apitz
1943 vorgetragen von Bruno Apitz
Konzentrationslager Buchenwald

Was das bloß ist – man kann mich hier nicht leiden,
Und was ich mache, hat noch nie geklappt.
Von Hause bin ich höflich und bescheiden,
Wenn hier was schiefgeht, werde ich ertappt.
Ich bin kein Brotdieb und war nie ein Zinker,
Nur nicht gelenkig und ein wenig steif.
Hier aber nennt mich jeder einfach „Stinker",
Sieht „schwarz" für mich und sagt, ich wäre „reif"!
      Wie bös, nervös, monströs, skandalös!

Draußen bin ich noch jemand gewesen,
Da hat keiner mich direkt bedroht.
Gute Bücher hab' ich nur gelesen,
Und hier sagt man zu mir „ach, du Idiot".
Draußen trug ich Streifen im Pyjama,
Den ich für teures Geld besorgt.
Hier der Anzug wird für mich zum Drama,
Und ich sehe aus wie ausgeborgt – na ja!

Ob ich ans Spind geh' oder Betten baue,
Es ist nie richtig, und ich falle auf.
Von meinem Unglück zeigt das Aug', das blaue,
Schreibt man zur Meldung auf – ich steh' mit drauf.
Die Mütze hab ich zehnmal schon verloren,
Der Stubendienst meint aber, das sei „Dreh",
Das Handwerkszeug ist gegen mich verschworen,
Wo ick es anpack, stets tu ick mir weh.
      Ominös, schauderös, mysteriös, intravenös.

Draußen hab' ich Nägel eingeschlagen,
Doch hier drinnen treff' ich nur die Hand.
Draußen durft ich manchmal etwas sagen,
Hier red' ich zu Menschen wie zur Wand.
Hier ist Wahrheit, draußen war die Dichtung,
Lagerordnung lern' ich ohne Lust.
Hab nie „Vordermann", noch „Seitenrichtung",
Auch von „Nachschlag" hab ich nichts gewußt – na ja!

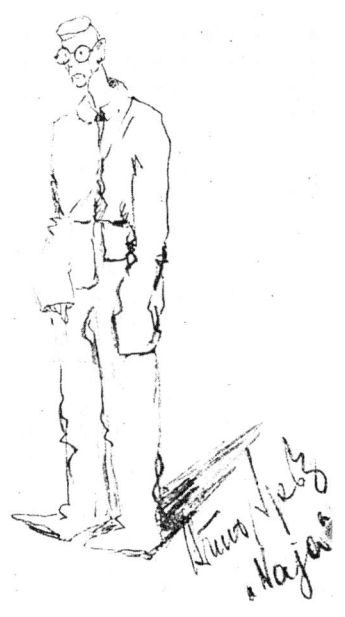

Bruno Apitz Selbstdarstellung
beim Vortrag des Liedes „Na ja!"

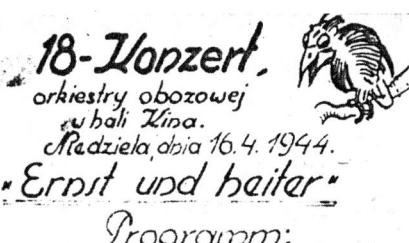

Programmzettel des 18. Lagerkonzerts in Buchenwald mit der von Bruno Apitz vorgetragenen Szene „Na ja!"

Ich sage „Kamerad" und manchmal „bitte",
Und doch ist man mir böse ohne Grund.
Mir scheint, daß Höflichkeit bei uns nicht Sitte,
Denn jeder Kamerad nennt mich „blöder Hund".
Ich geb' mir Mühe, mich hier umzustellen,
Sonst werde ich nicht meines Lebens froh,
Doch bei den harten hiesigen Gesellen
Komm ich nicht mit, ich bin nun halt mal so!
    Seriös, genrös, kapriziös, voluminös!

Ich gewöhne mich nicht an das Flitzen
Und an Schlaf zu dritt in einem Bett.
Und an zwanzig Mann im Lokus sitzen, sitzen.
Nein – ich lerne niemals ganz KZ – na ja!

Doch auch für uns kommt mal die Zeit

Text: Otto Halle
1943 vorgetragen
Konzentrationslager Buchenwald

(Der Chor der Steineträger singt hinter
den Kulissen und kommt langsam auf die
Bühne:)
Hoch auf dem gelben Wagen
Sitz ich beim Schwager vorn.
Vorwärts die Rosse traben,
Lustig erschallet das Horn.
Berge, Täler und Auen,
Lustiges Baßgebrumm,
Ich bliebe ja so gerne, um zu schauen,
Aber der Wagen der rollt.

(Die Kapelle begleitet leise den Gesang,
um dann beim weiteren Spiel zu unter-
malen. Im Vordergrund links sind vier
Häftlinge beim Steinesetzen beschäftigt.
Einer von ihnen kniet und legt die Stei-
ne, während die anderen mit der Ramme
in Bereitschaft stehen. Sie arbeiten nicht,
sondern stützen sich auf ihr Handwerkszeug und lauschen dem Gesang hinter
der Bühne. Der Strom der Steineträger
fließt über die Bühne, indem die Häftlinge auf der einen Seite auftreten und auf
der anderen Seite verschwinden, jedoch
immer wieder erscheinen, so daß der
Eindruck entsteht, daß Hunderte beschäftigt sind. Das Bild muß immer fließen. Ein alter Häftling tritt aus der Reihe
und blickt zum Modell des Krematoriums zurück; er wiederholt dies bei seinem nächsten Erscheinen, so daß der
Eindruck entstehen muß, der alte Häftling beschäftigte sich in diesen Gedanken
nur mit seinem Tode. Die Steinesetzer
beginnen ihre Arbeit. Nach einigen
Hammerschlägen läßt der Kniende den
Hammer sinken, die anderen machen
halt, und der erstere rezitiert jeweils einen Vers, in den die Rammer im Takt
einfallen:)

So hämmern wir fleißig
Jahrein und jahraus
Und schaffen die Straßen und bauen ein
    Haus.
Wir hämmern mit Fleiß und leimen mit
    Schweiß.
So geht es die Jahre
Im Buchenwald-Takt:
Rack pickepack ticktack...
So hämmern wir Jahre,
Doch einmal ist's aus.
Dann gehen wir endlich zu Muttern nach
    Haus.
Dann hämmern wir nicht mehr
Im Buchenwald-Takt,
Aber der Hammer wird um so fester
    gepackt:
Rack pickepack ticktack...
Ja, dann stampfen und schlagen
Und bohren und tragen
Und reißen nieder
Und bauen wir wieder.
Heisa, dann wird die ganze Arbeit gemacht
Und tausendmal mehr und besser geschafft!
Und das alles mit lachendem, krachendem
    Takt:
Rack pickepack ticktack...

(Die Steineträger haben weitergearbeitet,
doch gegen Ende der Rezitation sind sie
langsamer geworden. Sie essen verstoh-
len, einzelne setzen sich nieder. Die Szene ist müde und abgespannt. Die Musik
hat nur während der Rezitation aufge-
hört. Der Alte wankt aus seiner Reihe
und bricht zusammen. Einige helfen ihm
stumm. Die Masse sieht sich nur um und
bleibt teilnahmslos. Plötzlich ein Donnerschlag. Das Licht geht für einen Moment aus, und beim Hellwerden sieht
man einen Kapo in übernatürlicher Grö-
ße. Er macht eine Geste der Macht.
Nochmaliger Donnerschlag. Der Kapo
ist verschwunden. Die Häftlinge setzen
sich erschrocken in Bewegung. Der Alte
richtet sich auf, nimmt seinen Stein an
die Brust und wird selbst geschleppt. Die

Weihnachten 1943

Ferdinand Römhild
Zeichnung: Henri Pieck

Text: Ferdinand Römhild
1943 vorgetragen
Konzentrationslager Buchenwald

Eine stille Nacht, eine heilige Nacht!
Acht Jahre sind so vergangen,
Der ehernen Zeit zum Opfer gebracht.
Was hab ich dafür empfangen?

Meine alte Welt ist vergangen und tot.
Was ist davon mir geblieben?
Die Mutter starb mir in Kummer und Not,
Wie hatte sie oft noch geschrieben:

Eine stille Nacht, eine heilige Nacht!
Es klingt mir wie Engelszungen.
Was mir die Zeit auch an Gaben gebracht,
Ich hab' sie fleißig verschlungen.

Pralinen voll Galle und Bitterkeit,
Konfekt voller Gift und voll Maden,
Die reizenden Gaben der ehernen Zeit.
Ich fraß sie, vielleicht litt ich Schaden.

Eine stille, eine heilige Nacht!
Man gab, und ich habe genommen,
Ich habe genommen und habe gedacht,
Das Christkind sei zu mir gekommen.

Man hielt mich aller der Gaben für wert,
Ich nahm und tat mich nicht sperren,
Man hat mich reichlich und gut beschert.
Ich danke recht schön, meine Herren!

Eine stille Nacht, eine heilige Nacht!
Ihr Herren, meine Verehrung!
Nun warte ich auf eine andere Nacht
Und auf eine andere Bescherung!

Szene leert sich, auch die Steinsetzer sind verschwunden. Der Schornstein des Krematoriums fängt an, stark zu rauchen. Ein großes rotes Fragezeichen richtet sich von links auf, bleibt einen Moment stehen und senkt sich dann langsam nach rechts. Während das Fragezeichen aufrecht steht, erscheint in weißer, leuchtender Schrift – ausgeschnittene Buchstaben –: „SEIN ODER NICHTSEIN, DAS IST HIER DIE FRAGE!" Die Musik steigert sich und bricht mit einem Paukenschlag ab. Dann setzt sie von neuem ein. Die Trägerkolonne erscheint wieder, trägt leicht und zuversichtlich und singt, während sich alle auf der Bühne versammeln:)

Doch auch für uns kommt mal die Zeit,
Hallaria, hollrio,
Wo aus der Schutzhaft wir befreit.
Dann werden froh wir heimwärts ziehn,
Ganz gleich, ob's schneit, ob Rosen blühn.

Dachau

Das NSDAP-Organ „Völkischer Beobachter" – Untertitel „Kampfblatt der nationalsozialistischen Bewegung Großdeutschlands" – meldete am Dienstag, den 21. März 1933 in seiner Münchener Ausgabe die Errichtung des Konzentrationslagers Dachau: „Am Mittwoch wird in der Nähe von Dachau das erste Konzentrationslager mit einem Fassungsvermögen für 5000 Menschen errichtet werden. Hier werden die gesamten kommunistischen und, soweit dies notwendig ist, Reichsbanner und sozialdemokratische Funktionäre, die die Sicherheit des Staates gefährden, zusammengezogen, da es auf die Dauer nicht möglich ist und den Staatsapparat zu sehr belastet, diese Funktionäre in den Gerichtsgefängnissen unterzubringen. Es hat sich gezeigt, daß es nicht angängig ist, diese Leute in Freiheit zu lassen, da sie weiter hetzen und Unruhe stiften. Im Interesse der Sicherheit des Staates müssen wir diese Maßnahme treffen ohne Rücksicht auf kleinliche Bedenken." Ab 30. Juni 1934 baute Heydrich Dachau systematisch aus, so daß die Bevölkerung vielfach von jemanden, der nunmehr in ein KZ kam, sagte: „Er ist in Dachau", auch wenn er in eines der anderen Lager eingeliefert wurde. Doch auch in Dachau bestand ein reges Interesse an kulturellen Aktivitäten, es gab eine verhältnismäßig umfangreiche Bibliothek, die zum großen Teil aus beschlagnahmtem jüdischem Eigentum bestand, sowie eine 60 Mann starke offizielle Lagerkapelle und im Block 9 einen vierstimmigen Männerchor, der von dem blinden Saarländer Karl Molter geleitet wurde.
Nach Dachau verschleppt wurde 1938 der witzige Conférencier Fritz Grünbaum, aus dessen Feder die Texte zu so bekannten Schlagern wie „Ich hab das

Fräulein Helen baden sehn", stammten. Grünbaum hatte in den Wiener Kabaretts unter dem Eindruck der faschistischen Gefahr politischer als zuvor conferiert. In seinem Sketch „Die freie Abstammung" stand ein Dutzend würdiger Männer im Gehrock auf der völlig leeren Bühne, vor ihnen eine unverkennbare Führergestalt, also ein Mann mit Schmachtlocke auf der Stirn und Zahnbürste unter der Nase. Er hält eine kurze Ansprache: Meine Parteigenossen! Wir kommen zum Beschluß über ein wichtiges Bevollmächtigungsgesetz! Wer dafür ist, steht auf, wer dagegen ist, setzt sich! Die Begehrockten sehen sich suchend um und bleiben natürlich stehen. Kurze Pause. Dann die Führerfigur mit vollem Munde: Parteigenossen, das Gesetz ist einstimmig angenommen! – Vorhang! Noch am 10. März 1938 witzelte Grünbaum in seiner letzten Revue „Metro Grünbaum – Farkas höhnende Wochenschau" auf der finster gehaltenen Bühne im Wiener „Simpl": „Ich sehe nichts, absolut gar nichts, da muß ich mich in die nationalsozialistische Kultur verirrt haben." Am folgenden Tag dürfen Karl Farkas und Fritz Grünbaum das Etablissement in der Wollzeile nicht mehr betreten, wenige Stunden später marschieren die deutschen Truppen in Österreich ein. Karl Farkas gelingt die Flucht über die CSSR in die Vereinigten Staaten. Fritz Grünbaum wird bei dem Versuch, nach Bratislava zu fliehen, am 11. März von den tschechoslowakischen Behörden zurückgeschickt und in das Wiener Polizeigefangenenhaus gebracht, dann aber sofort – laut Zeugnis von Bruno Kreisky, der dort mit ihm zusammentraf – in ein Behelfsgefängnis gebracht, das die Nazibehörden in einer Schule in der Karajangasse eingerichtet hatten. Die Stationen seines weiteren Leidensweges sind das KZ Dachau, dann Buchenwald und schließlich wieder Dachau.

Fritz Grünbaum
Zeichnung: Gedö

In Buchenwald, wo er mit Fritz Löhner-Beda im Block 17 zusammensaß, hat er noch con*fériert, wie der Überlebende, der „Scala"-Schauspieler Peter Sturm, 1955 schrieb: „Vor den Jungen con*fériert er regelrecht, wie er das ‚Tausendjährige Reich' höchstpersönlich zu besiegen beabsichtigt, und die Älteren tröstet er damit, daß der völlige Mangel und das systematische Hungern das beste Mittel gegen die Zuckerkrankheit sei." Als ihm ein KZ-Aufseher einmal ein Stück Seife verweigert, kommentiert Grünbaum: „Wer für Seife kein Geld hat, soll sich keine KZ's leisten." Kurze Zeit später wird er ein zweites Mal nach Dachau transportiert, wo ihn auch Karl Schnog, der seit Sommer 1940 hier interniert ist und später in Buchenwald einsaß, trifft. Schnog erinnerte sich später an den Silvesterabend 1940 und daran, wie er den Mithäftlingen in der Krankenbaracke einiges vortragen sollte. Dort „saß ... ein winziges, verschrumpeltes Männlein mit dicker Brille, in mehrere Schals und Pullover eingehüllt und fror erbärmlich: Fritz!" (der durch das harte Lagerleben, die Entbehrungen und Peinigungen an

schwerer Magen- und Darmtuberkulose erkrankt war). „Trotz seines schlechten Gesundheitszustandes machte er am Abend beim Kabarett mit. Als ich ihn als den ‚einst prominenten Conférencier Fritz Grünbaum' ansagte, widersprach er ... und sagte bitter-bescheiden: ‚Ich bitt' euch, nicht der Fritz Grünbaum spricht zu euch, sondern die Nummer ... (und er nannte seine Lagernummer), die euch am letzten Tag des Jahres ein wenig Freude bereiten will.' ... Es war wie ein Wunder: Der zermürbte kleine Mann lebte auf, wurde temperamentvoll und witzig wie einst und sprach, spielte und sprudelte seine Versscherzchen: ‚Das Baby Grünbaum' und ‚Ich möcht' ein Engerl sein!' Dann erzählte er noch ein paar derbe Witze und – fiel wieder in sich zusammen."

Diesem Zeugnis zufolge machte Grünbaum bald darauf einen Selbstmordversuch, wird aber „gerettet". Zwei Wochen später, am 14. Januar 1941, zeigt der Schreiber der Post- und Schreibstube dem Häftling Karl Schnog den soeben angefertigten, mit diesem Datum versehenen Totenschein für den „Häftling Friedrich Grünbaum aus Wien", der „an Herzlähmung abgegangen" sei.

Nach dem „Anschluß" Österreichs ans faschistische Deutsche Reich im März 1938 kamen viele Österreicher als Häftlinge nach Dachau. Zu den ersten gehörte der frühere Chefredakteur des „Wiener Tag": Rudolf Kalmar. Er verfaßte im Lager heimlich ein Ritterstück, das am 13. Juni 1943 von dem „Freilichttheater Dachau" uraufgeführt wurde unter dem dreifachen Titel: „Die Blutnacht auf dem Schreckenstein oder Ritter Adolars Brautfahrt und ihr grausiges Ende oder Die wahre Liebe ist das nicht." In seiner Erinnerungsschrift „Zeit ohne Gnade" schrieb Kalmar 1946: „Ich habe es auf der Rückseite ausgemusterter Drucksorten in einer überfüllten Baracke

geschrieben. Aus Erinnerungsfetzen von längst Vergessenem zusammengekleistert. Den vorhandenen Möglichkeiten, den verfügbaren Darstellern und ihrer persönlichen Eigenart angepaßt."
Im Prolog des Stücks wird schon der „Ton" des Ritterspektakels angeschlagen:

Dem hochwohlgeborenen, wohlgeneigten
    Adel meine Reverenz zuvor.
Den Bürgern, Bauern, Handwerksleuten
    dieser Stadt!
Den Knechten, Buben und dem gemeinen
    Volk meinen Gruß!
Ich habe heut', am hellen Tag das Glück,
Euch anzukünd'gen, daß ein Ritterstück
Sich itzo wird vor euch entfalten,
In dem der Schicksalsmächte dunkles
    Walten
Gezeigt wird. Einer Jungfrau Ehre
Kommt wohl dabei zu Schaden, – Euch
    zur Lehre
Fällt, der sie raubete, dem Tod zur Beute,
Verflucht vom Schloßgespenst.
Nehmt Euch's zu Herzen, Leute!
Es ist ein heilsam Stück, das wir Euch
    zeigen.
Und soll Euch unvergeßlich ins
    Gewissen geigen:
Wenn die Versuchung naht, kokett, mit
    blondem Haar,
Denkt an den unglücksel'gen Ritter
    Adolar!"

Im Mittelpunkt des Stücks stand der Raubritter Adolar, ein Wüstling und Lüstling finsterster Prägung. Er hält auf seinem Schloß den „stummen Büßer" in Ketten gefangen, der ihn einst „in seiner Ohnmacht hat erschaut". Rabiat und gefräßig stelzt er mit viel Pathos durch seine Abenteuer mit Rittern und Frauen. Alle fürchten ihn, außer Leopold, sein Hausmeister, und Sancho Pansa aus Floridsdorf, der noch die alte Gnädige gekannt hat und weiß, wie vorsichtig der alte Adolar noch war, solange sie am Leben und er mit ihr verheiratet war.

Adolar ist in heftigem Verlangen nach Anneliese entbrannt und tötet den Nebenbuhler, den unbeholfenen Bräutigam Heinrich von Lämmermann. Anneliese ist begeistert von so viel ritterlicher Streitbarkeit und folgt Adolar auf sein Schloß. Dort versucht der Hausmeister Leopold, die neue Liebe zu verhindern. Um Mitternacht tritt plötzlich das Gespenst von Adolars verstorbener Frau Rosalie an die Wand; unterstützt vom Gespenst Heinrich von Lämmermanns wird ein Großes Gericht („Gespenster-Rachefluch Nr. 4") wegen Ehebruchs veranstaltet: „Wir reden gleich per Deutsch miteinander, mein Lieber", kündigt Rosalie drohend an. Weil Adolar die Ehre von Anneliese geraubt hat, soll er getötet werden von drei Rittern, die auf dem Schloß zu Besuch sind. Doch Adolar tötet seine drei Gegner, wird dafür von Anneliese erdolcht, die sich dann angesichts der vielen Toten auch noch selbst umbringt. Zurück bleibt Leopold, der bei seinem geliebten Flascherl Wein die Lehren aus dem Bühnengeschehen verkündet:

Es ist das alte Lied,
Was man im Stück hier sieht.
Doch bleib für immer Euch ein Wort im
    Ohr:
Ist alles auch ganz schlecht,
Es wird schon wieder recht
Durch dieses Zauberwort: Humor,
    Humor!

Dieses groteske Ritterspektakel mit banaler Handlung in der Tradition des Pradler Bauerntheaters, das von der SS genehmigt werden mußte, war eine hintergründige Persiflage auf Adolf Hitler und seine Herrschaft. Entscheidend war bereits, wie der Häftling Gustav Wittmayer, ehemals beim Wiener Burgtheater, das Stück und seine Personen ankündigte: „Wittmayer stotterte, so oft er

Eröffnung des Freilichttheaters Dachau am 13. Juni 1943.
===

U r a u f f ü h r u n g !

D i e   B l u t n a c h t   a u f   d e m   S c h r e c k e n s t e i n !
===

oder

"Ritter Adolars Brautfahrt und ihr grausiges Ende"

oder

"Die wahre Liebe ist das nicht"
Ein komisch-schauriges Ritterstück in 3 Aufzügen mit Musik von

Rudolf   K a l m a r

P e r s o n e n :

Der Sprecher.................................... Gustav Wittmayer
Adolar,Graf v. Schreckenstein.................. Erwin Geschonneck
Rosalia,geborene Mrkwitschkowa,Schloßgespenst.... Alois Schneider
Anneliese,ein Liebe suchendes Burgfräulein....... Gustav Wittmayer
Heinrich von Lämmermann,deren Bräutigam.......... Willy Horst
Leopold,Knappe und Hausmeister auf Schreckenstein Gustl Eberle
Winibald v.Wilmersdorf, 1. Ritter................ Hans Quäck
Fridolin v.Feuerbach, 2. Ritter.................. Karl Schwendemann
Max v.Hütteldorf und Heiligenstadt,2er Linie,3.Ritter Hans Hertl
Der stumme Büsser, ein Türke..................... Josef Bartounek

REGIE: Erwin   G e s c h o n n e k.
Bühnenbilder: Hans Quäck   Requisiteure: Munozar und Bixa
Kostüme: Toni Hofer   Am Flügel: Rudolf Kalmar
Inspizient: Karl Hirschmann   Bläser: Marian Gradinski

Technische Mitarbeiter:
Max Wich, Rupert Schober, Heinrich Ringelstetter, Josef Drindel, Willi
Visintainer, Aniokiewicz und Haydacz.

G e s a m t l e i t u n g :
==============================

Vikor   M a t e j k a

Legende:
Der 1. Akt spielt: In der Halle auf Schloß Schreckenstein.
Der 2. Akt spielt: In einem Walde bei Schreckenstein.
Der 3. Akt spielt: In der Schlafkemenate auf Schreckenstein.

—o—o—o—o—o—o—o—o—o—o—o—

„Die Blutnacht auf dem Schreckenstein"
Titelseite des Originalmanuskriptes, 1943

‚Adolar' sagte, immer ausgerechnet vor dem ar, prustete aufgeregt dazwischen, als ob er den ersten vier Buchstaben ein f anhängen wollte" (Kalmar, 1946). Den Adolar spielte der Häftling Erwin Geschonneck, der nach 1945 in der DDR zu einem der pupulärsten Schauspieler werden sollte. Er war erfahren darin, Hitlers Stimme und Gestik zu parodieren, denn noch im Juni 1938 hatte er beim tschechoslowakischen Reichenberger Volkskulturtag in Albin Stübs Satire „Der Rattenfänger bei den Schildbürgern" die Titelrolle gespielt: den Rattenfänger Kasimir aus Groß-Schilda, der sich als verlogener Retter in der Not den Bürgern und Ratsherren von Schilda aufdrängt. Geschonneck hatte hier mit deutlichen Anspielungen auf Hitler agiert – bis hin zum Kasimir-Gruß „Hoch Kasimir", der in dieser Satire allerdings zum Vergnügen der Zuschauer nicht mit emporgestrecktem Arm, sondern mit erhobenem Bein ausgeführt wurde. Als Inhaftierter in Dachau hatte Geschonneck den Mithäftlingen als Hitler-Parodie die Geschichte „Der Wanzerich" von Manfred Kyber vorgetragen. Darin hält bei einer Großkundgebung des Ungeziefers der Wanzen-Baron Plattmagen eine Rede. Geschonneck erinnert sich in „Meine unruhigen Jahre" 1984: „Vorsichtig, aber deutlich genug habe ich bei dieser Rede die Stimme und die Sprechweise Hitlers nachgeahmt. Es war sehr riskant, aber es ging alles gut. Die Kameraden haben atemlos zugehört." Diese bewährte Technik machte sich Geschonneck im „Schreckenstein" zunutze, vermied zwar jedes anzügliche Extempore, betonte aber in seinen Tiraden die Zeitwörter gegen den Sinn der jeweiligen Phrase, um dann in aufgeregtem Fortissimo eines wütenden Hundes komplizierte Sätze herauszubellen. Anstatt „Soldaten" sagte er beharrlich „Soldatten" und unterstrich bei passendem Anlaß dies durch hämmernde Gesten mit geballter Faust, wie Kalmar berichtet.

Der Wiener Karl Hirschmann hatte die Ausstattung geschaffen, Willy Horst spielte den Heinrich von Lämmermann und unter der Gesamtleitung von Viktor Mateijka wirkten neben den Genannten noch mit: Alois Schneider, Gustl Eberle, Hans Quäck, Karl Schwendemann, Hans Hertl und Josef Bartounek. Zum Höhepunkt der Anti-Hitler-Satire wurde der Auftritt der aus Böhmen stammenden Rosalie, „von einem Prager Kameraden erschütternd geradebrecht" (Kalmar, 1946), als sie Adolar seine ganzen Lügen vorhält:

„Und warum leugnest Du denn überhaupt, Du Schuft! Du feigliche Memme, Du feigliche!... Und so red ich, wie's mir paßt, und zu Dir sag ich, Adolar, Du bist ein Lump und ein ganz gemeiner Mensch bist Du!... Du Gauner, Du alter! Ty stary lotre! Ty stary osle! Rozumis mi? Verstehst Du mich? Alter Esel hab ich gesagt! Mädchenschänder!... Nix wird geschenkt! Ist schade um jedes Wort, das Du noch sprichst, Du Loder! Es tut mir leid, die Reue kommt zu spät schon! Marsch! In die Knie!"

Die Häftlinge lachten oft und laut bei den Vorstellungen, die jeweils an Samstag- und Sonntagnachmittagen durchgeführt wurden. Weit über tausend Mann saßen pro Vorstellung auf dem Platz vor der Bühne. Noch einmal Kalmar: „Unser Ritterstück war als Lachtheater gedacht. Es wurde, ohne daß wir es eigentlich wollten, zu einem Gleichnisstück vom kleinen Geist des großen Reiches." Obwohl die SS-Leute und Lagerkommandanten als „Ehrengäste" in der ersten Reihe saßen, und die Vorstellung sogar als „begrüßenswerter Beitrag zur Freizeitgestaltung der Häftlinge" anerkannten, haben sie den subversiven Doppelsinn nicht bemerkt: „Die intelligenteren schnupperten zwar, aber sie hielten, was ihre Ohren berichteten, für zu unwahrscheinlich, um gründlicher darüber nachzudenken, und die wenigen, denen klar war, was gespielt wurde, hörten darüber hinweg" (Kalmar, 1946). Am besten hat vielleicht der Mithäftling Karl Röder die Wirkung der „Blutnacht"-Aufführung ausgedrückt: „Der Widerstand im KZ hat sich in vielfältiger Weise dokumentiert. Die ‚Blutnacht auf dem Schreckenstein' war nur ein Aspekt, aber, wie mir scheint, ein sehr wichtiger und auch wirksamer... Was ich mit Sicherheit weiß, ist, daß die wenigen Stunden des Lachens, nicht nur während des Spiels, jeden Gedanken an Selbstmord verdrängten."

In den Wiener Kabaretts dieser Jahre wurden die scharfen antifaschistischen Satiren von Jura Soyfer gespielt. Soyfer wurde am 14. März 1938, als er in die Schweiz fliehen wollte, verhaftet und nach Innsbruck und von dort ins KZ Dachau gebracht, später nach Buchenwald verschleppt. Von dort berichtete sein Freund und Mitgefangener Max Hollenberg: „Jura war bald bekannt im Lager... er hatte Ideen, die er zwar nicht niederschrieb, die aber, von einigen Schauspielern vorgetragen, eine Art Lager-Kabarett ergaben. Ein Stück, zum Beispiel, handelte von einem entlassenen Lagerinsassen, der auch im Zivilleben die alten Gewohnheiten nicht abstreifen kann: seine Familie muß täglich vor dem Frühstück antreten, um gezählt zu werden. Die Betten müssen vorschriftsmäßig gemacht werden, er überprüft sie und läßt sie wieder in Unordnung bringen. Im Geschäft müssen seine Kunden in Reih' und Glied, die Hände an der Hosennaht, stehen... Jura – im Verein mit ... dem bekannten Wiener Liederkomponisten Hermann Leopoldi und anderen – stellte, obwohl so etwas streng verboten war, einige Programme zusammen, in denen sie uns die Heimat näherbrachten oder in allgemeiner Art den Faschismus verspotteten."

Jura Soyfer schrieb auch das „Dachau-Lied", in dem die Losung über dem Lagertor „Arbeit macht frei" verspottet wurde. Herbert Zipper, der die Musik dazu in Dachau komponiert hatte, und der nach seiner Entlassung nach Frankreich floh, wo er erneut in Meslay du Maine interniert wurde, brachte das Lied dort in einen Kabarettabend ein. Dieses Stegreifkabarett in Meslay du Maine, in dem u. a. Hans Wilhelm, Konrad Heiden, Ernst Neubach, Egon Eis und Harry Sokal mitwirkten, wurde von Leo Askenazy (Leon Askin) geleitet, der bereits vor 1936 im Wiener Kabarett (ABC) viele Soyfer-Satiren uraufgeführt hatte. Von dort gelangte das „Dachau-Lied" in ein anderes französisches Internierungslager Damigny, wo 1940 eine zweite Komposition des Liedes für Chor und Klavier von Marcel Rubin entstand.

„Der Weltuntergang", vor dem Soyfer vergeblich in seinem gleichnamigen Stück gewarnt hatte, fand statt. Aber wie sein Stück von der totalen Vernichtung ausklang in eine Liebeserklärung an die Erde – trotz alledem –, so wurde sein ganzes Werk zum Verhältnis einer Hoffnung, die selbst seiner bittersten Satire zugrunde lag und die den Untergang überdauert hat:

Wir sind das schlecht entworfene
   Skizzenbild
Des Menschen, den es erst zu zeichnen
   gilt.
Ein armer Vorklang nur zum großen Lied.
Ihr nennt uns Menschen? Wartet noch
   damit!

Dachau-Lied

Text: Jura Soyfer
Musik: Herbert Zipper
1938 vorgetragen
Konzentrationslager Dachau

Jura Soyfer, 1937

Stacheldraht, mit Tod geladen,
Ist um unsre Welt gespannt.
Drauf ein Himmel ohne Gnaden
Sendet Frost und Sonnebrand.
Fern von uns sind alle Freuden.
Fern die Heimat, fern die Fraun,
Wenn wir stumm zur Arbeit schreiten,
Tausende im Morgengraun.
    Doch wir haben die Losung von Dachau gelernt
    Und wurden stahlhart dabei:
    Sei ein Mann, Kamerad,
    Bleib ein Mensch, Kamerad,
    Mach ganze Arbeit, pack an, Kamerad,
    Denn Arbeit, Arbeit macht frei!

Vor der Mündung der Gewehre
Leben wir bei Tag und Nacht.
Leben wird uns hier zur Lehre,
Schwerer, als wir's je gedacht.
Keiner mehr zählt Tag' und Wochen,
Mancher schon die Jahre nicht,
Und gar viele sind zerbrochen
Und verloren ihr Gesicht.
    Und wir haben die Losung...

Schlepp den Stein und zieh den Wagen,
Keine Last sei dir zu schwer.
Der du warst in fernen Tagen,
Bist du heut schon längst nicht mehr.
Stich den Spaten in die Erde,
Grab dein Mitleid tief hinein,
Und im eignen Schweiße werde
Selber du zu Stahl und Stein.
    Und wir haben die Losung...

Einst wird die Sirene künden:
Auf, zum letzten Zählappell!
Draußen dann, wo wir uns finden,
Bist du, Kamerad zur Stell'.
Hell wird uns die Freiheit lachen,
Vorwärts geht's mit frischem Mut,
Und die Arbeit, die wir machen,
Diese Arbeit, die wird gut!
    Doch wir haben die Losung...

Theresienstadt

Das Konzentrationslager Theresienstadt, 60 km nördlich von Prag an der Durchgangsstraße Dresden-Prag gelegen, diente der NS-Propaganda während des Zweiten Weltkrieges als Schauobjekt für ausländische Delegationen internationaler Hilfsorganisationen. Nicht zuletzt aus diesen Gründen entwickelte sich dort ein reges Kulturleben mit Sprachkursen, Schachgruppen, Sportveranstaltungen, mit Theatern, wissenschaftlichen Vorträgen, sogenannten „Bunten Abenden" mit Rezitationen, Liedern, Ziehharmonikamusik, später mit kammermusikalischen Matineen, Orchesterkonzerten, Opernaufführungen und mit Kabarett-Abenden und Kaffeehaussoireen. Diese Künste eroberten sich unaufhaltsam ihr Territorium: die Kasernen, die Blocks, die Höfe. Was anfangs geheim in Kartoffelschälräumen stattfand, sogar der Besitz von Musikinstrumenten war unter Androhung der Todesstrafe verboten, wurde bald „offiziell" genehmigt, weil das kulturell florierende Leben der dort inhaftierten Künstler unter den Juden zur Schau gestellt werden sollte. Während der ganzen Zeit des Bestehens des Lagers hat es Kabarettveranstaltungen gegeben, die sich in drei Etappen gliedern. Die erste Etappe beginnt mit der Errichtung des Lagers im November 1941 und dauerte bis Juni 1942, die zweite datiert vom Juni 1942 bis September 1944 und deckt sich zeitlich einerseits mit der Umgestaltung der ganzen Stadt in ein Konzentrationslager, vor allem aber mit der sogenannten Stadtverschönerung (1943/44). Die dritte und letzte Etappe fällt in die erste Hälfte des Jahres 1945. In jeder dieser Etappen fanden völlig unterschiedliche Kabarettprogramme statt, die von den jeweiligen Veränderungen der Lagerbedingungen abhingen. Neben diesen

Kabarett im Kaffeehaus im Konzentrationslager Theresienstadt
Zeichnung: Fritz Fritta, 1943

Unterschieden spielt noch die sprachliche Differenzierung eine Rolle, denn es fanden parallel nebeneinander Kabarettprogramme in deutscher und tschechischer Sprache statt, mit unterschiedlichen tschechischen, deutschen und österreichischen Traditionen.

Die Beliebtheit und der quantitative Umfang der Kabarettprogramme in Theresienstadt stehen im Zusammenhang mit den Möglichkeiten, die diese kleine Bühnenform bot, aber auch mit den Ansprüchen, die sie stellte. Ihre Verwirklichung war relativ einfach und entsprach den beschränkten Bedingungen des Lagerlebens. Die lockere Zusammensetzung der Programme, deren Nummern nach augenblicklichen Bedürfnissen geändert, gestrichen und durch neue ersetzt werden konnten, entsprach dem Druck der Umstände, dem die Künstler im Milieu des Konzentrationslagers ausgesetzt waren. Unmittelbar nach Ankunft der ersten Transporte in das neu eingerichtete Konzentrationslager, das als Sammelstelle der jüdischen Bevölkerung aus dem europäischen, vom nazistischen Deutschland beherrschten Raum, vor allem aus dem „Protektorat" Böhmen und Mähren, aus Österreich, Deutschland, Holland, Dänemark und anderen Ländern bestimmt war, fanden erste Kabarettprogramme statt. Bereits am 6. Dezember 1941 stellte der Tscheche T. Rosenbaum ein Programm mit Liedern des Komponisten Jaroslav Jezek aus dem Repertoire des Prager „Befreiten Theaters" zusammen. Auch hier war der Ansporn, in diesem Milieu der Unfreiheit und Unterdrückung, der physischen und psychischen Entbehrung, durch eigene Schaffenskraft einen minimalen, jedoch eigenen Willen entgegen zu setzen, der mit dem kabarettistischen Humor Optimismus und Hoffnung verbreiten sollte. Im Mai 1942 verwirklichte Karel Svenk in der sogenannten Sudeten-Kaserne das tschechische Kabarettprogramm „Alles geht!", in dem die Lagermißstände ebenso attackiert wurden, wie die faschistische Ideologie und die Rassentheorie. Der Eröffnungsmarsch dieser Revue, der später als „Theresienstädter Marsch" bezeichnet wurde, enthielt die scheinbar optimistischen Verse:

Alles geht, wer's versteht,
Faßt an Händen euch und seht,
Böser Zeit zum Trutz Humor im Herzen
  haben,
Jeder Tag, Schlag auf Schlag,
Stets die Übersiedlungsplag'
Und nicht mehr als 30 Worte für den
  Brief.

Holla, morgen fängt das Leben an,
Mit ihm beginnt die Zeit
Da werd'n wir uns're Ranzen packen
Und nachhause gehn befreit.
Alles geht, wer's versteht.
Faßt an Händen euch und seht,
Und auf Ghettotrümmern lachen wir uns
  schief.

Der Erfolg der Svenk-Gruppe, die auch noch weitere Programme aufführte, inspirierte J. Sedova, ein eigenes Frauenkabarett aufzumachen, in dem „Sárinka", eine Frau, die nach dem Lagerleben ins

Irrenhaus gebracht wurde, sich in vielen Szenen nicht mehr mit den Gewohnheiten des normalen Lebens zurecht findet. Im November 1942 entstand das „Ausgeschleuste Theater" um den Autor Josef Lustig, für das Frantisek Kowanitz neue Texte zu bekannten Melodien von Jaroslav Jezek schrieb. Im Mittelpunkt dieser Aufführungen von Svenk und Lustig stand meistens eine Fabel, um die dann die Solonummern, Szenen und Tanzstücke gebaut wurden. Das Aufbauprinzip erinnerte an die Revuen von J. Werich und J. Voskovec vom bekannten Prager „Befreiten Theater". Die Themenbreite des Svenk-Kabaretts war ziemlich umfangreich, angefangen von starken sozialen Akzenten in Liedern und Szenen wie „Bauchweh", „Fünf Stockwerke", über antimilitaristische Tendenzen in der Balettnummer „Der Soldat", bis zu antirassistischen Motiven in dem Song „Der Neger". Svenk glaubte an das Kollektiv und die aktive Teilnahme aller Anwesenden, an die er in seinem Lied „Wir jagen die Zeit" für den geschichtlichen Fortschritt appellierte. Einen traditionellen Typ des tschechischen Kabaretts stellte die Gruppe „Lach mit uns", unter der Leitung des Autors Felix Porges, dar. Hier interpretierten der Bariton Karel Berman und der Tenor Frantisek Weisenstein mit dem Pianisten Kurt Mayer Liedtexte auf aktuelle Themen, die üblicherweise mit einem optimistischen Schluß endeten:

Abschließend wollen wir sagen,
Nicht weniger und nicht mehr,
Daß ein Happy-Ende
Für alle Wirklichkeit wird.

Das erste deutsche Kabarettensemble in Theresienstadt wurde von Egon Thorn als „Thorn-Kabarett" geleitet und brachte Chansons und Reimsprüche mit

Hoftheater im Konzentrationslager Theresienstadt
Zeichnung: Peter Kien, 1944

Giza Wurzel und Annie Frey auf die Lagerbühne.
Der professionelle Schauspieler und Komiker Hans Hofer (eigentlich: Hans Schulhoff) stellte nach seiner Einlieferung im Jahre 1942 eine Kabarettgruppe als **„Hofer-Kabarett"** zusammen, in dem er selbst mit seiner Frau Lucie Hofer, Annie Frey, Berti Deutsch und den Komikern Bobby John und Ernst Morgan auftrat. Komponist und Pianist war Wolfgang Lederer. Hofer und Thorn schufen gemeinsam die Revue „Für Jugendliche verboten", die mit der Jazzmusik der „Ghetto-Swingers" siebzehnmal im Saal der Magdeburger Kaserne, dem Sitz des Ältestenrats der Juden, aufgeführt wurde. Nach dem Vorbild der Hofer-Revuen, die unter Titeln wie „Lach dich gesund", „Es tut sich was" oder „Alles mit Musik", das Publikum unterhielten, gründeten Bobby John und Ernst Morgan ein neues Kabarett, deren erstes Programm zur Musik von Ralph Benatzky gestaltet wurde. Bobby John schrieb neue Verse für die Figuren „Fröhlich & Schön", die in den zwanziger Jahren Karl Farkas und Fritz Grünbaum erfunden hatte und die Bobby John auch nach 1945 noch weiter popularisierte. Auch Hans Hofer steuerte für dieses Unternehmen neue Texte bei, zum Beispiel „Die Theaterkarte" und „Die

Kuh", ein typisches Hungergedicht mit der Schlußstrophe:

Wenn ich mir so betracht die heutige Zeit,
So frag ich mich stets, von was leben die
     Leut?
Denn von den Portionen, die sie uns nicht
     geben,
Da kann man doch sterben nur, aber nicht
     leben.
Zwar haben wir ziemlich oft jetzt Haschée,
Doch wenn ich das bißl im Eßschüssl' seh',
Dann frag ich mich immer mit schlechtem
     Gewissen
Weg'n dieser Portion hat ein Ochs sterben
     müssen?

Zahlreiche weitere Kabarettgruppen versuchten, von der bissigen Satire über den ironischen Bericht bis hin zur manchmal verniedlichenden Illustration oder der Hymne auf einen blinden Optimismus das Lagerleben erträglicher zu gestalten. Mit durchweg jungen Mädchen aus Pürglitz hatte Trude Popper, das lustige, einfallsreiche **„Popper-Kabarett"** zusammengestellt. Unter der Leitung der Berliner Kabarettisten Walter Steiner, Walter Lindenbaum und Leo Straus, dem Sohn des Komponisten Oscar Straus, entstanden drei weitere Kabarettgruppen, für die Manfred Greiffenhagen, Theodor Otto Beer, Kurt Kapper und Rudolf Lederer ihre „Theresienstädter Träume" schrieben:

Ich hatte einen schönen Traum:
Ich träumt', ich wäre ohne Orden
Mit ein's ein großer Herr geworden.
Umworben von der Freunde Menge,
Mit Liebe kam ich ins Gedränge,
Ein jeder wollt' mit mir verwandt sein,
Zum mindestens intim bekannt sein.
Kein Wunsch, der sich mir nicht erfüllt.
Kein Sehnen blieb mir ungestillt,
Kein Hoffen ging mir in die Brüche,
Ich träumt' ich würde Chef der Küche!

Doch als ich dann erwacht war,
Mein stolzer Traum zerkracht war.

Das bekannteste deutsche Kabarett in Theresienstadt war das 1944 entstandene „Karussell" unter der Leitung des Berliner Kabarettisten Kurt Gerron. Er versuchte, mit den Darstellern Annie Frey, Giza Wurzel, Machail Gobetz, Erich Österreicher, Leo Straus und Mira Straus, die auch schon in anderen Theresienstädter Kabaretts mitgewirkt hatten, ein professionelles Niveau zu erreichen. Die musikalische Leitung hatte der holländische Pianist Martin Roman, Frantisek Zelenka schuf die wirkungsvollen Bühnenbilder, die von Charlotte Buresova mit Karikaturen der Mitwirkenden bemalt waren. Zelenka entwarf auch die Kostüme, die aus schwarz gefärbten Leinentüchern mit farbigen Applikationen bestanden. Das Programm enthielt Songs aus der „Dreigroschenoper", berühmte französische Chansons in Originalsprache („Ca c'est Paris"), ostjiddische Lieder und aktuelle Satiren von Leo Straus, dessen Titelsong „Karussell" sich als ein Symbol des rotierenden menschlichen Schicksals durch das ganze Programm zog.
Kurt Gerron war nach der Machtergreifung nach Holland emigriert, wo er im Rahmen des „Jüdischen Kulturbundes" auf der Bühe stand, bis er, von der deutschen Invasion überrascht, nach Theresienstadt verschleppt wurde.
Im September 1944 zwang ihn die Lagerleitung, einen für das neutrale Ausland und für das Internationale Komitee vom Roten Kreuz gedachten Propagandafilm mit dem Titel „Der Führer schenkt den Juden eine Stadt" zu inszenieren. Nach Beendigung der Dreharbeiten im Oktober 1944 wurde Gerron nach Auschwitz deportiert und dort vergast.
Im Herbst 1944 fuhren aus Theresienstadt Transporte mit 20000 Häftlingen fort, unter denen sich fast alle befanden, die sich um das Kulturleben verdient gemacht hatten. Erst im Vorfrühling des Jahres 1945 konnte sich das Kulturleben noch einmal für ganze sechs Wochen entfalten. Ein aus internationalen Mitwirkenden bestehendes Kabarett tauchte wieder auf, das auch Monsterprogramme mit hunderten von Mitwirkenden im Hof der Magdeburger Kaserne realisierte. Doch die letzten Erschütterungen und Schrecken nach Ankunft der Transporte aus den vor der vorrückenden Kriegsfront evakuierten Lagern und die unmittelbar danach ausbrechende Typhusepedemie bedeuteten das Ende aller Kulturaktionen. Der durchhaltende Optimismus war der bitteren Resignation gewichen, die Kurt Kapper bereits einige Jahre zuvor formuliert hatte:

Lieber Ghettoinsasse: laß Dir sagen,
Daß Du Dich brav gehalten hast,
Daß Du die schwere Last getragen
Bretter und Kisten von jeder Last.

Du hast die Gänge gekehrt und gescheuert,
Du hast genauest Kartoffeln geschält,
Und, wie der Arbeitseinsatz beteuert,
Dich im Küchendienst abgequält.

Als Monteur hat man Dich gebraucht,
Und als Schuster in den Sudeten verwendet.
Niemals hast Du im Ghetto geraucht
Und niemals einen Brief gesendet.

Wir danken Dir, Du bist ein braver Jud,
Wir sagen es Dir unverhohlen.
Jetzt packe den Koffer, sei so gut,
Denn Du bist eingereiht nach Polen.

Wir jagen die Zeit

Text: Karel Svenk
1942 aufgeführt
Konzentrationslager Theresienstadt

Wir jagen die Zeit,
Drehen das Rad der Geschichte,
Sie zieht durch Nebel
Ein verwundetes Schiff.
Hundert irreführende Lichter
Erschweren uns den Weg.
Hunderte Schwache
Verlangsamen den Lauf,
Das Schiff, der Welt fährt
Voll von Sterbenden.
Das Ruder wollen wir,
Wir kämpfen darum.
Die morsche Welt
Sträubt sich,
Die Barrieren zu überwinden,
Das Schiff schwankt,
Die Maschine setzt aus,
Die Angst vor Meuterei
Baut einen Galgen am Bug,
Allen den Mund stopfen
Will der blutige Henker.
Nur kurze Zeit habt ihr uns nicht gehört,
Deshalb ist die Stimme nicht erschlafft.
Das Schiff der Welt rettet
Niemand vor dem Untergang
Als wir und
Die von uns erkämpfte Ordnung.
Auf seinem Mast
Hissen wir unsere Flagge.
Sie können uns aufhalten,
Doch nicht bezwingen.
Der Kampf hört nicht auf,
Das Deck kracht unter dem Balken,
Unter dem Rad der Geschichte
Hat nur der Schotter geknirscht.
Wir gehen von neuem,
Fester und stärker,
Unser Werk noch besser zu verrichten.

Theater auf dem Dachboden im Konzentrationslager
Theresienstadt
Zeichnung: Peter Kien, 1941

Auf Wiedersehn Herr Fröhlich

Text: Bobby John
1943 vorgetragen von Bobby John, Ernst Morgan
Konzentrationslager Theresienstadt

Wie geht's Ihnen, Herr Fröhlich?
Wie geht's Ihnen, Herr Schön?
Ich danke so allmählich,
Es könnt mir besser gehn.
Wo warn Sie denn so lange?
Was ist mit Ihnen los?
Ach, denken Sie, ich leide
An meiner Angstpsychos'.
Ich kann jetzt nicht mehr sitzen,
Nicht liegen, kann nur stehen,
Muß stets bis hundert zählen,
Wo und wann ist das geschehen?
Im Bauschowitzer Kessel,
Vom Stehn bis nachts um zehn.
Auf Wiedersehn, Herr Fröhlich,
Auf Wiedersehn, Herr Schön.

Wie geht's Ihnen, Herr Fröhlich?
Wie geht's Ihnen, Herr Schön?
Ich danke so allmählich,
Es könnt mir besser gehn.
Gehn Sie viel ins Theater,
Konzerte, Cabaret?
Man kriegt doch keine Karten,
Nicht einmal fürs Café.
Da kann ein' Tip ich geben,
Ich halte nichts davon,
Ich schwör bei meinem Leben,
Sie brauchen Protektion.
Ich dacht man braucht a Karten,
Will ins Konzert man gehn,
Auf Wiedersehn, Herr Fröhlich,
Auf Wiedersehn, Herr Schön.

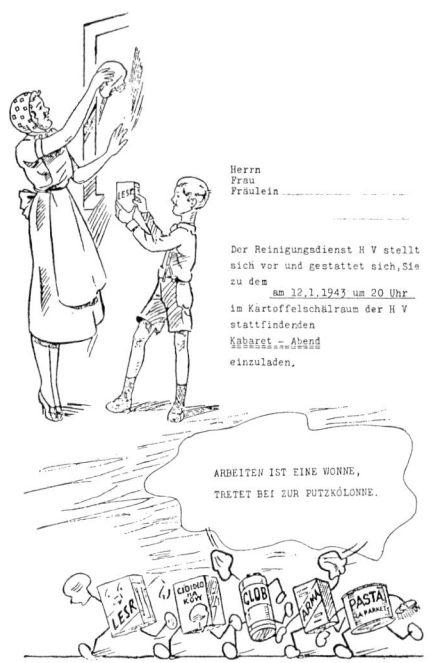

Einladung zu einem Kabarett-Abend, 1943
Konzentrationslager Theresienstadt

Wie geht's Ihnen, Herr Fröhlich?
Wie geht's Ihnen, Herr Schön?
Ich danke so allmählich,
Es könnt mir besser gehn.
In der Küche war Kontrolle
Von neunundzwanzig Herrn,
Warum so viel auf einmal?
Die essen alle gern.
Dazu noch der Menagedienst,
Menagekommission,
Der Chefkoch und die Küche,
Samt Gattin, Tochter, Sohn.
Was bleibt für uns noch übrig?
Was die andern lassen stehn.
Auf Wiedersehn, Herr Fröhlich,
Auf Wiedersehn, Herr Schön.

Karussell

Text: Leo Straus
Musik: Martin Roman
1944 vorgetragen
„Karussell", Konzentrationslager Theresienstadt

In den lang entschwundnen Jahren,
Da wir kleine Kinder waren,
Hatten wir ein Ideal.
Wollt man Ruhe in der Wohnung
Oder gab es als Belohnung
Ein Geschenk nach unserer Wahl,
Riefen alle Kinder schnell:
Karussell, ach bitte, bitte, Karussell...

Wir reiten auf hölzernen Pferden
Und werden im Kreise gedreht.
Wir sehnen uns, schwindlig zu werden,
Bevor noch das Ringelspiel steht.

Das ist eine seltsame Reise,
Das ist eine Fahrt ohne Ziel –
Wir kommen nicht fort aus dem Kreise
Und dennoch erleben wir viel.
Und die Musik vom Leierkasten
Vergessen wir im Leben nie,
Wenn lang die Bilder schon verblaßten.
Tönt noch im Ohr die Melodie:

Wir reiten auf hölzernen Pferden
Und werden im Kreise gedreht.
Wenn schwindlig wir haltmachen werden,
Dann wird man erst sehn, wo man steht.

Leer ist meistenteils das Leben
Und erst Leidenschaften geben
Seinem Ablauf Sinn und Wert.
Ehrgeiz, Börse, Lotterbetten,
Kino, Fußball, Zigaretten –
Jeder hat sein Steckenpferd.
Laßt uns unsre Sensation:
Illusion, ach bitte, bitte, Illusion...

„Karussell", Konzentrationslager Theresienstadt
vorne: Kurt Gerron, auf dem Karrussel: v. l. Leo
Straus, Gisa Wurzel, Mira Straus, Erich Österreicher
Zeichnung: Fritz Fritta, 1944

Wir reiten auf hölzernen Pferden
Und werden im Kreise gedreht.
Wir sehnen uns, schwindlig zu werden,
Bevor noch das Ringelspiel steht.

Das ist eine seltsame Reise,
Das ist eine Fahrt ohne Ziel –
Wir kommen nicht fort aus dem Kreise
Und dennoch erleben wir viel.
Und die Musik vom Leierkasten
Vergessen wir im Leben nie,
Wenn lang die Bilder schon verblaßten,
Tönt noch im Ohr die Melodie:

Wir reiten auf hölzernen Pferden
Und werden im Kreise gedreht.
Wenn schwindlig wir halt machen werden,
Dann wird man erst sehn, wo man steht.

Menschen haben Ambitionen –
Selbst wenn sie im Elend wohnen,
Wollen sie was Beßres sein.
Hat auch keiner was zu reden,
Ist's doch ein Genuß für jeden,
Mit den Ärmeren zu schrein.
Hört ihr das Gespensterlied:
Unterschied, ach bitte, bitte, Unterschied...

Wir reiten auf hölzernen Pferden
Und werden im Kreise gedreht.
Wir sehnen uns, schwindlig zu werden,
Bevor noch das Ringelspiel steht.

Das ist eine seltsame Reise,
Das ist eine Fahrt ohne Ziel –
Wir kommen nicht fort auf dem Kreise
Und dennoch erleben wir viel.
Und die Musik vom Leierkasten
Vergessen wir im Leben nie,
Wenn lang die Bilder schon verblaßten,
Tönt noch im Ohr die Melodie:

Wir reiten auf hölzernen Pferden
Und werden im Kreise gedreht.
Wenn schwindlig wir haltmachen werden,
Dann wird man erst sehn, wo man steht.

PARIS

„Karussell", Konzentrationslager Theresienstadt
Kostümentwurf von Frantisek Zelenka für
Annie Frey

9.9.1944
Sehr geehrter Herr Eppstein!

Darf ich Sie daran erinnern, morgen bei der Dienst-
stelle folgende Fragen zu klären:
1. Wann können wir in C III, 105 die „Karussell"-
Dekorationen aufbauen.
2. Wird der neue Prolog gestattet?
3. Werden weiterhin gestattet: Das Kasernenlied, die
2 französischen Refrains und das neue Finale: „Ein
Glück, wenn man keins hat", dessen letzte Strophe
noch nicht genehmigt ist.
Ich wäre Ihnen sehr verbunden, wenn wir morgen
mittag eine Antwort bekommen könnten.

Ergebenst: (gez.)
Kurt Gerron

(Abschrift eines Briefes von Kurt Gerron als Bittstel-
ler an den Judenältesten.)

Als ob

Text: Leo Straus
1944 vorgetragen
Konzentrationslager Theresienstadt

Ich kenn ein kleines Städtchen,
Ein Städtchen ganz tiptop.
Ich nenn es nicht beim Namen,
Ich nenns die Stadt Als-ob.

Nicht alle Leute dürfen
In diese Stadt hinein,
Es müssen Auserwählte
Der Als-ob-Rasse sein.

Betstube und Theater, Konzentrationslager
Theresienstadt
Zeichnung: Fritz Fritta, 1942

Die leben dort ihr Leben,
Als obs ein Leben wär,
Und freun sich mit Gerüchten,
Als obs die Wahrheit wär.

Die Menschen auf den Straßen,
Die laufen im Galopp –
Wenn man auch nichts zu tun hat,
Tut man doch so als ob.

Es gibt auch ein Kaffeehaus
Gleich dem Café de L'Europe,
Und bei Musikbegleitung
Fühlt man sich dort als ob.

Und mancher ist mit manchem
Auch manchmal ziemlich grob –
Daheim war er kein Großer,
Hier macht er so als ob.

Des Morgens und des Abends
Trinkt man Als-ob-Kaffee,
Am Samstag, ja am Samstag,
Da gibts Als-ob-Haché.

Man stellt sich an um Suppe,
Als ob da etwas drin,
Und man genießt die Dorsche
Als Als-ob-Vitamin.

Man legt sich auf den Boden,
Als ob das wär ein Bett,
Und denkt an seine Lieben,
Als ob man Nachricht hätt.

Man trägt das schwere Schicksal,
Als ob es nicht so schwer,
Und spricht von schönrer Zukunft,
Als obs schon morgen wär.

Register

Die Namen aus den Anmerkungen fehlen. *Kursiv* gesetzte Seitenzahlen verweisen auf Abbildungen.

Verwendete Literatur:

(Eine ausführliche Bibliographie befindet sich im
Band 25 der Reihe „Kabarettgeschichte-n")

Adler, H. G.: Die verheimlichte Wahrheit – There-
sienstädter Dokumente, Tübingen 1958
Adler, H. G./Langbein, Hermann/Lingens-Reiner,
Ella: Auschwitz – Zeugnisse und Berichte, Köln
1962
Bayer, Ingeborg (Hrsg.): Ehe alles Legende wird –
Das 3. Reich in Erzählungen, Berichten, Doku-
menten, Baden-Baden, 1979
Bemmann, Helga: Wer schmeißt denn da mit Lehm?
– Eine Claire Waldoff-Biographie, Berlin 1982
Bemmann, Helga: Humor auf Taille – Erich Käst-
ner: Leben und Werk, Berlin 1983
Bringmann, Fritz: KZ Neuengamme – Berichte,
Erinnerungen, Dokumente, Hamburg 1981
Broszat, Martin (Hrsg.): Kommandant in Auschwitz
– Autobiographische Aufzeichnungen des Rudolf
Höss, München 1963
Buber-Neumann, Margarete: Als Gefangene bei Sta-
lin und Hitler, Stuttgart 1958
Budzinski, Klaus (Hrsg.): Werner Finck – Witz als
Schicksal – Schicksal als Witz, Hamburg 1966
Budzinski, Klaus: Pfeffer ins Getriebe – Ein Streif-
zug durch 100 Jahre Kabarett, München 1982
Budzinksi, Klaus: Das Kabarett – Zeitkritik, gespro-
chen, gesungen, gespielt von der Jahrhundertwen-
de bis heute, Düsseldorf 1985
Carlé, Wolfgang: Lotte Werkmeister, Berlin 1970
Drobisch, Klaus: Widerstand in Buchenwald, Frank-
furt 1985
Drobisch, Klaus/Goguel, Rudi, Müller, Werner: Ju-
den unterm Hakenkreuz – Verfolgung und Aus-
rottung der deutschen Juden 1933–1945, Frank-
furt 1973
Elson, Robert T.: Der Weg zum Krieg, London
1979
Fénelon, Fania: Das Mädchenorchester in Ausch-
witz, Frankfurt 1980
Finck, Werner: Neue Herzlichkeit, Berlin 1931
Finck, Werner: Alter Narr – was nun? – Die Ge-
schichte meiner Zeit, München 1972
Fischer-Grubinger, Anne-Marie: Mein Leben mit
Karl Valentin, Rastatt 1982
Freund, Julius: O Buchenwald!, Kärnten, 1945
Genée, Pierre/Veigl, Hans (Hrsg.): Fritz Grünbaum
– Die Schöpfung und andere Kabarettstücke, Wien
1985
Genée, Pierre/Veigl, Hans (Hrsg.): Fritz Grünbaum
– Die Hölle im Himmel und andere Kleinkunst,
Wien 1985
Geschonneck, Erwin: Meine unruhigen Jahre, Berlin
1984

Hausner, Hans Erik (Hrsg.): Der Zweite Weltkrieg,
Wien 1979 Heister, Hanns-Werner/Klein, Hans-
Günter (Hrsg.): Musik und Musikpolitik im fa-
schistischen Deutschland, Frankfurt 1984
Huber, Heinz/Müller, Artur (Hrsg.): Das dritte
Reich – Seine Geschichte in Texten, Bildern und
Dokumenten, 2 Bände, München 1964
Jaldati, Lin/Rebling Eberhard: Sag nie, du gehst den
letzten Weg – Erinnerungen, Berlin 1986
Janda, Elsbeth/Sprecher, Max M.: Lieder aus dem
Ghetto, München 1962
Jarka, Horst (Hrsg.): Jura Soyfer – Das Gesamt-
werk, Wien 1980
Kogon, Eugen: Der SS-Staat – Das System der deut-
schen Konzentrationslager, Frankfurt 1946
Kühnrich, Heinz: Der KZ-Staat 1933–1945, Berlin
1983
Lammel, Inge (Hrsg.): Lieder aus den faschistischen
Konzentrations-Lagern, Leipzig 1962
Langbein, Hermann: … nicht wie die Schafe zur
Schlachtbank – Widerstand in den nationalsoziali-
stischen Konzentrationslagern, Frankfurt 1980
Langhoff, Wolfgang: Die Moorsoldaten – 13 Monate
Konzentrationslager, Tübingen 1973
Linden, Carsten (Hrsg.): KZ-Lieder – Eine Auswahl
aus dem Repertoire des polnischen Sängers Alex
Kulisiewicz, Siershütten, 1969
Matejka, Viktor: Widerstand ist alles – Notizen eines
Unorthodoxen, Wien 1984
Metzmacher, K. B. (Hrsg.): Wir sind bei Euch – Ihr
seid bei uns, Kaiserslautern 1941
Migdal, Ulrike (Hrsg.): Und die Musik spielt dazu –
Chansons und Satiren aus dem KZ Theresienstadt,
München 1986
Naumann, Uwe: Zwischen Tränen und Gelächter –
Satirische Faschismuskritik 1933–1945, Köln 1983
Otto, Rainer/Rösler, Walter: Kabarettgeschichte,
Berlin 1981
Peter, Frank-Manuel: Valeska Gert – Tänzerin,
Schauspielerin, Kabarettistin, Berlin 1985
Preuß, Werner: Erich Weinert – Bildbiografie, Berlin
1970
Projektgruppe Arbeiterkultur Hamburg (Hrsg.):
Vorwärts und nicht vergessen – Arbeiterkultur in
Hamburg um 1930, Hamburg 1932
Prosel, Theo: Freistaat Schwabing – Erinnerungen
des Simplwirts, München 1951
Sachsenhausen – Dokumente, Aussagen, For-
schungsergebnisse und Erlebnisberichte über das
ehemalige Konzentrationslager Sachsenhausen,
Frankfurt 1982
Sachsenhausen-Komitee (Hrsg.): Das Lagerlieder-
buch, Dortmund 1980
Sünwoldt, Sabine: Weiß-Ferdl – Eine weiß-blaue
Karriere, München 1983
Schmidt, Eberhard: Ein Lied – ein Atemzug – Erin-
nerungen und Dokumente, Berlin 1987

Schneider, Wolfgang: Kunst hinter Stacheldraht, Leipzig 1976

Schnog, Karl: Jedem das Seine – Satirische Gedichte, Berlin 1947

Schütte, Wolfgang U. (Hrsg.): Bis fünf nach zwölfe, kleine Maus – Streifzug durch satirische Zeitschriften der Weimarer Republik, Berlin 1972

Schütte, Wolfgang U. (Hrsg.): Hardy Worm – Das Hohelied vom Nepp, Berlin 1976

Schütte, Wolfgang U. (Hrsg.): Unterm Pulverfaß glimmt noch der Zunder, Berlin 1979

Schütte, Wolfgang U. (Hrsg.): Fritz Hampel (Slang) – Panoptikum von vorgestern – Satiren, Humoresken, Feuilletons, Berlin 1980

Schulte, Michael: Karl Valentin – Eine Biographie, Hamburg 1982

Starke: Käthe: Der Führer schenkt den Juden eine Stadt – Bilder, Impressionen, Reportagen, Dokumente, Berlin 1975

Tausig, Otto (Hrsg.): Jura Soyfer – Vom Paradies zum Weltuntergang, Wien 1947

Weinert, Erich: Rufe in die Nacht – Gedichte aus der Fremde 1933–1943, Berlin 1947

Zörner, G. (Hrsg.): Frauen-KZ Ravensbrück, Berlin 1971

Zeichnungen: Benedikt F. Dolbin, Edmund Edel, Fritz Fritta, Gedö, Emmerich Göndör, George Grosz, Leon Hirsch, Jean, Ole Jensen, Katzke, Peter Kien, Harald Kretzschmar, Pierra Mania, Clément Moreau, Axel Munk-Adersen, Erich Ohser, Henri Pieck, Herbert Sandberg, Wladyslaw Solecki, Rudolf Schlichter, Max Schwimmer, Walter Trier, Will-Halle, Johannes Wüsten, Frantisek Zelenka, Richard Ziegler

Quellennachweis

Arendt Julian: Das Seifenlied / Ballade von den Säkkeschmeißern, Verlag der Nation, Berlin

Finck Werner: Der Mischling / Kampflied / Gang durch die Kuhherde, aus: Werner Finck, Alter Narr, was nun, © Herbig Verlag, München 1972

Hollaender Friedrich: Münchhausen / Falscher Zug © UFA-Musikverlage, Berlin–München

Kästner Erich: Die scheintote Prinzessin, aus: Gesammelte Schriften für Erwachsene, © Atrium Verlag, Zürich 1969

Lieck Walter: Die Miesmacher und die Herrenpartie / Gärten sehen dich an, Mathias Lieck, Berlin.

Mehring Walter: Die Sage vom großen Krebs, aus: Walter Mehring, Chronik der Lustbarkeiten, © Claassen Verlag, Düsseldorf 1981

Nelken Dinah: Spiessers Nachgesang, aus: Dinah Nelken, Die ganze Zeit meines Lebens, Verlag der Nation, Berlin, 1977

Neumann Günter: Sportbetrachtung, Günter-Neumann-Stiftung, Berlin

Ringelnatz Joachim: Schiff 1931, aus: Joachim Ringelnatz, Das Gesamtwerk, © Henssel Verlag, Berlin 1985

Maxim Sakaschansky: Volkstümliches Liebesduett, Ruth Klinger, Zürich

Jura Soyfer: Dachau Lied, aus: Jura Soyfer, Das Gesamtwerk, © Europa Verlag, Wien, 1980

Schnog Karl: Lokalanzeiger-Diktatur / Jedem das Seine / Klagelied eines Häftlings, Eulenspiegel Verlag, Berlin

Straus Leo: Karussell / Als ob, aus: Ulrike Migdal (Hrsg.), Und die Musik spielt dazu, © R. Piper & Co. Verlag, München, 1986

Tucholsky Kurt: Die Mäuler auf! / Rosen auf den Weg gestreut, aus: Kurt Tucholsky, Gesammelte Werke, © Rowohlt Verlag, Hamburg, 1960

Valentin Karl: Die Laugenbretzel, aus: Alles von Karl Valentin, R. Piper & Co. Verlag, München, 1987

Weinert Erich: Sozialdemokratisches Mailiedchen / Die braune Kuh, Henschelverlag, Berlin

Weinert Erich: Man fühlt sich wieder / Der Vater kehrt als Kriegskrüppel heim, Verlag Volk und Welt, Berlin

Weiss Ferdl: Gleichgeschaltet / Über die Lage, Stadtarchiv München, München

Worm Hardy: Die Nationalstrolchisten / Das hat die Welt noch nicht gesehen, aus: Hardy Worm, Das Hohelied vom Nepp, © Buchverlag der Morgen, Berlin 1976

Kabarettgeschichte-n

Eine Buchreihe von Reinhard Hippen
im Pendo-Verlag

Von den geplanten 25 Titeln sind bisher
die Nummern 9, 10, 13 und 14 erschienen. Die Titel erscheinen nicht in chronologischer Reihenfolge. 1988/89 etc.
folgen die Nummern 4, 12, 20, 23, 19,
15, 21 und 16.